ヴァン・モリヴァン――激動のカンボジアを生きた建築家

岩元真明

西山夘三記念叢書

Uzo Nishiyama Memorial Library

1

ヴァン・モリヴァン

激動のカンボジアを生きた建築家

Vann Molyvann:
The Life of a Modern Cambodian Architect

岩元真明

Masaaki Iwamoto

millegraph

まえがき

カンボジア人初の建築家にして、カンボジア近代建築の父。熱帯モダニズムの巨匠、未来を幻視した建築家、カンボジアを建設した男……。これらはすべて、本書の主題であるひとりの建築家に捧げられた頌詞《ユーロジー》である。

ヴァン・モリヴァンは一九二六年、フランス保護国時代のカンボジアに生を受けた。二〇歳でパリに留学し建築を学び、独立まもないカンボジアに帰国。一九五〇年代から六〇年代、首都プノンペンを中心に数々の国家プロジェクトを手がけ、今日「新クメール建築」と呼ばれるカンボジアの近代建築運動を牽引した。王立芸術大学を創設し、カンボジア初の建築教育の礎を築いたことも彼の業績のひとつである。

しかし、一九七〇年にカンボジア内戦が勃発し、モリヴァンは国外へ逃れることを余儀なくされる。亡命直後はスイスの設計事務所で働き、一九八〇年代には国連機関に勤務して発展途上国の都市改善に尽力。そして、カンボジア和平締結後の一九九三年に祖国に帰還し、国務大臣に返り咲いて戦後復興に身を投じた。彼はアンコール遺跡の世界遺産登録にも貢献し、晩年にはアジアの都市研究に精力的に取り組んだ。

本書ではこうしたヴァン・モリヴァンの活動を年代記的にたどってゆく。カンボジアの近代史では独立前後と内戦前後の断絶が強調されることが多いが、植民地時代から独立、内戦、戦後復興と、激動の時代を生き抜いた彼の軌跡を追うことで、カンボジアの近代建築史を連続的に捉えることが可能となる。加えて、本書で描き出すモリヴァンの活動全体は、日本を含むアジアの近代建築を相対化する格好のケーススタディとなるだろう。モリヴァンが直面した一連の課題は建築の近代化と脱植民地化のプロセスに関わっており、多かれ少なかれ、他の新興国にも共通していたからである。

また、モリヴァンの生き様とその作品は現代の建築家たちにも大きな示唆を与えると筆者は信じる。グローバリゼーションが進む今日、世界各地で建築が均質化し、都市文化が平板化する問題が生じている。さらに環境問題や地域間格差など、建築家が取り組むべき社会的課題は山積している。資源も技術も限られたなかでカンボジアの文化と気候風土に根ざした建築を追求したモリヴァンの試みは、こうした現代の課題に挑む建築家たちの道しるべとなるはずだ。

新生独立国家において建築・都市の近代化を推進し、内戦後にはカンボジアの象徴とも言うべきアンコール遺跡の保護に携わったモリヴァンは、まさに国家的建築家と呼ぶべき存在だった。一方で、国際援助をしたたかに利用し、多様な外国人専門家と協働し、亡命期に世界各地で活動した彼は、きわめて国際的な建築家でもあった。地域と国家と世界を結びつけたモリヴァンの建築的実践は、分断と対立が叫ばれる今日、再び光を放っている。

ひとりの建築家の生涯を精緻にたどることによって、近代と現代を貫く、建築のグローバルヒストリーを紡ぎ出す。これが本書の目指すところである。

Vann Molyvann:
The Life of
a Modern Cambodian
Architect

目次

Ⅱ

Ⅲ

Ⅳ

V

I

カンボジア人建築家の誕生

一九二六―一九五六

創造者ヴァン・モリヴァンが生み出す建築は、独立国カンボジアの所々で大いなる成果をもたらしている。ヴァン・モリヴァンは弱冠三一歳で政府を代表する建築家になった。「わが国カンボジアの建築は最新の現代芸術とクメールの伝統芸術の結合から生まれるべきだ」とこの若き創造者は語る。［中略］彼はフランスで一〇年間学び、二年前に帰国したばかりであり、今後も数多くのプロジェクトに携わるだろう。彼はパリのエコール・デ・ボザールとロンドンの建築家協会から建築学位を授与されている。

雑誌『ロク・セレイ』（自由世界の意）、第七巻五号より抜粋、一九五八――1

一九五八年、カンボジア政府が発行する雑誌にヴァン・モリヴァンを紹介する短い記事が掲載された。記事中の彼は竣工したばかりの処女作「仏暦二五〇〇年祭のパヴィリオン」（竣工＝一九五七）の前に凛々しい表情で座っている。手に握る紙の筒はパリのエコール・デ・ボザール（国立高等美術学校）の卒業証書だ。大学を卒業してまもないこの若者が、既に「政府を代表する建

の他には、カンボジア人の建築家は誰ひとりいなかったのだから|fig.1|。当時、ヴァン・モリヴァン築家」というのだから驚きである。しかし、無理もないことであった。当時、ヴァン・モリヴァン

建築家に立ちはだかる最初の課題は「建築家になること」、すなわち自己形成である。しかし、アジアの新興国家において建築家になることは単に個人の資質の問題ではない。なぜなら、建築家《アーキテクト》はヨーロッパで生まれた職能であり、西洋化・近代化とともに初めてもたらされる概念だからである。社会が一定の条件を満たさない限り、建築家は生まれ得ないのだ。

今日、建築家になる必要条件は「専門知識」と「資格」の二つであると考えられている。第一の「専門知識」は建築設計や工学の知識を習得することである。第二の「資格」は知識を行使するための社会的な認証を得ることであり、建築士免許の取得や職能集団への所属などがこれに当たる。しかし、法制度が未熟な新興国では、知識と資格を備えるだけでは活動を始めるには不十分である。建築家としての仕事を遂行するためには、官僚・技術者・知識人などの各方面からの協力、つまり「人脈」が必要である。さらに、建築家という職能が社会に浸透していない状況では、仕事の獲得も重要な課題となる。設計行為に報酬を与える者、すなわち「クライアント」が存在しない限り、建築家という仕事は成立しないからだ。成熟した近代社会においては、個人の努力と才能によって以上のような条件を満たせば建築家になることができる。しかし、新興国家にはこれらの条件を満たすための枠組みは確立されていない。

本章では、建築家という職能が成立するための必要条件として「動機」「専門知識」「資格」「人脈」「クライアント」の五つを仮定し、ヴァン・モリヴァンがカンボジア人初の建築家として認められることになったプロセスを明らかにしたい。モリヴァンはパリのエコール・デ・ボザールに留学し、カンボジア人として初めて建築の卒業証書を手にした。しかし、一〇年間のパリ滞

在で彼が手に入れたのは建築の専門知識と資格だけではない。モリヴァンはクメール芸術研究の最先端に触れ、学生運動に参加し、フランス人女性と結婚した。帰国後に彼を助ける人的ネットワークは、これらの多様な経験を通じて醸成されていた。

モリヴァンの修養時代を解き明かすことはカンボジア人建築家の誕生を議論することと同義であり、より広い視野に立てば、近代の新興国家において建築家という職能が確立する瞬間のケーススタディとなるだろう。

fig.1 ヴァン・モリヴァンの肖像写真（一九五七）。デビュー作「仏暦二千五百年祭のパヴィリオン」の前に座り、卒業証書を抱えている

1 仏領カンボジアの建築状況

ヴァン・モリヴァンはカンボジア人初の建築家と呼ばれるが、正確には、専門知識と資格を兼ね備え、公に認められた最初のカンボジア人建築家と言うべきである。カンボジアに西洋的な建築の概念がもたらされたのは植民地化が開始された一八六〇年代であり、その後九〇年間のフランス統治下ではカンボジア人の公認建築家は生まれなかった。

しかし、モリヴァンは未曾有の建築家として突如歴史に姿を現したわけではない。実際には、仏領下に構築された教育システムがモリヴァンという建築家を生む前提となり、宗主国フランスから来た建築家たちが職能のモデルを提示していた。また、宮殿や寺院の建設に携わり「宮廷建築家」と呼ばれたカンボジア人も存在し、モリヴァン以前にも海外に留学して建築の知識を習得した者たちがいた。

そこで、まずは独立以前のカンボジアの状況を駆け足でたどり、仏領下の建築教育と建築家の状況を概観し、建築家ヴァン・モリヴァン誕生の前史を整理したい。

フランス主導による都市・建築の近代化

カンボジアはアンコール・ワットやバイヨンといった大建築で有名である。しかし、これらを築き上げたアンコール王朝は一四世紀以降衰微の道をたどった。西のシャム（現タイ）と東のベトナムから度重なる侵略を受け、一八世紀末のカンボジアは実質的に両国からの二重の支配下に置かれていた。一八六三年、カンボジアのノロドム王は両国に併呑されることを恐れ、フランスに援助を求めた。しかし、フランスはカンボジアの主権を著しく損なう保護協定を強要し、植民地支配が始まった。この時期から、フランス人によるカンボジアの都市・建築の近代化が開始された。

この最初期の開発を主導したのはプノンペンの公共事業局で主任建築家を務めたダニエル・ファブレである。彼は郵便局、裁判所、病院、市場、橋梁などを設計し、都市計画も手がけた。市内全体がヨーロッパ人地区・華僑地区・カンボジア人地区と人種ごとにゾーニングされたのもこの頃である。これらの開発では、建築に関してはパリの都市建築が、都市計画に関してはオースマンのパリ改造が参照された。しかし、ファブレは単に本国の様式や技術を輸入しただけではなかった。一八八九年のパリ万博ではカンボジア館を設計し、考古学者ルイ・ドラポルトと協働してアンコール・ワットの一部を復元した。さらに一八九二年にはプノンペンに「蛇の橋」を設計し、アンコール・ワット参道の蛇《ナーガ》の欄干彫刻を引用したデザインを採用した。これらはカンボジアの「伝統建築」としてアンコール・ワットを召喚する先駆的な試みだったと言える。

第一次世界大戦後、インドシナにおける植民地統治の方針が同化政策から宥和政策へと転換した。この変化に伴い、プノンペンでは西洋化による現地文化の喪失を懸念する声が高まった。この動きの中心となったのが、一九一七年にプノンペンに設立された美術学校の初代校長、ジョルジュ・グロリエである。伝統の復興を目指したグロリエの美術学校には、絵画・彫刻・彫金・漆器といった美術工芸に加え、建築のコースが設けられた。グロリエ自身も伝統木造建築の研究に取り組み、その成果として官吏住宅や役場などの標準設計を提案した。同時期、ノロドム王の後継者として即位したシソワット王は、王宮内の建築を次々と建て替えたが、そこでは近代的なコンクリート造と伝統的な木造屋根を組み合わせた折衷的なスタイルが採用された。宥和政策への転換を経て、コロニアル建築は西洋建築の直輸入からカンボジアの意匠を取り込んだ折衷的建築へとシフトしたのである。

一九二一年には、インドシナ公共建築中央委員会の主席建築家にエルネスト・エブラールが就任し、プノンペンの本格的な都市計画が開始された。一九二五年に作成された都市計画図では初めて用途別ゾーニング（行政地域・住居地域・工業地域など）が設定され、公園やプロムナードなどの公共空間と中央市場、鉄道駅、大聖堂といった公共建築が計画された。エブラールはバロック的な抑揚のある都市空間の創出を目指す一方で、建築デザインの観点ではヴァナキュラーな建築に注目し、気候風土と伝統文化に配慮した「インドシナ様式」を提唱した。これがプノンペンの都市建築に与えた影響は大きく、一九三〇年代以降には庇・ルーバー・有孔ブロックといった熱帯気候に適応するための建築要素が流行した。その一例として、今なおプノンペン市民に愛されているアールデコ調の「中央市場」（設計＝ジャン・デボア、竣工＝一九三七）が挙げられる。

以降、一九五三年のカンボジア独立までの間、プノンペンはおおむねエブラールが打ち立てた方針に沿って発展を続けた。一八七五年に三万人だった人口は、一九五〇年には二〇万五千人に達した。これまで見てきたように、この発展を主導したのは公共事業局に勤務する公僕としての建築家、すなわち国家建築家《ステート・アーキテクト》であり、ベトナムとフランスの民間設計事務所がこれを補った。しかし、彼らを模範としてカンボジア人の建築家が生まれることはなかった。植民地の構造的な問題が存在していたからである。

植民地時代の建築教育

仏領インドシナ時代のカンボジアには建築教育を行う高等教育機関が存在しなかった。ベトナム、カンボジア、ラオスを包括する「インドシナ連邦」という広域的な統治体制においては、カンボジアの首都プノンペンでさえ一地方都市に過ぎなかったからである。総督府をはじめとする重要な行政機関や教育機関はすべて連邦の中心地であるベトナムに集中していた。建築関係の高等教育機関も例外ではなく、建築家を養成するインドシナ高等美術学院と技術者を養成する公共事業学校はハノイに設置され、学生の大半はベトナム人によって占められていた。

ただし、建築に関して何らかの知識を得るという観点から言えば、カンボジア国内には二つの学校が存在した。ひとつ目は、一九一七年にプノンペンに設立された王立行政学院である。これは植民地統治を支えるカンボジア人行政官を養成する学校であり、法律学と行政学に加え、一般教養としてカンボジア美術と公共工事に関する教育を行っていた。二つ目は、ジョルジュ・グロリエが創設した美術学校である。先述したように、グロリエは伝統木造建築を参照した標準設計を提案しており、その建設時には「美術学校から建築家を派遣する」[2]と主張していた。ここに現れる「建築家」という言葉は注目に値する。ただし、この美術学校ではフランス政府公認の建築学位を与える総合的な教育は行われておらず、学習の対象は伝統建築、より正確に言えばグロリエが伝統建築と見なしたもの――オリエンタリズムの色合いが濃かった――に限られていた。

建築教育を行う高等教育機関の不在は「資格」の問題とも密接に関連する。インドシナにおいて公に建築家として認められるためには、フランス政府公認の建築学位《ディプロム》が必要だった。

しかし、カンボジア国内に建築教育を行う大学が存在せず、インドシナ高等美術学院の建築科もベトナム人学生で占められていたため、カンボジア人がインドシナ連邦内で建築学位を取得するチャンスは事実上なかった。残された選択肢はフランス留学だが、そもそもカンボジア人は一九三〇年代末までバカロレア（大学入学資格）を取得することさえできなかった。カンボジア唯一の高等学校であるシソワット高校がカンボジア人に門戸を開いたのは一九三五年であり、一九三九年にようやく四人の学生がバカロレアを取得するという状況であった。

ところで、建築設計に関する専門知識は、学校に通わずとも、実務を通じて習得することも可能である。近代建築の巨匠フランク・ロイド・ライトがドラフトマン（製図工）からキャリアをスタートしたことは有名だ。東南アジアにおいても、独立直後のインドネシアで活躍した建築家フリードリヒ・シラバンはオランダ植民地下の公共事業局において設計技術を習得した。仏領インドシナにおいても、ハノイの公共事業省のドラフトマンから第一世代のベトナム人建築家たちが誕生したという[3]。

しかし、プノンペンの公共事業局からカンボジア人建築家が生まれることはなかった。この相違は仏領インドシナにおけるベトナムとカンボジアの立場の違いに起因する。先に述べたように、インドシナ連邦の中心地はベトナムで、カンボジアは周縁的な位置づけだった。カンボジア内の公共工事はベトナムの公共建築中央委員会によって方向づけられ、都市計画はハノイで立案され、中央市場や大聖堂、ホテルといった主要な都市建築はハノイとサイゴン（現在のホーチミン市）で設計された。つまり、カンボジアにおける主要な都市計画・公共建築の大部分はベトナムを拠点とする建築家たちによって設計されていた。そのため、カンボジア人が重要な計画に携わる機会は相対的に少なく、建築家としての経験を積む機会が限られていたのである。

以上のように、仏領下のカンボジア人は建築教育の場から締め出され、開発を掌握するインドシナ政府に登用されることもなかった。ゆえに、「専門知識」「資格」「人脈」「クライアント」という建築家の必要条件を満たすことは実質的に不可能であり、カンボジア人の公認建築家は生まれ得なかった。

宮廷建築家

ただし、仏領下においても例外的に建築デザインに携わったカンボジア人が存在した。王宮で活動し、「宮廷建築家」と呼ばれた工匠たちである。その代表的人物として二〇世紀初頭に活躍した仏僧テープニマット・モックを紹介したい。

モックは一八六〇―七〇年代にプノンペンのワット・ボトゥム寺院で伝統絵画を学び、その後シャム（現タイ）の寺院に留学して建築を学んだ。当時のカンボジアはシャムから強い文化的影響を受けており、仏僧がシャムに留学することは珍しくなかった。一八九七年に帰国したモックは宮廷建築家に指名され、王宮の建築デザインに携わることになった。

しかし、王宮内の営繕事業はフランス人に掌握されていた。宮殿の建て替えを主導したのはハノイの公共建築部に所属する建築家オーギュスト・アンリ・ヴィルデュであり、彼はコンクリート造を基調として、屋根や装飾にカンボジアの伝統様式を取り入れる折衷的なデザインを採用した。日本の帝冠様式に似たアプローチである。

宮廷建築家モックは、この「伝統様式」に関わる部分のデザインを担当したと考えられる。ただし、フランス人建築家による干渉は細部にまで及んだ。例えば、一九一四年に竣工した

「月光殿」の装飾を決定する際、モックは鋳型を公共事業局に提出し、承認を受ける必要があったという[4]。カンボジア人の宮廷建築家はフランス人の計画に従属し、その一部を担うに過ぎなかったのである。

一九一八年にジョルジュ・グロリエが美術学校を創設すると、モックは現地責任者に抜擢され建築工房で教鞭を執った。しかし、美術学校の方針決定は校長グロリエに握られており、ここでもモックは従属的な立場だったと推測される。

こうしたテープニマット・モックの経歴はヴァン・モリヴァンの自己形成に関して二つの示唆を与える。第一に、モックはシャムの寺院で学ぶことによって、カンボジア国内では得られない建築の専門知識を習得した。外国で学ぶことが、当時の国内における専門教育の不在を克服する唯一の方法だったのである。第二に、モックは王宮をクライアントとし、その権力が及ぶ範囲内で設計活動を行った。これは、植民地政府が建築行為を支配していた時代において、カンボジア人が建築デザインに携わる例外的状況だったと言える。フランスで建築を学び、王家の血を引くノロドム・シハヌークの側近として活動したモリヴァンには、宮廷建築家に似た一面があった。

しかし、両者には明確な違いも存在する。モックは公共事業局とフランス人建築家の監督下にあり、計画全体を担うことはできず、その設計活動は「伝統」が必要とされる場合に限られていた。これが仏領下の宮廷建築家の限界である。一方、ヴァン・モリヴァンは公共事業省の高官となり、より自由に設計を行う立場を得た。

カンボジア独立後、モックが建築家として活躍したという記録は見出されない。

フランス連合時代の留学生たち

二〇世紀初頭のカンボジアでは西洋への留学生はごく少数に限られていた。シャムに留学するカンボジア人は珍しくなかったが、多くの場合はパーリ語や経典を学ぶための仏教留学だった。この状況が変わるのは、カンボジア国内でバカロレアが取得可能となった一九三九年以降である。

さらに、第二次世界大戦後の一九四六年にインドシナ連邦が「フランス連合」に改編されると、本国と保護領(植民地)に平等な権利と義務を与えるという方針が採用され、カンボジア人の育成が促進された。一九四五年以前にフランスに留学したカンボジア人は十数名に過ぎなかったが、一九四六年には二三名、一九四七年には二九名、一九四八年には四四名、一九四九年には五八名と、渡仏する留学生数は急増した[5]。一九四四年にシソワット高校を卒業し、一九四六年に留学したヴァン・モリヴァンは、このフランス連合時代の留学生の第一期生に当たる。

ただし、一九四〇年代に海外留学し、帰国後に建築に携わったのはモリヴァンだけではない。モリヴァンは建築学位を取得した最初の公認建築家だったが、彼以外にもパリやハノイで建設技術を学び、帰国後に建築プロジェクトを手がけたカンボジア人が存在した。以下、そうしたフランス連合時代の留学生たちについて概観しておきたい。

まず、ハノイに留学した人物として、モリヴァンより二年年長のウン・クラプムプカーが挙げられる。シソワット高校を卒業後、ハノイで公共事業技師の学位を取得したクラプムプカーは、一九五〇年にフランス連合下のカンボジアに戻り、一級補佐技師として公共事業局で働いた。独立後の一九五五年には土木工事建築部門長に抜擢され、プノンペン内外の公共事業を指揮。一九五六年にはノロドム・シハヌーク率いる政治グループ「人民社会主義共同体《サンクム・リアハ・ニヨム》」に入党し、以降は公共事業省の高官として活動した。一九六一年には工業大臣と公共事業電信大臣を兼任し、一九六六年には技術大学学長も務めている。

　次に、パリの国立土木大学に留学した二人の建設技師、プレク・チャットとイン・キエットについて述べたい。一九二二年生まれのプレク・チャットは一九五一年に土木大学を卒業し、帰国後直ちに公共事業省に入省、港湾や鉄道の建設に携わった。一九五八年から五九年にかけては同省の大臣に就任し、一九六〇年代半ばには工業大臣も務めた。一方、イン・キエットはパリの高等公共事業学校で学び、一九五四年に帰国。公共事業部門長に任命されたが、その後再び渡仏して土木学校で学んだ。一九五九年に本帰国した後にはやはり公共事業省の高官となり、一九六四年には大臣を務めた。イン・キエットはモリヴァンが意匠設計を行った「独立記念塔」(竣工＝一九六二)の計画にも参画している。

　この他、モリヴァンとより深い関係をもった先行者としてパリの国立高等装飾美術学校で室内装飾を学んだセン・スンテンの名が挙げられる。彼の在学期間はおそらく一九四八年から五三年であり、モリヴァンよりも先に帰国し、一九五五年にプノンペンで開催された国際博覧会の「カンボジア館」を設計。これはモダニズムの影響が色濃いデザインだった。一九五六年には大学を卒業したばかりのモリヴァンと手を組み、「サン・ソパン博士の住宅」(竣工＝一九六〇)を共同設計した。以降、セン・スンテンは単独で数多くの住宅を手がけたが、一九六四年に交通事故で命を落とした|fig.2。

　モリヴァンの先行者と言える建築系の留学生のなかでデザインを学んだのはセン・スンテンだけであり、他の者は技師としての教育を受けていた。フランス連合時代、留学生の多くは政府から奨学金を得ていたため、彼らの専攻は政治的判断に影響されていたと考えられる。つまり、仏領下のカンボジア政府はデザイナーよりもエンジニアを優先して育てようとしていたと推測される。さらに、彼らの間にはもうひとつ目立った共通項がある。セン・スンテンを除く全員が帰国直後に公共事業省に入省している点である。特に、ウン・クラプムプカーが独立以前にフランス連合下の公共事業局に加わっていたことは注目に値する。ベトナムに留学した彼は、いち早く祖国に戻って活躍を始め、パリ留学組の学生たちのロールモデルになったと言えそうである。

ところで、こうした先行者がいたにもかかわらず、モリヴァンが「カンボジア人初の建築家」と呼ばれるのはなぜだろうか。まず考えられるのが、建築学位《ディプロム》の重みである。建築家と技師と装飾家を明確に区別する西洋的な考えに従えば、実質的に建築設計を行っていたとしてもクラプムプカーとチャット、キエットは建設技師であり、セン・スンテンは室内装飾家だった。しかし、モリヴァンが「建築家」と呼ばれたことには、形式を超えた理由もあるように思われる。単に工学的・計画学的な解を導くのではなく、単にクライアントの要望に応えるのでもなく、自らの思想を鍛え、建築家としての独創性と作家性を示した設計者はモリヴァン以前には存在しなかったからである。パリ留学時、彼は建築を学ぶのみならず、クメールの伝統美術

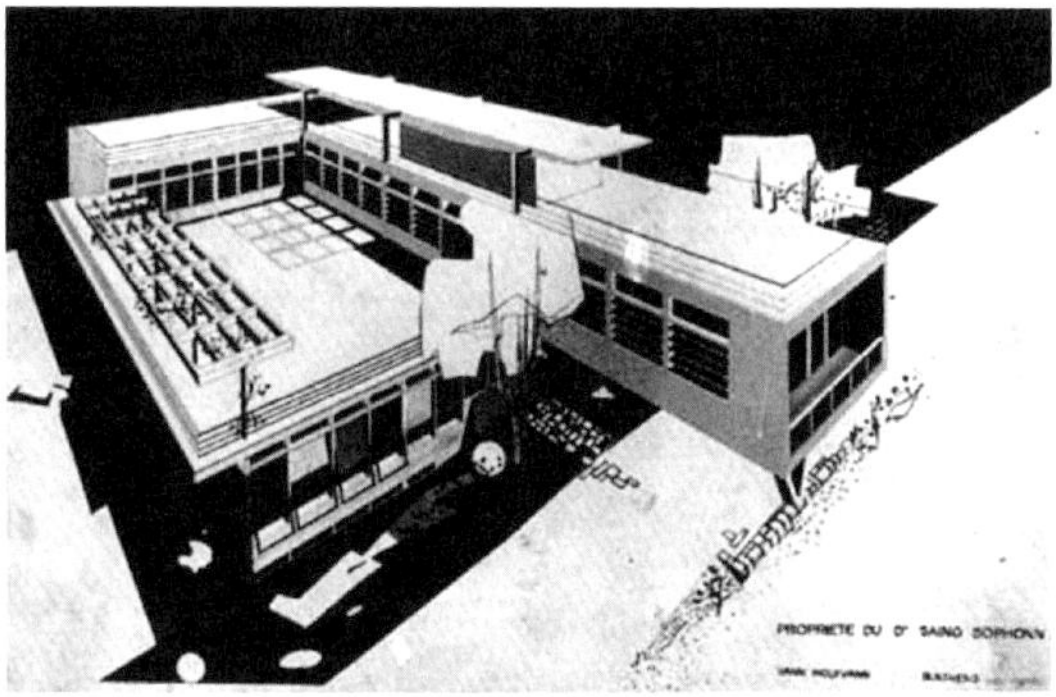

fig.2 「サン・ソパン博士の住宅」、透視図

に関する最先端の知識を貪欲に吸収していた。これはモリヴァンに固有の経験であり、彼の作家としての立脚点となった。

それでは、そろそろヴァン・モリヴァンの物語を始めよう。まずは、彼が留学に至った軌跡をたどりたい。

2 エコール・デ・ボザールで建築を学ぶ

留学までの軌跡

ヴァン・モリヴァンは一九二六年一一月二三日、カンポット州のリアムに生まれた。父は公安職員のヴァン・オック。母は専業主婦のコアム・ニアン・ピアクである。モリヴァンの人生は、少年時代にペン・ヌートと縁戚関係となることによって急展開した。ヌートは次々と政体が変転する二〇世紀後半のカンボジアで六度にわたって首相を務めた有力政治家である。カンボジア文学研究者のキン・ホック・ディによると、オックの長男がヌートの姪と結婚したことによってヴァン家とヌート家は親戚になった。モリヴァンの娘によると、ヌートはカンポットでモリヴァンに出会い、彼の後見人になったという。いずれにせよ、地方公務員の息子であるモリヴァンがペン・ヌートという強力なパトロンを得たという事実が重要である。

一九四一年、モリヴァンはカンボジア唯一の高等学校であるプノンペンのシソワット高校に入学した。シソワット高校がカンボジア人に門戸を開いたのは一九三五年であり、一九三九年に四人のカンボジア人が初めてバカロレアを獲得したばかりだった。モリヴァンは順調に進学して一九四四年にバカロレアを取得。フランスの大学で学ぶ権利を得た。

　ヴァン・モリヴァンの高校生活は民族解放運動のただなかにあった。ベトナムではホー・チ・ミンが結成したインドシナ共産党がフランス帝国主義と闘う抗仏運動を展開していた。カンボジアでも一九三七年にソン・ゴク・タンらが新聞『ナガラ・ワッタ』(アンコール・ワットの意)を創刊し、民族主義に基づく抗仏運動を始めていた。当時のシソワット高校には、後に左翼の思想的中心となるケン・ヴァンサック、ポル・ポトの右腕となるイエン・サリ、ソン・ゴク・タンの独立闘争に合流するハン・トゥンハック、右派の中心人物となるドック・ラシーなどがいた。ケン・ヴァンサックはモリヴァンと同年の一九四六年にフランスに留学したが、それ以前は仲間を集めてマルクス主義とレーニン主義の勉強会を行っていたという。

　ヴァン・モリヴァンは、シソワット高校において、こうしたカンボジア人の若きエリートたちと交流を始めた。共産主義者、愛国主義者、王党派と、学友たちの思想は様々だったが、皆が「抗仏」と「民族解放」という目標を共有していた。彼らの多くは独立後にシハヌークが確立する翼賛体制「人民社会主義共同体《サンクム・リアハ・ニヨム》」に合流することになる。

　一九四五年、モリヴァンはプノンペンの王立行政学院に入学し法律を学んだ。先述したように、この学校では一般教養としてカンボジア美術と公共事業に関する教育を行っていた。両者は、後に建築家となるモリヴァンにとって重要な科目である。同じ頃、彼はクメールの古典芸術に関心をもち、東洋学者ジョルジュ・セデスの著作を読んでいたという。一九四〇年代初頭は、このセデスの研究成果によって、フランス人によるアンコール建築研究の枠組み構築が完成に向かった時期であった。

当時のカンボジアは第二次世界大戦の影響で揺れていた。宗主国フランスではヴィシー政権が崩壊し、シャルル・ド・ゴール率いるフランス共和国臨時政府が発足。この新政府とインドシナに進駐していた日本軍が対立し、一九四五年三月には日本軍がインドシナ半島を一時的に占領した。日本は、インドシナ三国の独立は「大東亜解放、民族解放の方針に則る」という大義名分を掲げ、これを受けてカンボジア国王ノロドム・シハヌークは独立を宣言した[6]。しかし、その後、日本の敗戦によってこの独立は無効となり、カンボジアはフランス連合の一部に再編された。王立行政学院にいた若きモリヴァンは、この一九四五年の動乱をどのように見ていたのだろうか。残念ながら、これを示す資料は一切見つかっていない。

一九四六年、モリヴァンは国費留学生として渡仏し、法学生としてソルボンヌ大学に入学。しかし、法律を学んだのはわずか半年だった。建築家であり東洋学者でもあるアンリ・マルシャルとの出会いがきっかけとなり、建築への転向を決意したからである。マルシャルはカンボジアに縁の深い建築家で、二〇世紀初頭にインドシナに渡り、アジア研究の重要拠点であるフランス極東学院の一員としてアンコール遺跡の保存管理に携わった人物だった。

一九四六年一〇月六日、エコール・デ・ボザールの教授ジョルジュ・グロモールがモリヴァンの受け入れを許可。モリヴァンは、グロモールとルイ・アレシュという二人の建築家が指導するアトリエに入門した。ここで初めて、カンボジア人に対する建築専門教育への扉が開かれたと言える。

ここで、モリヴァンがエコール・デ・ボザールに至るまでの過程を整理してみたいと思う。

1　ペン・ヌートという有力なパトロンを得る
2　シソワット高校に入学しバカロレアを取得する
3　王立行政学院とソルボンヌ大学で法学を学ぶ
4　パリでマルシャルと出会い建築に転向する

1の「パトロンの獲得」は、モリヴァンの運と言うしかない。ヌートの遠縁でなければ、モリヴァンが高校に進学することも、パリに留学することもなかっただろう。当時、高校に進学したカンボジア人の数は少なく、富裕層の子女か国費奨学生に限られていたからである。

2の「バカロレア取得」について言えば、時宜にかなっていた。モリヴァンがシソワット高校に入学した一九四一年は、カンボジア人に対してバカロレアへの門戸が開かれたわずか六年後である。モリヴァンは仏領下の教育改革の恩恵をタイミングよく受け、そこからパリ留学への道が開かれた。

3の「法学専攻」は、建築を学ぶうえでは一見すると遠回りに見える。しかし、モリヴァン以前に建築を学ぶ国費奨学生がいなかったことに留意すべきである。国内に建築学校がない以上、留学をしなければ建築を学ぶことはできない。しかし、建築留学生の前例はない。このような状況において、まず法学を専攻して留学するチャンスを獲得し、後に建築に転向するというプロセスは、結果的には本格的な建築教育に至る近道であった。なお、カンボジアに限らず、法整備が未熟な新興国では、法学はエリートたちが留学して学ぶ定番の学問である。一例を挙げると、スリランカの建築家ジェフリー・バワもまた、一九三〇年代にイギリスに渡って法学を学び、後に転向して建築家となった。

4の「建築に転向」に関しては、モリヴァンは次のように述べている。

アンリ・マルシャルに会いました。フランス極東学院のアンコール局長だった人物です。突然、私は建築家になりたいのだと気が付きました。それで、エコール・デ・ボザールに転校したのです。[7]

モリヴァンは、建築に転向した理由を具体的には語らなかった。しかし、マルシャルがエコール・デ・ボザール出身の建築家であり、アンコール遺跡保護の第一人者だったことを考えれば、アンコール建築への関心こそがモリヴァンが転向した動機だったと推測される。先述したとおり、モリヴァンはプノンペンにいたときから、フランス極東学院の東洋学者による本を読み、アンコール建築に興味を抱いていた。

建築文化に対する社会のリテラシーが欠けている限り、建築家は生まれない。「建築家になろう」と思うこともできないからである。フランス人研究者による一連のアンコール研究は、建築に対するリテラシーを醸成し、モリヴァンが建築家となる志望動機を生み出したのである。

エコール・デ・ボザールで建築を学ぶ

ヴァン・モリヴァンがグロモールとアレシュのアトリエに入門したのは一九四六年だが、エコール・デ・ボザールに正式に入学したのは一九四八年三月一五日である。当時、ボザールへの入学を希望する者は、まず学校が指定する建築家のアトリエに入門する必要があり、入学前の候補生は入学志願者《アスピラン》と呼ばれた。モリヴァンは一九四六年一〇月から一九四八年三月までの約一年五ヵ月間、このアスピランであった。この時期について彼は次のように述べている。

私は二年間（一九四七－四八年）を準備段階として過ごし、古典建築の設計技法を学び、画家から木炭デッサンを、彫刻家から塑像技法を学びました。―8

建築設計のみならず木炭デッサンと塑像を学んだのは、入試の実技課題として「建築構成」「塑像」「木炭写生」が課せられたからである。一九四八年一月二一日にモリヴァンは入学願書を提出。他のフランス人受験者と比べても遜色のない優秀な成績で合格を果たした。

入学後の教育は下級の二級課程と上級の一級課程に分けられており、卒業要件は両課程で所定の単位を取得したうえで、卒業設計を提出することだった。

二級課程の科目は「科学教育」「建築」「建築史」「三芸術教育」の四つに分類されていた。「科学教育」は建築の工学的側面に関する科目群で、数学・静力学・幾何図学・材料学・透視図学・構築学から成る。「建築」はいわゆる設計演習であり、玄関などの建物のエレメントを分析・研究する要素分析課題、短期間で計画の構想を行うエスキス課題、着彩などの本仕上げをした図面を提出する設計課題の三科目から成る。「三芸術教育」は造形の基礎を学ぶ科目群で、装飾デッサン・人体デッサン・塑像の三科目から成る。モリヴァンは「三芸術教育」の「装飾デッサン」で好成績を得た。

一級課程では「建築」「建築史」「三芸術教育」に加えて、建築法規や専門経営などを学んだ。二級に比べ、一級課程では「建築」すなわち設計演習の比重が大きく、全科目の半分以上を占めた。また、一級に入ると、他の学生たちとデザインの腕を競い合う「設計競技《コンクール》」が始まり、モリヴァンはそのひとつであるルージュヴァン設計競技で賞を獲得した。

当時のボザールでは、西洋古典建築の修養が重視されており、モリヴァンは「カンボジアから来た身にとって、コリント式、ドリス式、イオニア式の柱の製図は容易ではありませんでした。しかし、振り返ってみれば有益でした」[9]と振り返っている。

一方で、近代的な技術教育も始まっていた。一例を挙げると、「構築」という科目では、建築家であり技術者でもあるフランソワ・ヴィタルが鉄とコンクリートを用いた近代構造についての講義を行っていた。モリヴァンは、後に愛用する双曲放物面シェル（ＨＰシェル）構造をボザールの授業で学んだと回想している。また、ボザールではフランスを代表する構造エンジニアのひとりであるウラジミール・ボディアンスキーも教鞭を執っていたようである。彼は一九六〇年代初頭にカンボジアに渡り、モリヴァンと協働することになる。

アレシュのアトリエにて

当時のエコール・デ・ボザールではアトリエ制と呼ばれる徒弟制度に近い教育システムが採用されていた。アトリエを主宰する建築家は「パトロン」と呼ばれ、学生たちは師匠たるパトロンの下で建築修行に励む。その指導は絶対であり、すべての設計課題がアトリエ内で行われるため、学生がパトロンから受ける影響は絶大だった。

ヴァン・モリヴァンが所属したアトリエのパトロンはジョルジュ・グロモールとルイ・アレシュの二人である。グロモールはモリヴァンが入学した当時七〇代後半の老齢の建築家であり、著述家・理論家として知られていた。ちなみに、横浜国立大学で日本初のボザール流建築教育を行った中村順平もグロモールのアトリエ出身で、モリヴァンとは言わば同門である。

一方のルイ・アレシュは四〇代前半の若い建築家で、グロモールの助手を八年間務めた後、一九四〇年にアトリエの共同主宰者になったばかりだった。モリヴァンは自らの修養時代を省みる際にアレシュのみを師として言及しており、グロモールからの影響は少なかったと考えられる。そこで、アレシュの建築作品を概観し、モリヴァンが彼から学び得た教育内容を推測してみたいと思う。

ルイ・アレシュは一九〇五年に生まれ、一九二〇年から三〇年代にエコール・デ・ボザールで建築を学んだ。彼の戦前の代表作は一九三七年パリ万博の「ステンドグラス・パヴィリオン」である。列柱が並ぶ端正な立面には当時流行していた擬古典主義の影響が見られるが、無装飾で平坦な壁面と水平連続窓にはモダニズム的な感性も認められる。当時のフランスでは様式建築が主流だったことを考えれば、アレシュは進取の気性に富む建築家だったと言えそうである。

戦後、モリヴァンがアトリエに在籍していた時期のアレシュの代表的な仕事は「サン＝マロ市復興計画」(一九四七－六〇)であった。爆撃で壊滅したフランスの地方都市サン＝マロにおいて、アレシュは伝統的な街並みを再建すると同時に、近代的な建築言語を用いて庁舎やカジノなどの設計を行った。伝統と近代の双方を重視するモリヴァンの設計思想は、こうしたアレシュの実務活動を知ることを通じて醸成された可能性が高い。また、石材などの地場材料の使用、有孔ブロックによる幾何学的パターンのデザイン、ダイナミックなキャンティレバー構造など、アレシュの設計とモリヴァンのそれとの間には、手法上の共通点も多く認められる。

モリヴァンはアレシュのアトリエに所属した一〇年間に、その後の建築家人生と関わる様々な出会いにも恵まれた。先輩・後輩の序列が強く、言わば私塾のようなアトリエでは学生たちの結束が固かった。一九六〇年代初頭にカンボジア政府高官としてモリヴァンがフランスを訪れた際には、アレシュの門下生たちが空港で彼を出迎え、ダンスを踊って歓迎したという。この逸話は、モリヴァンが卒業後もアレシュのアトリエと良好な関係を維持していたことを物語っている。

アレシュの門下生には後にモリヴァンと協働した人物もいた。戦後フランスを代表する建築理論家ベルナール・ユエは、短い間ではあるが、一九六二年頃にカンボジアの公共事業省に入りモリヴァンの下で働いた。同じ頃には、エコール・デ・ボザールの学生の一団がアジア視察旅行を行い、カンボジアでモリヴァンと面会していた。この学生グループのなかには、後にプノンペンの王立芸術大学で教鞭を執るジャン=マリー・シャルパンティエがいた。アレシュのアトリエで築いた先輩・後輩のネットワークは、カンボジア帰国後のモリヴァンの大きな力となり、新生国家の人材不足を補ったのである。

私の先生はル・コルビュジエです

しかし、若きヴァン・モリヴァンに最も深い影響を与えた建築家は、エコール・デ・ボザールの教授たちではなく、アカデミーと反目していた近代建築の巨匠ル・コルビュジエであった。モリヴァンは述べている。

私の最も才能のある先生はル・コルビュジエです。今でも私は彼から学び、彼のアイデアを追っています。彼の教え子の作品はすぐにわかります。日本人だろうが、フランス人だろうが、アメリカ人だろうが、カンボジア人だろうが。[10]

モリヴァンはル・コルビュジエと会ったことはなく、直接指導を受けたわけではなかった。ル・コルビュジエの著作と作品を通じて、その設計手法と思想を学んだのである。具体的には、『アテネ憲章』『三つの人間機構』『輝く都市』といった本から近代都市計画理論を吸収し、『モデュロール』を読んでル・コルビュジエ独特の寸法理論に心酔した。モリヴァンは帰国直後に設計した「チャトモック国際会議場」（竣工＝一九六一）で既にモデュロールを採用しており、その後も地中に隠れる建物の基礎にまでモデュロールの寸法を適用していたという。それほどル・コルビュジエに傾倒していたのだ。

さらに、モリヴァンはル・コルビュジエの作品集を読み、「サヴォア邸」（竣工＝一九三一）、「スイス学生会館」（竣工＝一九三二）、「マルセイユのユニテ・ダビタシオン」（竣工＝一九五二）を実際に訪れた。この各々についてまとめておこう。

「サヴォア邸」はル・コルビュジエの初期の傑作として名高い住宅であり、彼が提唱した「近代建築五原則」を純粋に表現した建築として知られる。独立柱によって建築を宙に浮かべて地上を開放する「ピロティ」。コンクリートの骨組み構造によって実現する「自由な平面」と「自由な立面」と「水平連続窓」。そして、陸屋根の上に展開する「屋上庭園」。この五原則の適用と、一切の装飾を排除した抽象的かつ幾何学的な表現によって、「サヴォア邸」は近代建築の美学に大きな影響を与えた。モリヴァンは「彼の教育的モデル——近代建築五原則——は、私の作品に大きな影響を与えています。なぜなら、私はそこにカンボジアの熱帯気候における可能性を見出したからです」[11]と述べている。近代建築五原則にクメールの高床式住居との共通点を見出し、熱帯気候への応用可能性を見たのである。

「スイス学生会館」はパリ一四区の国際大学都市に建つ学生寮であり、ル・コルビュジエが初めて手がけた公共建築である。ル・コルビュジエはここでも五原則を応用し、鉄筋コンクリート造と鉄骨造を組み合わせ、彫刻的なピロティと軽快なガラスのファサードを実現した。「スイス学生会館」はモリヴァンが暮らした学生寮からわずか一キロメートルほどの場所に建っており、普段から目に触れる建築だったと考えられる。

「マルセイユのユニテ・ダビタシオン」は、住居を高層化して地上を開放するという「垂直田園都市」の理論を実現した高密度の集合住宅である。工業化・規格化を試行し、モデュロールを徹底的に用いたことでも知られている。さらに、ル・コルビュジエが白く平坦な面の美学から脱し、素材を荒々しく表現する彫塑的な表現に達したという点でも重要な作品である。これは一九五〇－七〇年代に世界的に流行する、打ち放しコンクリートを特徴とする「ブルータリズム」と呼ばれる建築スタイルの先駆けとなった。

建設に約八年を要したユニテ・ダビタシオンは、モリヴァンがボザールで一級課程に進学した一九五二年に完成した。当時のフランスの建築学生にとって最大の話題作だったに違いない。パリに比べて暖かく、太陽の光にあふれたマルセイユを訪れたモリヴァンは、祖国とのつながりを感じたかもしれない。ユニテ・ダビタシオンの「ブリーズ・ソレイユ」と呼ばれる日除けや、モデュロール、打ち放しコンクリートの素材表現は、カンボジア帰国後のモリヴァンの設計手法の基調となった。

卒業設計「カンボジアの道場」

パリでの建築修行の締めくくりとして、ヴァン・モリヴァンは一九五四年の夏頃から卒業設計に取り組んだ。モリヴァンが選んだ卒業設計の題材は勾配屋根をもつ木造の柔道場だった。ここには、西洋建築の模倣にとどまらず、アジア的なるものを求める若きモリヴァンの意思が見て取れる。そして、柔道場というテーマには日本からの影響を思わずにはいられない。モリヴァンはパリ留学時に日本人師範から柔道を学んでいた。フランスでは一九四六年に柔道連盟が設立され、一九四〇年代末には四万人を越える実践者が存在した。柔道を学ぶフランス人にはエリートが多く、彼らは東洋や日本の神秘性に憧れ、禅や悟りといった日本の哲学を柔道修行を通じて感じ取ろうとしていた。モリヴァンはこのような戦後フランスの文脈で柔道を始めたと考えられる。

しかし、柔道場をテーマに扱った背景には日本の建築文化への関心も指摘できる。モリヴァンは留学時代に前川國男や丹下健三の作品を展覧会で見て感銘を受けたと述べている。当時国際的に注目を集めていた日本のモダニストたちは、アジア人建築学生のモリヴァンにとって西洋と東洋の建築を融合するロールモデルとなったのではないか。

それでは、卒業設計「カンボジアの道場」の内容を詳細に検討してみよう。資料はヴァン・モリヴァンが私蔵していた六葉の図面の記録写真である。

一枚目の図面には、プロジェクトの題名「カンボジアの道場（UN DOJO AU CAMBODGE）」のレタリングがあり、水牛がいる森の風景写真、プノンペンの地図、様々な木材サンプルの写真、「地場木材の性質」と題された説明文が含まれている。

二枚目の図面には、計画した建物と周辺施設の関係を示す配置図と「畳のモジュール原理」と題された説明文があり、また、乱取り・形・講義・問答といった柔道の修行内容について解説がなされる。

三枚目の図面には、一階部分のアクソメ図、屋根伏図、地階平面図と、柔道の技と乱取りを示すイラストが収められている。平面図には夏と冬の卓越風向が示されており、風通しを重視して設計が行われていたことがわかる。四枚目から九枚目の図面は残念ながら欠落しているが、平面図と立面図が収められていたと推測される。

一〇枚目の図面には縮尺五〇分の一の断面図が三面収められている。基礎や構造はもちろん、障子の桟まで丁寧に描き込まれた端正な図面だ。

一二枚目の図面には「構造」と見出しが付けられ、建物全体の構法を図解するアクソメ図と、木造架構の軸組図一面が収められている。

そして、「ディテール」と見出しが付けられた一四枚目の図面には、屋根構造と仕上げの詳細を示すアクソメ図と樋、格子壁、サッシの精緻な詳細図が描かれる。一一枚目と一三枚目は欠落しており、一五枚目以降の存在は不明である fig. 3-6。

これらの設計内容には日本とカンボジア双方の木造建築からの影響が認められる。平面の寸法計画は日本の畳のモジュールに従っている。一方、柱を二本の梁によって挟み込む接合部のディテールはカンボジアの伝統木造建築に似ている。外観を特徴づける斜め格子のスクリーンはカンボジアの木造建築の欄間や木舞のようであるが、同時に日本建築の「なまこ壁」を思わせ、坂倉準三が設計した「パリ万国博覧会日本館」(竣工＝一九三七)のスクリーンにも類似している。なお、当時はカンボジアの木造建築に関する研究はきわめて少なかったため、モリヴ

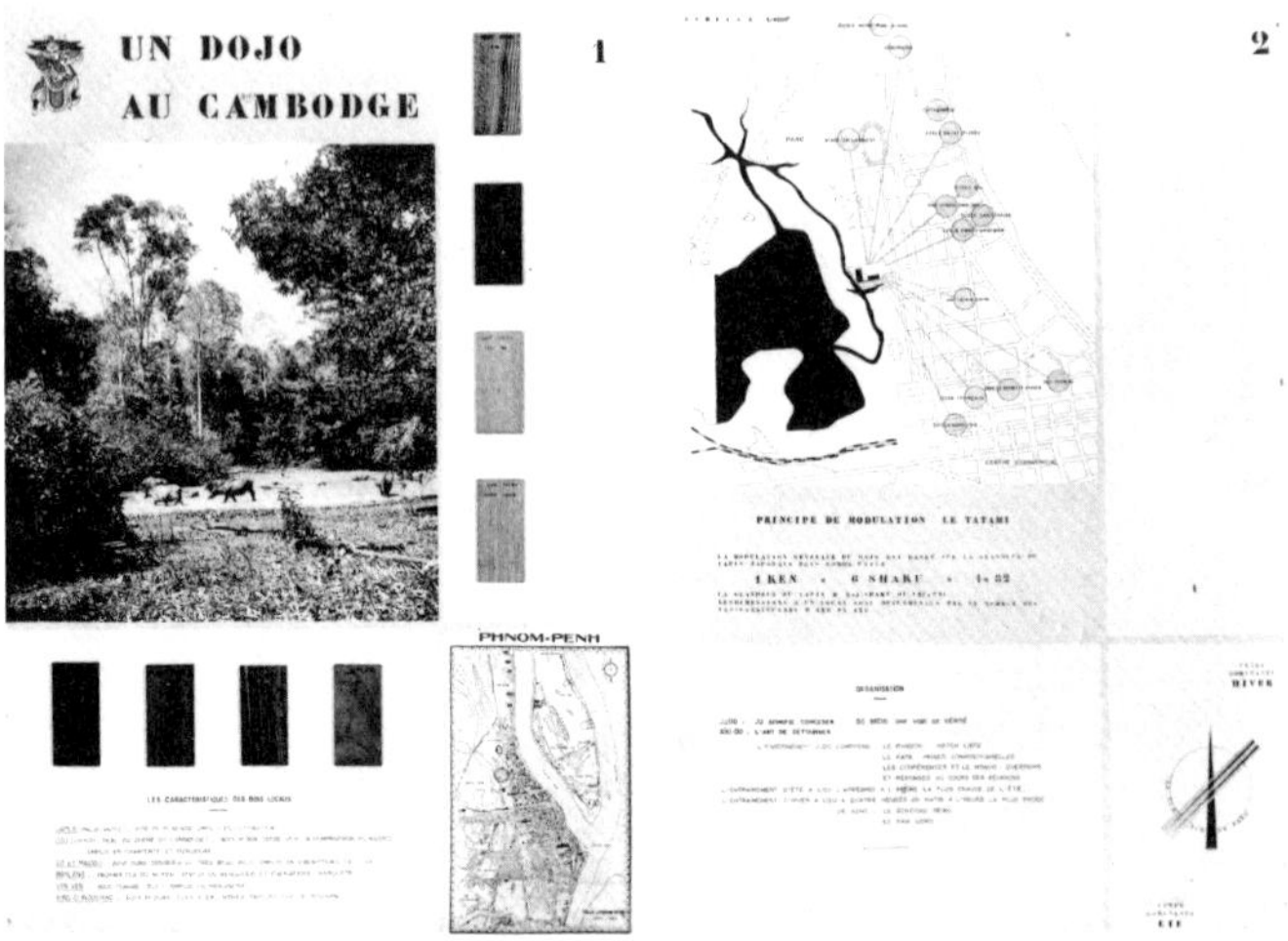

fig.3 「カンボジアの道場」、図面番号一(左)、図面番号二(右)

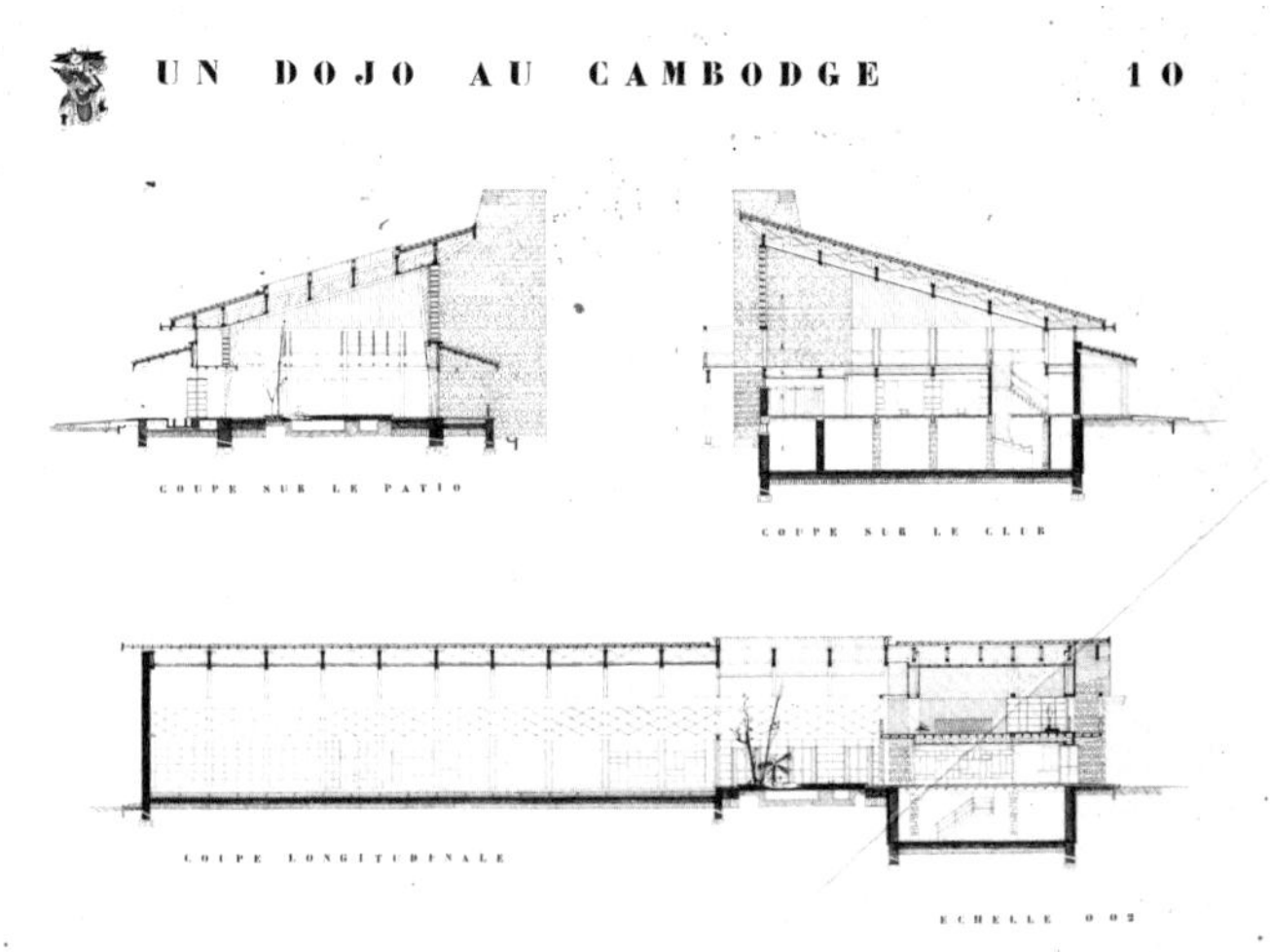

fig.4 「カンボジアの道場」、図面番号一〇

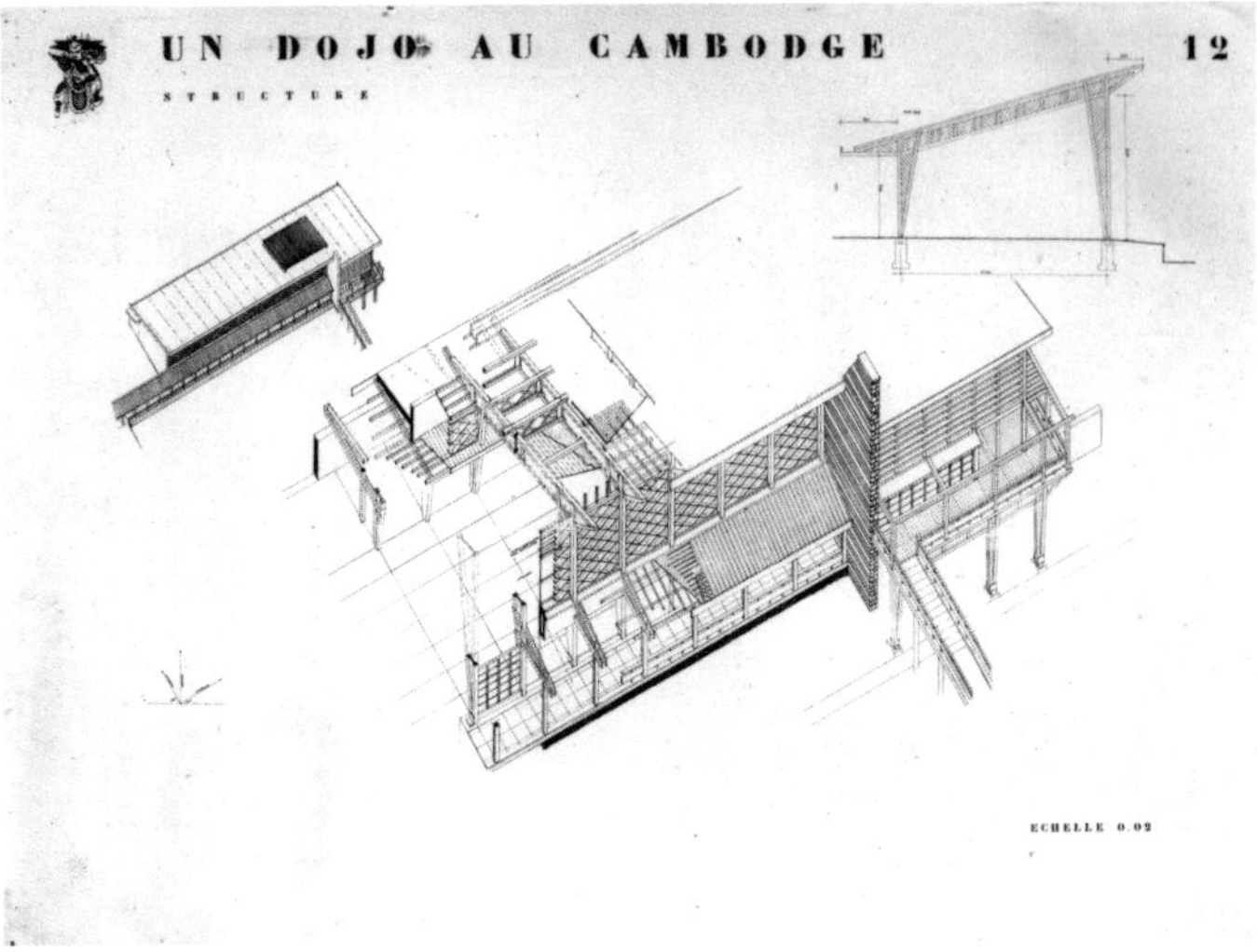

fig.5 「カンボジアの道場」、図面番号一二

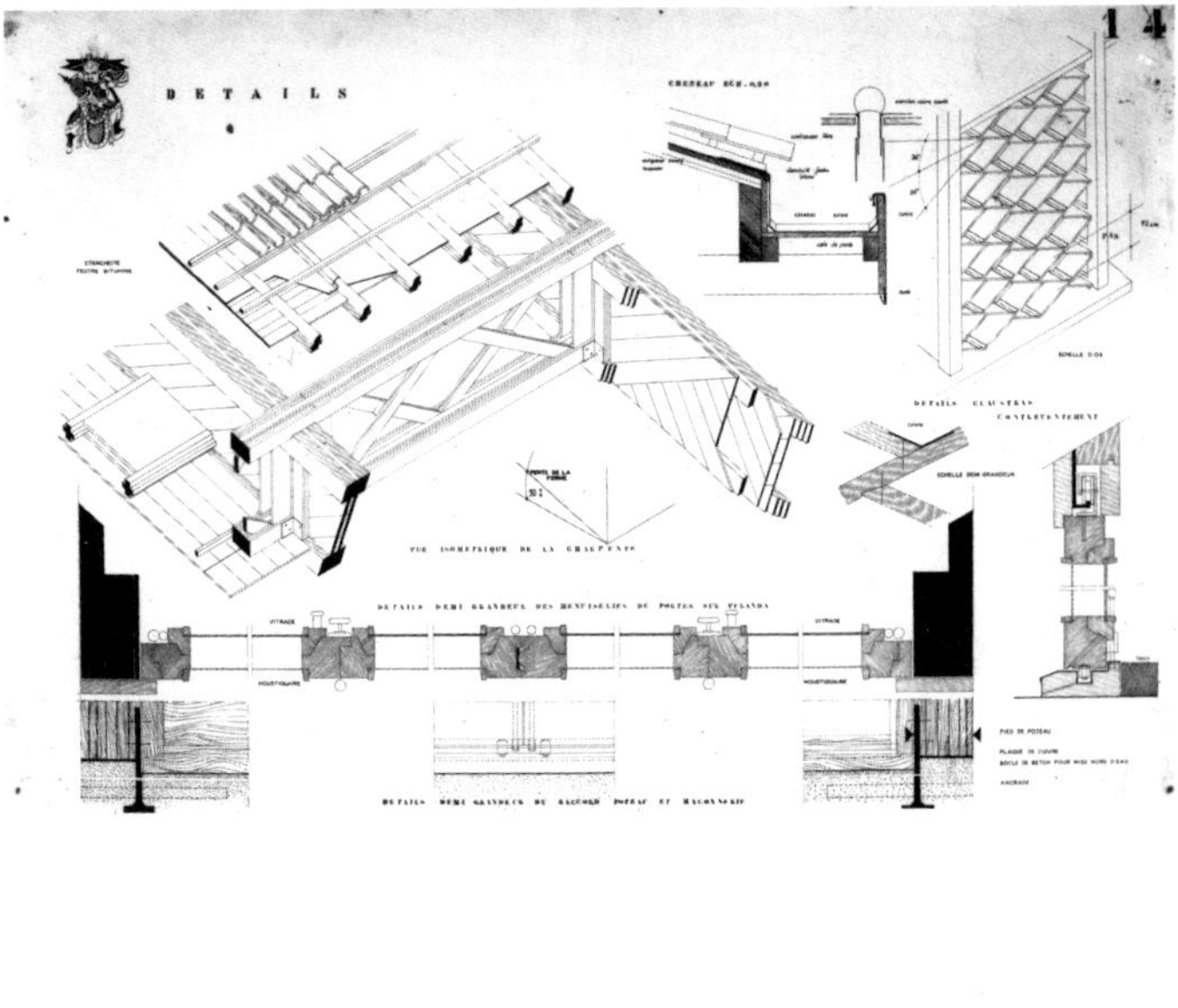

fig.6 カンボジアの道場」、図面番号一四

アンが既往の研究を通じて祖国の木造建築を理解した可能性は低い。モリヴァンは幼少期を木造住居で過ごしたと述べていることから、カンボジアの木造建築に関する知識は自らの生活体験からもたらされたと考えるのが妥当だろう。

総じて、図面のクオリティはきわめて高い。構想から詳細に至るまで、建築設計の全体を遂行する力量が存分に示された卒業設計である。審査結果は最高評価の「秀」であり、モリヴァンは一九五五年六月二一日、エコール・デ・ボザールの第二三二代卒業生として建築学位を取得した。なお、アトリエの同期生二二人のうち建築学位を取得したのは一八名であり、秀はモリヴァンただひとりだった。モリヴァンは一九五五年度の最優秀卒業設計賞を受賞し、副賞として王立英国建築家協会の建築家資格をも授与された。

ここでは以下の事実をまとめておきたい。モリヴァンは自身のルーツ（カンボジア）と興味（柔道）を組み合わせたテーマを設定し、卒業設計に取り組んだ。図面は構想から詳細に至るまで充実しており、九年間にわたる学業の集大成にふさわしい内容だった。そして、成果はエコール・デ・ボザールにおいて高く評価され、フランス政府公認の建築家資格とイギリス政府公認の建築家資格を同時に獲得した。当時、エコール・デ・ボザールに在籍しながら英国建築家協会の資格を授与されたのは最優秀卒業設計賞を受賞したごくわずかな学生のみである。モリヴァンは努力と才能によってフランスとイギリス双方の影響圏で機能する強力な「資格」を獲得し、カンボジア人初の公認建築家となったのである。

3 パリのクメール人脈

ヴァン・モリヴァンの成績簿

パリの国立文書館にはエコール・デ・ボザール在籍時のヴァン・モリヴァンの成績簿が保管されている。モリヴァンは約四年間で二級課程の単位を取得し、一九五二年六月に一級課程に進級。その後、三年かけて卒業設計の単位を取得し、一九五五年六月に卒業証書、すなわち建築学位を授与された。アスピランとしてアトリエに入門してから卒業までに八年と九ヵ月を要したが、これは当時の学生の平均よりも一年以上短い。総じて、モリヴァンは順調に建築を学んだと言える。

もちろん、在学期間の長短と学生としての優劣が比例するわけではない。しかし、モリヴァンはカンボジア人初の建築学生であり、前例のない状況下でも彼が遅れをとらなかった点は特筆に値する。これは、カンボジアでの基礎教育が充実しており、学生本人の才能と努力次第でパリでも通用するレベルだった証左である。

ただ、成績表を詳細に眺めると、ひとつ興味深い事実に気が付く。一九五一年の一年間、学業の停滞期間があるのだ。一九四八年から一九五〇年末にかけて、モリヴァンは二級課程の単位の四分の三を取得し、一級課程の一部の単位も先取りしていた。しかし、一九五〇年一二月から一九五二年二月にかけては単位取得がまったくない。また、それまで順調にこなしていた設計課題の提出も一九五〇年一二月に止まっていることから、学業に専念できない理由があったと推測される。

実は、一九五〇年一二月から翌年秋にかけて、モリヴァンはパリに留学したカンボジア人学生の組織「クメール学生連合」の代表を務めていた。モリヴァンがこの組織の代表をしていた時期と、彼の学業の停滞期はピタリと重なっている。もしかしたら、この組織での活動が、モリヴァンが学業に専念できなかった理由だったのかもしれない。ここで、建築修行から一度離れて、モリヴァンと他のカンボジア人留学生たちの交流をたどってみよう。

クメール学生連合

パリにいるカンボジア人留学生たちは、一九四六年に学生組織「クメール学生連合」(l'Association des Etudiants Khmers、以下AEK)を結成した。AEKは様々な交流活動を行い、定期的に会報『ケマラ・ニサット』(クメール学生の意)を出版した。この会報には留学生の活動報告やカンボジアの教育・歴史・文化・軍事などに関する論考、さらには国際情勢や最新科学に関する記事などが掲載された。

AEKの本拠地はパリ国際大学都市内の「インドシナ館」に置かれ、週に一回の会合が開かれた。インドシナ館は仏領インドシナの学生を優先的に受け入れる寄宿舎であり、当時多くのカンボジア人学生が滞在しており、ヴァン・モリヴァンもそのひとりだった。留学生たちはAEKの活動とインドシナ館での共同生活を通じて濃密な関係を構築し、そこからカンボジア人エリートのネットワークが形成されたと考えられる。

一九五〇年頃のAEKには約百名の学生が所属しており、そのなかには後にカンボジアで活躍する重要人物が多く含まれていた。ノロドム・シハヌークの副首相を務めたサム・サリ、財務大臣、教育大臣、計画大臣を歴任したマウ・サイ、公共事業電信大臣と工業大臣を歴任したプレク・チャット、国連大使を務めたドック・ラシー、プノンペン大学学長を務めたフオン・トン、一九六二－六四年に総理大臣を務めたノロドム・カントール王子などである。カンボジア帰国後、モリヴァンは彼らカンボジア人エリートたちと協働することになる。一例を挙げると、一九五九年に彼が「国立劇場」を設計した際には、公共事業電信大臣であるプレク・チャットと計画大臣であるマウ・サイから承認を受けてプロジェクトを遂行した。

AEKは王宮との関係も深く、名誉代表にはシハヌークが就任していた。先述したノロドム・カントール王子の他にも、シソワット・モニヴォン王の子であるシソワット・モニチアット王子とシソワット・クサラク王子がAEKに所属していた。さらに、AEKの関係者は学生だけに限らない。当時、政府高官としてパリのフランス連合本部に派遣されていた政治家シム・ヴァルとソク・チョンもAEKが主催するイベントに頻繁に顔を出していた。前者のシム・ヴァルはシハヌーク政権下の一九五六－五八年に総理大臣を、一九五八－六四年には日本大使を務めた。ソク・チョンは一九六二年に貿易大臣を務めた人物である。

一方、AEKの名簿にはマルクス主義に傾倒した左翼学生の名も多く認められる。そのひとり、ケン・ヴァンサックは一九四九年にマルクス主義を研究するカンボジア人サークルを結成した。この左翼学生たちのサークルは、後にカンボジア近代史の悲劇を引き起こすことになる極左過激派グループ、いわゆるクメール・ルージュの萌芽であり、メンバーには、サロト・サル――後にクメール・ルージュの指導者となり、ポル・ポトと呼ばれた――も含まれていた。

このようにＡＥＫには異なる政治信条をもつ学生が集まっていたが、独立を目指す愛国者という点では共通していた。カンボジア近現代史を研究するマリー＝アレクサンドリン・マルタンは、一九五〇年頃までのＡＥＫは「祖国の独立を訴えることに満足し、はっきりとした政治色はもたなかった」[12]と指摘している。当時の会報を見ると、その主な活動はスポーツや旅行、本の交換など、留学生同士ののどかな交流だった。

カンボジアの夕べ

ここで、ヴァン・モリヴァンが参加したＡＥＫの活動の一例として、一九五〇年五月にイエナ通りの工芸会館で開催された「カンボジアの夕べ」というイベントを取り上げたい。カンボジアの文化をパリ市民に紹介する催しであり、ギメ美術館からクメール彫刻を借りて芸術展が開かれ、東洋学者ジョルジュ・セデスの解説付きでアンコール遺跡の映写会が行われた。また、パリに集う留学生によって、カンボジアの伝統舞踊と演劇が上演された。

幕が上がり、我らが同志ヴァン・モリヴァンによるカンボジアの寸劇が始まり、部屋には活気と笑いがあふれた。〔中略〕幕間では、我らが同志ケン・ヴァンサックがカンボジア古典詩の解説を完璧な語法で行った。

第二の出し物では再びアーティストたちが登場し、「業の戯れ」というカンボジアの寸劇を演じた。ヴァン・モリヴァンが脚本を書き、ハン・トゥンハックが素晴らしく演じ、彼が通う喜劇学校の親切な仲間たちが力を貸した。シュルレアリスムの雰囲気が漂う奇妙な小品であり、村人たちが演じる精霊に捧げる遊びが主題である。土地の精霊の戯れによって、己の行動は己に帰すると信じる旅人たちが最後には悲劇に身を投じる。業の法則を前にして、信仰と懐疑の二重性が明るみに出されるのだ。[13]

この出し物に登場するヴァン・モリヴァン、ケン・ヴァンサック、ハン・トゥンハックの三人は、政治信条の違い――モリヴァンは王党派、ヴァンサックは急進左派、トゥンハックは共和派だった――を乗り越えて、帰国後も関係を続けた。ハン・トゥンハックはカンボジア初の現代劇作家となり、モリヴァンが設計した国立劇場で劇団長を務めた。また、モリヴァンが王立芸術大学を創設した際には舞台芸術学部長になり、後に二代目学長に就任した。一方、ヴァンサックはカンボジアを代表する言語学者・詩人になる。左翼思想のためシハヌークから疎まれたが、彼が提唱した造語法はトゥンハックに支持され、モリヴァンが教育大臣を務めた一九六〇年代末に中等教育の教授言語として採用された。

後にカンボジアの文壇を代表するケン・ヴァンサックとハン・トゥンハックの二人を差しおいて、モリヴァンが寸劇の脚本を書いたという事実も興味深い。モリヴァンは才能を期待され、仲間たちの信望を集めていたと想像される。一九五〇年一一月、モリヴァンはＡＥＫの二代目代表に就任。当時の留学生たちは彼を「穏健で寛容な人物」[14]と評していた。しかし、同時期、ＡＥＫ内では政治信条の違いから不和が生じ始め、モリヴァンの任期は一年にも満たなかった。一九五一年の秋にはマルクス主義者のフー・ユオンがＡＥＫ代表に就任し、その後、組織は右派と左派に分裂した。ＡＥＫを掌握した左派学生には、後にクメール・ルージュの幹部となるサロト・サル（後のポル・ポト）、イエン・サリ、キュー・サンパンがおり、シハヌークを支持する右派学生たちを痛烈に批判した。

　異なる政治的傾向を内包し、最終的に分裂したＡＥＫは、独立後に確立する翼賛体制の末路を予感させる。モリヴァンはＡＥＫの初期メンバーとして存在感を示しリーダーシップを養ったが、左翼学生の台頭によって苦汁をも味わったと考えられる。

東洋学者とのつながり

「カンボジアの夕べ」では、東洋学者ジョルジュ・セデスを招き、パリのギメ美術館から彫刻を借用していた。イベントが開催された工芸会館はギメ美術館の隣で、フランス極東学院パリ支部からも近い。これらの事実は、ＡＥＫとフランス人東洋学者たちの浅からぬ関係を示している。

　ジョルジュ・セデスはフランス極東学院の院長を一八年間務めた人物であり、当時は国立東洋語学校の教授として後進の指導に当たっていた。ギメ美術館は東洋美術に特化したミュージアムであり、フィリップ・ステルヌが主任学芸員を務め、アンコール研究を活発に行っていた。ハノイを本拠地とするフランス極東学院が遺跡調査に基づく実地研究を行ったのに対して、首都パリのギメ美術館では様式分析と碑文分析に基づく理論研究が盛んに行われており、両者はときに対立しながららも補完的な関係にあったという[15]。

　モリヴァンはＡＥＫの活動を通じて、こうしたフランス人の東洋学者たちと関係を築いたと考えられる。一九五四年には、エコール・デ・ボザールとかけもちでルーヴル美術学院に通い、フィリップ・ステルヌから東洋美術とクメール芸術を学んでいた。

なかでもモリヴァンと関係が深かった東洋学者にアンリ・マルシャルがいる。先に述べたように、彼は法学生だったモリヴァンが建築に転向するきっかけを与えた人物である。マルシャルは一九二〇－五〇年代にアンコール遺跡の保存に尽力した考古学者であり、コンクリートを用いて遺跡を修復するアナスティローシス工法の導入者として知られている。しかし、彼はエコール・デ・ボザールで建築を学んだ建築家でもある。一九〇五年にカンボジアの公共事業局に派遣され、一九一二－一六年にはサイゴンのコーチシナ公共事業局に勤務した。マルシャルは、考古学者である以前に植民地建築家だったのである。

ヴァン・モリヴァンはパリでアンリ・マルシャルの孫娘と恋に落ち、一九五一年に結婚して二人の男子を得た。モリヴァンとマルシャルは家族として結びつき、強固な関係を築いたのである。カンボジア帰国後、モリヴァンは離婚し、一九六〇年に国連職員のスイス人女性と再婚したが、アンリ・マルシャルとの関係はその後も良好だった。マルシャルは一九五〇年代後半から一九七〇年に九四歳で没するまで、アンコール遺跡群のあるシェムリアップで余生を過ごしており、モリヴァンはしばしば彼を訪れていた[16]。

アンリ・マルシャルはインドシナの都市開発を切り開いた建築家の先達として、また、卓越したアンコール研究者として、モリヴァンの設計活動に示唆を与え続けたのではないだろうか。さらに、マルシャルとの関係を通じて、モリヴァンはカンボジアに赴任してきたフランス極東学院の研究者たちと強固なネットワークを築いたと推測される。一九六〇年代のモリヴァンは設計活動や教育活動を行ううえでフランス極東学院から度々協力を得ており、そのなかにはマルシャルの元部下が含まれていた。

このように、モリヴァンはエコール・デ・ボザールを起点とする建築家・技師とのネットワークに加え、アンリ・マルシャルとの出会いを軸としてフランス人東洋学者との結びつきをも強めた。これら二つのフランス人専門家のネットワークは、帰国後のモリヴァンの大きな力となり、国家揺籃期の人材不足を補った。その詳細については第Ⅳ章で論じる。

クメール文化についての試論

ここで、ヴァン・モリヴァンによるクメール美術とアンコール建築の受容をまとめておきたい。モリヴァンは留学以前からジョルジュ・セデスの著作を通じてクメール美術に親しんでいた。留学後はアンリ・マルシャルと親交を深め、ＡＥＫの活動を通じてセデスとも直接の面識を得た。また、ルーヴル美術学院ではフィリップ・ステルヌからクメール美術を学んだ。セデス、マルシャル、ステルヌはアンコール研究の第一人者であり、モリヴァンは彼らから第一級の最新知識を得たと考えられる。

それでは、モリヴァンは具体的にアンコール建築をどのように捉えていたか。一九四九年、彼はユネスコによる「文化の相互関係に関するアンケート」に応じて、全一二頁からなるフランス語のエッセイ「クメール文化についての試論」[17]を著した。当時のモリヴァンは二三歳で、エコール・デ・ボザール入学からわずか二年後だったが、このエッセイにはインド哲学、クメール美術、西洋古典建築に関する深い理解が示されており、キュビスムやシュルレアリスムといった近代美術への幅広い関心も表れている。そして何より、若きモリヴァンの主張には帰国後の創作活動を予感させるディテールが満ちあふれている。以下ではこのエッセイを精読し、ヴァン・モリヴァンの伝統観とアンコール建築観を探究しよう。

まず、エッセイの冒頭において、モリヴァンはインドと中国からの影響がクメール文化の起源に決定的な役割を果たしたことを認めつつ、クメール人による取捨選択が行われ、独自の国民的文化が生まれたと主張している。さらに、クメール人はインドの哲学と美学を結びつけ、それを宗教として一体化させ、王を神あるいはブッダと見なす「神王崇拝」を展開したと述べる。

クメールの宗教の根幹は、変容したヒンドゥーのバラモン教と、そこに重層された仏教である。そして、ヒンドゥー以前の古い文化の名残であるアニミズム崇拝が儀式的で魔術的な伝統・実践として共存している。これらすべてがきわめて複雑な全体を形づくり、宇宙的な道徳原理や魔術信仰を包み込んでいる。クメールの宗教文化には顕著な習合現象《シンクレティズム》が認められるのだ。［中略］さらに王の存在がある。王もまた神になるのだ。この最後の統合によって唯一の存在である王＝神、王＝トリムールティ、王＝ブッダが生まれるのである。18

モリヴァンはこのような宗教観がクメール芸術の本質であると指摘し、「芸術はなによりもまず宗教の一機能であり、あらゆる芸術表現は唯一の原理すなわち宗教原理と一致する」19と表明する。そして、クメールの古典芸術が「芸術のための芸術」ではなく、宗教観の表現であると強調し、建築・彫刻・舞踊・文学を例に挙げてそれを論証してゆく。以下に、建築について述べられた部分を引用する。

芸術的霊感は神の啓示としての価値を帯び、芸術作品は代理を通じた神々の創造となる。

神々が創造するものは天上世界の似姿である。シヴァは宇宙の中心であるメル山の頂上に座している。建築家たちはこの神の象徴であるリンガを丘の上や段状のピラミッドの上に建設する。そこは王国の魔術的中心であると同時に幾何学的中心であり、回廊と徐々に低くなるテラスによって幾重にも囲まれ、テラスの外周にはメル山を取り巻く大海のように壕がめぐる。これこそがアンコール・ワットの見取図《プラン》である。

クメール建築の象徴主義における第二要素は、神と王の交わりの場としての寺院と山の同一視である。寺院は自然の丘や人工的なピラミッドの上に建設される。G・セデスはこのような塔＝聖地と、シュメールのジッグラトやバベルの塔との類似性を指摘している。

［中略］

クメールの偉大な建築的複合体の多くには壮大な軸線に沿った橋があり、壕を越えてゆく。橋の欄干にはナーガ（多頭のヘビ）があしらわれており、この要素は虹と同一視される。極東においては、虹は現世の深淵から立ち上がり、インドラの天国の異なる階層をつなぐ多色のヘビと考えられている。[20]

アンコール建築をヒンドゥーの宇宙観と結びつける解釈は、セデスの著作に依っている。ここに登場する「幾何学的中心」「回廊」「濠」「軸線」「橋」といったキーワードは、後にモリヴァンが設計する大建築——「ナショナル・スポーツ・コンプレックス」（竣工＝一九六四）や「高等師範学校」（竣工＝一九七二）——を予感させるものである。

次に、モリヴァンは古典文化の衰退期へと議論を進める。

カンボジアの芸術は九世紀から一四世紀にかけて最も輝かしい時代を迎え、その後は衰退を続けてきた。衰退の原因は王国が被ってきた戦禍と敗北である。度重なる略奪は民衆とその指導者の双方を貧しくした。東からも西からも執拗に攻め立てられたクメール人はできる限りのものを守ろうとし、残された文化の全てを寺院に避難させた。もはや建築のことなど考えてはいられなかった。人々を大きな無気力がおそい、芸術家集団は四散あるいは消滅し、仕事の方法と技術は失われるか、次第に忘れ去られてしまった。このようにしてクメール芸術は衰え、失墜したのである。[21]

「カンボジアの芸術は九世紀から一四世紀にかけて最も輝かしい時代を迎え、その後は衰退を続けてきた」。これがモリヴァンの歴史観の核心と言える。二〇世紀カンボジアの考古学・文学・舞踊等を研究した笹川秀夫によると、このようにアンコール期を「栄光の時代」、ポスト・アンコール期を「衰退の時代」と見なす考えは、セデスらフランス人研究者によって植民地時代に形成された[22]。さらに、カンボジア独立後、この考えはノロドム・シハヌークの公定史観として引き継がれた。「衰退」の時代を設定することで「復興」を強調することが可能となるからである。

それでは、クメール文化の復興には何が必要なのか。モリヴァンは次のように述べる。

現状を眺めると、一四世紀に始まった凋落はいまなお続いているようである。この状況を改善するべく、散り散りになった芸術家たちを集める試みもなされた。彼らの目的は伝統と再び接続することであり、かつてのクメール人と同じ道具、同じ信念を持って創作を続けることを望み、伝統の外にあるものをすべからく拒絶した。しかし、その成果に満足のいくようなものはほとんどない。なぜなら、彼らの知識《データ》は原始的であり、幾許かの巧みなヴァリエーションを作り出すことで満足してしまったからである。彼らは霊感と生命力の欠如に苦しみ、その結果は古色蒼然たるものだった。

彼らは誤解していたのだ。既存の形式の空虚な様式化を推し進め、その形式の模倣に自らを押し込めている場合ではなかった。どうして今日でもなおクメール文化は現代文明のあらゆる状況と進歩に素知らぬふりをして、固有の生き方を続けなければならないのか。[23]

モリヴァンが言及する「散り散りになった芸術家たちを集める試み」は、ジョルジュ・グロリエによる美術学校の設立を指している。モリヴァンは、グロリエの美術学校は伝統に固執するあまり、空虚な様式化と模倣に陥ったと批判的な評価を下している。そのうえで、「適応への、そしてなによりも創造への意志がなければならない」[24]と述べ、現代文明への適応こそがクメール文化の活路であると強調する。

興味深いことに、モリヴァンがこの主張の根拠として挙げるのは、ルネサンスの芸術家たちの姿勢である。彼は次のように議論を続ける。

今日、クメール文化を現代文化に適応させるためにはフランスとイタリアのルネサンスの芸術家たちが古典文化に示した姿勢が参考になりそうである。むろん事情は同じではない。なぜなら、西洋中世文化、すなわちルネサンス期に変容を遂げる以前の文化もまた、同じギリシャ・ラテンの古典文化に端を発するのだから。とはいえ、そこには見習うべき精神があり、進むべき方法論的な道が示されている。古代の芸術それ自体ですら、エジプト芸術やビザンチン芸術といった起源の異なる東洋の諸芸術との接触から生まれた。二つの文化が同時に存在すれば、必然的に相互に影響を及ぼす。

ルネサンス期のイタリア建築は古典建築からオーダーの基準寸法と比例の規範を取り入れた。彫刻でも古代美術の比例法則《カノン》が採用された。だが、これらの形式的な要素からルネサンスは新たな作品を生みだしたのである。

つまり、新しい創造を行うためには完全に隔離された状態で活動してはならず、利用できる要素であれば何であれ使おうとすべきである。ブラマンテやヴィニョーラらは古代の遺跡から装飾のシステムを学び、建築の新たな試みを行った。そして、この過去からの教えが指針となり、彼らの時代に完成したゴシック芸術には存在しない純粋性を獲得した。

イタリアとフランスのルネサンスは死せる文化から生まれたが、その起源は同一である。クメール文化は既存文化と活力に満ちる西洋文化の二つによって刷新されるだろう。

ルネサンス期の芸術家が古典から原理と純粋性を学んだように、クメール文化も西洋文化への適応を通じて新たなインスピレーションを得るべきだ、という主張である。エコール・デ・ボザールの二級課程で西洋古典建築を叩き込まれていた頃だから、その影響も大きかっただろう。しかし、西洋中心主義的なボザールの教育を自らの問題、すなわちクメール文化の復興に結びつけようとした切実さは特筆に値する。

最後に、モリヴァンは「民族文化」がクメールの芸術家の個性の礎となるべきだと主張し、エッセイを締めくくる。

ただし適応は慎重に進めなければならない。なぜなら、西洋文化に存する力強さによってクメール文化が駆逐される可能性があるからだ。そして、二つの美術の結合に関して言えば、さらに深刻な事態となる危険性がある。というのも、結合によって折衷的で個性のない芸術が生まれるおそれがあるのだから。

西洋になびいて全てを放棄するのは論外である。西洋がもたらすものは後天的な文化にすぎないため、多かれ少なかれ人工的で表面的になってしまう。クメールの芸術家の個性の礎は引き続き民族文化によって築かれる。」[26]

かつてアンコール王朝がインドの文化を現地化したように、西洋文化を表面的になぞるのではなく、民族文化を礎として西洋近代の影響を現地化すべし。そして、「西洋文化からクメール文化への影響という流れは逆向きにもなりうる。独創性と自ら進化する力を備えたクメール文化は、西洋文化には存在しない数多くの価値を有しているのだから」[27]とモリヴァンは結論づける。

「西洋文化への適応」と「民族文化という基礎」という二本の柱に立脚し、西洋文化を超えた新しい建築を目指す。これは、後に国家を代表する建築家として活躍するヴァン・モリヴァンの哲学を先取りする、予言的なステートメントであった。

4 カンボジアへの帰国

公共事業省に入省する

一九五二年、カンボジア国王ノロドム・シハヌークは自ら首相兼外相となり、「独立十字軍」と称する外交キャンペーンを開始した。そして、フランスを皮切りにカナダ、アメリカ、日本を廻って要人と面会し、カンボジアの独立を国際世論に訴えた。このシハヌークの外交戦略は成功を収め、一九五三年一一月九日、カンボジアは主権国家としての完全独立を果たした。独立から二年後、モリヴァンはボザールの最優秀卒業設計賞を受賞し、建築学位を取得。そして一九五六年、一〇年ぶりにカンボジアに帰国した。

パリで「専門知識」と「資格」を獲得し、カンボジア人留学生やフランス人専門家との「人脈」を築いたヴァン・モリヴァンの次なる課題は、「クライアント」を獲得することだった。モリヴァンは独立直後の状況を次のように振り返っている。

私が帰国した頃は、私の職業が何か、誰も知りませんでした。フランスで建築学位を取得したのですが、私を雇いたいという人はカンボジアには存在しませんでした。皆「建築家」とは何かを知らなかったのです。—28

建築家とは何か、誰も知らない。帰国直後のモリヴァンは順風満帆とは言い難かった。まず、パリの国立高等装飾美術学校で室内装飾を学んだ先輩セン・スンテンとともにプノンペンに設計事務所を立ち上げたが、二人で協力して進めたプロジェクトは一九五六年に設計した「サン・ソパン博士の住宅」だけであり、一九五七年頃には協働体制は解消された。筆者が行ったインタビューにおいて、モリヴァンは帰国後の一年間は設計の仕事がなく、二人の子どもを養うのに苦労したと語っている。かろうじて得た仕事がブッダ生誕二五〇〇年を祝う国家行事のための仮設建築「仏暦二五〇〇年祭のパヴィリオン」(竣工＝一九五七)であり、その設計料を得た後、モリヴァンはフランスに戻ることも真剣に考えたという。

しかし、フランス行きが一週間後に迫った一九五六年末、政府から重要な仕事が舞い込んだ。「独立記念塔」と「閣僚評議会」の設計である。これらの仕事に携わるため、モリヴァンは公共事業省に入省し、即座に公共建築主任建築家と都市計画住宅局長に抜擢された。さらに、プノンペン市の建築家兼アドバイザーにも任命された。

公共事業省において国家建築家《ステート・アーキテクト》として働くことは、モリヴァンにとって自然な成り行きだったと言えるだろう。植民地時代には公共事業局で働くフランス人建築家たちが先例を提供しており、独立後の公共事業省にもウン・クラプムプカーやプレク・チャットといった留学帰りの技師が既に在籍していたからだ。「独立記念塔」と「閣僚評議会」の設計は新人建築家にとっては大役だが、有力政治家ペン・ヌートと親戚関係にあり、パリで学び、カンボジア人初の公認建築家として凱旋帰国したモリヴァン以上の適格者はいなかった。

ノロドム・シハヌークとの出会い

国家プロジェクトに取り組むなかで、モリヴァンは新生カンボジアの最重要人物であるノロドム・シハヌークと出会った。

シハヌークは父ノロドム・スラマリットに王位を譲り、国家元首の座に就いていた。これは、憲法上権限が制限される王位を離れ、行政を掌握しつつ、民衆に対しては前王としての権威を維持する巧妙な政略だった。国家元首となったシハヌークは、アンコール期の栄光を取り戻すという野心を抱き、近代国家建設と伝統復興を両立させる創造者を求めていた。パリで最先端の建築とクメール美術を学び、若いエリートたちの信望を集めていたヴァン・モリヴァンはシハヌークにとって理想的な人材であった。

シハヌークとの出会いについて、モリヴァンは以下のように回顧している。

大きな菩提樹の下で待っていると、シハヌーク殿下とペン・ヌート閣下がやって来るのが見えました。ペン・ヌート閣下は殿下に私を紹介しました。しかし、私はあまりに畏まってしまい、話すことができません。そこで、ペン・ヌート閣下が私の代わりに話をしました。殿下はこれとこの色がお好みだ、というようなことを言って、私はその方針に従いました。その後、菩提樹の下で、殿下は私に名誉勲章を授けました。

「独立記念塔」の建設は一九五七年に始まったと考えられ、モリヴァンとシハヌークの出会いも同じ頃と推測される。モリヴァンは口がきけなくなるほど畏まってしまうが、これは王族の権威を考えれば当然である。シハヌークは神々の化身として崇められたアンコール王朝の継承者であり、民衆にとっては現人神のような存在だったからである。しかし、建築プロジェクトのクライアントとしてのシハヌークは気さくな人物だったようである。モリヴァンは述べている。

殿下は常に私が正しいと思うことを実行させました。プロジェクトを依頼するときには私を呼び、彼の考えを書きつけた紙を見せました。そして、「サロンはこのあたりに、キッチンはこのあたりに、ゲストを迎える部屋はここに配置してくれ」などと言いながらスケッチをしました。殿下は一緒に仕事がしやすい方でした。フォーマルなプレゼンテーション・プランを作成したことは一度もありません。[30]

音楽を愛し映画製作を趣味としたシハヌークは、ホテルの内装設計を自ら手がけるほどデザインへの関心も高く、「建築家」の価値を理解する理想的なパトロンだったのである。以後、モリヴァンは彼のために数々のプロジェクトを手がけたが、そのなかにはシハヌークの住居兼オフィスである「元首官邸」や各地の離宮、王族の陵墓など、王室に関連する仕事も多く含まれている。モリヴァンは公式には宮廷建築家ではなかったものの、それに近い存在になったと言えるだろう。

公権力と王権を巧みに両立したシハヌークのように、モリヴァンは公職としての「国家建築家」と実質的な「宮廷建築家」の立場を両立した。これまで述べてきたように、国家建築家と宮廷建築家は植民地時代に成立していた建築家の類型である。さらに、これらの役割に加えて、モリヴァンは個人でも設計の仕事を請け負った。独立と近代化によって生まれた新しい需要に、「個人建築家」として応えたのである。この三つの役割を巧みに成立させることで、モリヴァンはカンボジアの建築界で唯一無二の地位を築いていった。

近代国家における建築家の誕生

これまでにたどってきたヴァン・モリヴァンの自己形成プロセスは、カンボジアにおける建築家誕生の記録であると同時に、近代の新興国家において建築家という職能が確立される過程を示すひとつのケーススタディとなっている。そこで、モリヴァンの自己形成の要点を振り返りながら、他国の事例と比較し、近代国家の揺籃期において建築家という職能が成立する必要条件について考察を行いたい。

第一に、当たり前のことではあるが、建築を志望する「動機」がなければ建築家は生まれない。建築家を自発的に志す人間が現れるためには、社会に建築文化に対するリテラシーが醸成される必要がある。ヴァン・モリヴァンの場合は、アンコール建築への考古学的関心が建築家を志すきっかけとなった。換言すれば、カンボジアではフランス極東学院によるアンコール研究が建築文化へのリテラシーを育み、建築家の志望動機を生み出したと言える。

なお、建築文化に対するリテラシーが欠如していても、国策として建築家の育成が促進される場合もある。例えば、日本人初の建築家である辰野金吾が造船学から造家学（現在の建築学）に転じたのは、国家が建築の専門家を求めていたからである。しかし、仏領下のカンボジアでは国策としての建築家育成は企図されていなかった。

第二に、建築家になるためには建築の「専門知識」の習得が不可欠である。そのためには専門教育機関（あるいはそれに代わる実務組織）へのアクセスが重要となる。専門教育機関に進学できれば、個人の才能と努力によって専門知識を得ることが可能となる。エコール・デ・ボザールを順調に卒業したモリヴァンはその好例と言える。

しかし、近代国家の揺籃期には教育制度が未熟な場合が多く、まず基礎教育が問題となる。国内の基礎教育が不十分な場合、幼少期に留学するか、海外で生まれて当地の教育を受ける必要がある。例えば、一九五〇年代のベネズエラで活躍した建築家カルロス・ラウル・ヴィリャヌエヴァはロンドンで生まれ、基礎教育と建築教育をヨーロッパで修めた後に初めて祖国の土を踏んだ。カンボジアの場合は、仏領下で教育システムがある程度成熟しており、モリヴァンが成長する頃にはエリート校のシソワット高校でカンボジア人がバカロレアを取得できるようになっていた。

次に問題となるのは、建築教育機関の有無である。宗主国フランスが専門教育機関を設置したベトナムや、お雇い外国人を招聘して教育が行われた日本などのケースでは、国内で専門家たちが育成された。しかし、国内で専門教育を受ける場所がない場合、留学することが不可欠となる。モリヴァンの場合は、フランス連合下における国費留学生の促進という好機に恵まれ、パリに留学することができた。同様に、（旧）植民地では（旧）宗主国が留学先として選ばれることが多く、例えば南ベトナムの建築家ゴー・ヴィエト・トゥーもパリのエコール・デ・ボザールに留学し建築を学んでいる。

第三に、建築家として活動するには「資格」あるいはそれに相当するオーソリティが必要となる。国内に明確な国家資格がない場合、海外の建築家資格や留学先における学位がこれに代わる。先述したカルロス・ラウル・ヴィリャヌエヴァやゴー・ヴィエト・トゥーも、モリヴァンと同じくフランスの建築学位を冠して設計活動を行っていた。

第四に、建築家としての活動を遂行するためには幅広い「人脈」が必要である。特に法制度が未熟な国家では、建築家に制度上の支援を与える政治家とのコネクションと、建築家に技術的な支援を与える先進国の専門家との知的ネットワークの双方が不可欠である。モリヴァンは、シソワット高校とＡＥＫの活動を通じて前者を構築し、エコール・デ・ボザールとフランス極東学院の専門家との交流によって後者を確立していた。

このような人的ネットワークの構築は、国家の揺籃期に活動した建築家に共通する特徴と言える。例えば、モリヴァンがパリでの寮生活を通じてカンボジア人エリートと結束したように、辰野金吾は工学寮の寮生活を通じてエリートたちとの人脈を築いたという[31]。日本の建築を世界の舞台へと押し上げた丹下健三は、日本の官僚および財界とのコネクションを築き上げる一方で、国外の知識人・芸術家・建築家とも交流し結びついていた。他国においても、例えばモザンビークの近代建築運動の代表者であるパンチョ・ゲデスはアフリカ人エリートとのコネクションを構築すると同時に、積極的な外遊を通じてヨーロッパの建築家や知識人との人脈を築き上げた[32]。人的ネットワークの構築は単に建築家として活動を遂行する必要条件であるのみならず、建築家の仕事の質と方向性に決定的な影響を与える。ゆえに、国家揺籃期の建築家の自己形成を理解するうえで、教育と並び、きわめて重要な論点となる。

第五に必要なのが「クライアント」である。建築家という職能が社会に浸透していない国家では、個人建築家として民間クライアントから十分な仕事を得ることは難しい。モリヴァンの場合も、帰国まもなくの状況では民間からの受注は困難であった。一方、国家揺籃期には、道路・港湾といったインフラや官公庁舎・軍事施設などの近代的な公共建築が必要となるため、公僕としての建築家、すなわち国家建築家《ステート・アーキテクト》の需要が大きい。モリヴァンが公共事業省に所属し、まずは国家建築家としてキャリアをスタートしたのは自然な流れであったと言える。一般に、植民地下の建築家の多くは国家建築家であり、また、シンガポール、マレーシア、インドネシア、ブラジル、ベネズエラといった新興国では、独立後もしばらくは公共事業局や住宅開発局などの官公庁に属する国家建築家が活躍した。日本においても、辰野金吾が留学帰国直後に工部省の営繕課に務めていたことが思い起こされる。

なお、「クライアント」は先述した「人脈」とも密接に関係する。モリヴァンはシハヌークやペン・ヌートをパトロンとして設計を行った。同じように、辰野金吾は高橋是清や渋沢栄一と、ブラジルの建築家オスカー・ニーマイヤーは新首都ブラジリアを建設した政治家ジュセリーノ・クビチェックと、インドネシアのフリードリヒ・シラバンはインドネシア独立の立役者であるスカルノ大統領と、フィリピンのレアンドロ・ロクシンは独裁政権を築き上げた政治家フェルディナンド・マルコスと結びついていた。国家揺籃期に活躍した多くの建築家の背景には、政財界の大物との強固なコネクションが指摘可能である。

建築家モリヴァンの自己形成プロセスは、アンコール考古学研究の進展、植民地下における基礎教育の充実、宥和政策による留学の促進、愛国的な学生組織での体験、シハヌークやヌートとの関係など、カンボジア近代史に固有の出来事・人物と密接に結びついていた。その一方で、留学による専門知識の獲得、自国エリートおよび外国人専門家とのネットワーク構築、国家建築家としての活動、パトロンの存在などは、カンボジアに限らず、国家揺籃期の建築家に共通する一般的な特徴と言うことができる。モリヴァンの自己形成プロセスは、カンボジア近代史の一端を示すと同時に、近代国家の揺籃期において建築家という職能がいかに成立するか、という一般的な問いに関する示唆を含んでいる。

II

ナショナル・アイデンティティの表現

一九五六―一九六四

私は、長きにわたった衰退期の後遺症を打ち消そうとする、かつてない創造的な運動を祖国の内側に見出していました。誰もが皆、我々自身の根源へと、我が国を築き上げてきた動機へと立ち戻る必要性を感じていました。太古からの伝統を受け継ぐあらゆる国と同じように、自らの個性を再構築しなければならない。現在のあらゆる文化運動にはこの基本理念がはっきりと現れています。そして、建築はその一部分なのです。

ヴァン・モリヴァン、一九六九[1]

独立後まもないカンボジアに帰国したヴァン・モリヴァンの最大の使命は、新生国家のアイデンティティを建築によって表現することだった。一九五八年、まだ実作がほとんどないにもかかわらず、モリヴァンは政府刊行物で「近代と伝統を結びつける創造者」と称賛された。ここには公共事業省の高官となったモリヴァンにかけられた期待が表われている。国家元首ノロドム・シハヌークは、アンコール期を「栄光の時代」、ベトナムとシャムに侵攻されたポスト・アンコール期を「衰退の時代」と捉え、近代国家の建設によってアンコールの栄光を取り戻すという弁舌を繰り返し、ナショナリズム高揚を図っていた。「伝統復興」を目指す「近代建築家」ヴァン・モリヴァンは、このシハヌークの思惑にピタリとはまったのである。

伝統と近代の統合。これはカンボジアのみならず、二〇世紀後半に非西洋の建築家が取り組んだ典型的な課題であった。戦後の日本では丹下健三や菊竹清訓らの仕事が思い浮かぶ。アジアに目を向ければ、中国では梁思成が、ベトナムではゴー・ヴィエト・トゥーが、インドネシアではフリードリヒ・シラバンが、フィリピンではレアンドロ・ロクシンが、各国の伝統文化を解釈し、近代的な建築言語と組み合わせることによって国家の新しい表現を追求した。同様の事例は南アメリカやアフリカ諸国にも数多く認められる。しかし、なぜ同じ時代に、世界各地でナショナル・アイデンティティを表現する建築が求められたのだろうか。そして、なぜ「伝統と近代の統合」がその共通の方法となったのだろうか。

第二次世界大戦後、アジアとアフリカでは脱植民地化の動きが活発化し、多くの独立国家が誕生した。国民国家が成立するためには、国土の確定と国民の定義が必要不可欠である。しかし、国境線がしばしば曖昧であるのと同様に、国民と呼ばれる集団の境界もまた曖昧なことが多い。なぜなら、国家成立以前の土地には民族的・言語的・宗教的に多様な集団が混在しているのが通常だからである。政治学者ベネディクト・アンダーソンは、国民国家《ネーション・ステート》とは人々の想像力によってのみ存在する「想像の共同体」であると述べ、共同体が「想像される」ための主な手段として国語の統一を挙げた[2]。二〇世紀後半の新興国では、国語と同じように、建築もまた「想像の共同体」をつくる道具として利用されたと言えるだろう。

そして、国語の統一がマイノリティ言語を切り捨てて行われたように、国家的建築の創造においても表現の取捨選択が行われた。そこで「発見」あるいは「発明」されたのが、多数派あるいは支配階級の歴史的同一性を想像させる「伝統建築」だった。つまり、伝統建築という概念それ自体が、近代的な国民国家の成立と分かち難く結びついている。

ただし、伝統建築を定義し、それを単に温存するだけでは新生国家の表現としては不十分である。過去と現代を連続させ、伝統と近代を同一の軸で貫くことによって、初めてアイデンティティ＝同一性が獲得されるからである。ゆえに、新興国の建築家は必然的に「伝統と近代の統合」という課題を抱えることになった。この時、「伝統」と対峙させる「近代」としては、モダニズムのデザインが適当だった。インターナショナル・スタイル（国際様式）とも称されたモダニズムの建築は、歴史様式からの脱却を標榜し、西欧列強の様式を植民地に押しつける「コロニアル建築」とは一線を画していたからである。

伝統建築を発見し、定義し、近代建築と接合する。このような建築におけるナショナル・アイデンティティの形成作業は、建築家と建築史家と思想家の協働によって、多世代にわたって行われるのが一般的である。しかし、ヴァン・モリヴァンはこのプロセスをきわめて短期間に、ほぼひとりで遂行した点でユニークである。本章では、モリヴァンがカンボジアに帰国した一九五六年から大作「ナショナル・スポーツ・コンプレックス」を完成させた一九六四年までの軌跡をたどることによって、ナショナル・アイデンティティを取り巻くモリヴァンの思考を検証したい。

1 新しい国家を表現する

仏教というアイデンティティ

一九五六年、ヴァン・モリヴァンはデビュー作「仏暦二五〇〇年祭のパヴィリオン」（竣工＝一九五七）の設計に着手した。仏暦とは釈迦の没年を起点とする暦法で、一九五七年はその二五〇〇年目に当たる。日本の仏教では釈迦入滅後の千年から二千年後に仏の教えが廃れて末世が来ると信じられたが、カンボジアの主要宗教である上座部仏教では仏の教えが五千年間続くと解釈される。仏暦二五〇〇年はそのターニング・ポイントであり、祝典は国を挙げて盛大に行われた。

開催地はプノンペン中央駅とトンレサップ川河岸をつなぐ長さ一キロメートルほどの緑地帯である。かつては水路があり、一九三〇年代にエルネスト・エブラールの都市計画によって埋め立てられ、公園と並木道が整備された場所だ。祭りの目玉はスリランカから寄贈された釈迦の聖遺物を奉納するイベントで、そのために中央駅正面に仏舎利塔が新造された。モリヴァンは会場全体のマスタープランを策定し、二千人を収容する大ホールと緑地帯を縦断する長大なギャラリー、六つの小さなパヴィリオン、そして稲穂をモチーフとする鉄塔の設計を行った。

大ホールは木造の仮設建築で、モリヴァンはこれを「卒業設計の応用」[3]と述べている。大屋根、庇、傾斜した柱を組み合わせたトラス構造は、確かに彼の卒業設計「カンボジアの道場」の架構を彷彿とさせる。屋根はベトナムから輸入した木綿布《キャラコ》で覆われ、施工中の写真から推測されるスパンは一五メートルに及び、カンボジアの伝統木造建築を凌駕するスケール感をもつ。

しかし、建物全体から受ける印象は近代的と言うよりも伝統的である。切妻屋根の四周に庇を取り付けた二段葺きの「しころ屋根」はカンボジアの木造寺院に典型的な造形で、蓮華の唐草文様をあしらった破風や棟飾りも同様だ。近代的な木構造はこれらの伝統的意匠の内側に隠れ、その革新性を控えめに表現している。

一方、大ホールの傍らに聳え立つ鉄塔は、モリヴァンがエコール・デ・ボザールに在籍していた一九五五年にルージュヴァン設計競技に応募した「光の塔」のアイデアの応用だった。ただし、「光の塔」のモチーフはプルメリアの花だったが、ここでは稲穂に変更されている。モリヴァンは学生時代の作品を巧みに翻案し、瞬く間に実現してしまったわけである fig. 1,2。

仏暦二五〇〇年祭は一九五七年四月上旬の七日間にわたって開催された。昼間は儀式や説教、政府高官による演説などが行われ、夜には釈迦の生涯を描いた演劇が上演された。モリヴァンが設計した会場は、黄衣の僧侶たち、礼服姿のプノンペン市民、そして海外からの来訪者で賑わいを見せた。

しかし、三日目に思いがけない出来事が起こった。乾季のカンボジアでは珍しく小雨が降るなか、大ホールでは二千人の僧侶が祈りを捧げていた。突如、建物に雷が落ち、屋根の破風飾りが真っ二つに割れた。幸いにも火は木綿布の屋根に燃え移ることなく、怪我人は出なかった。このときホールで説教をしていた高僧チュオン・ナートは、この雷を「仏教の時代が中間点に入った吉兆」と解釈したという 4。これは、ヴァン・モリヴァンの回想である。彼もその場に居合わせていたのだ。デビュー作に落ちた雷は、彼の激動の人生を予兆するかのような、不思議な運命を感じさせる。

　カンボジアの近代宗教史を研究するジョン・マーストンは、この仏暦二五〇〇年祭が国家のアイデンティティとして仏教を再確認する重要な転換点だったと指摘している[5]。前年の一九五六年に行われた憲法改正により、仏教は国教的な地位を得ていた。また、カンボジアでは人口の九割を超える人々が上座部仏教を信仰しており、ノロドム・シハヌークも熱心な仏教徒だった。

　しかし、仏教がナショナル・アイデンティティとなり得た理由は国内の信仰心の深さだけではない。第二次世界大戦後にはスリランカ、ビルマ、ラオスなど上座部仏教を信仰する国々が次々と植民地支配から独立を果たした。仏暦二五〇〇年祭は、これら近隣の仏教国と連携する

fig.1「仏暦二五〇〇年祭のパビリオン」、大ホールと鉄塔

fig.2「仏暦二五〇〇年祭のパビリオン」、工事現場。大ホールの木造架構が見える

国際的イベントとしての側面をもっていた。一九五五年に人民社会主義共同体《サンクム・リアハ・ニヨム》を結成したシハヌークは、冷戦下において資本主義にも共産主義にも与せず中立を維持する道を模索していた。近隣の新興独立国と連携する可能性を、シハヌークは仏教の国際性に見出していたのである。

独立記念塔の建設

ヴァン・モリヴァンの次なるミッションは、今なお首都プノンペンを代表するモニュメント「独立記念塔」（竣工＝一九六〇頃）の設計だった。これは公共事業省高官としての彼の初仕事であった。

「独立記念塔」は旧市街地を南北に走るノロドム大通りと王宮南部を東西に貫くシハヌーク大通りの交差点に位置している。このバロック的な都市軸はノロドム・シハヌークのアイデアであり、東西南北に視線が通る塔の形態はシハヌークの期待に応えたデザインと言える。主体構造は鉄筋コンクリート造で、高さは約三七メートル。完成当時はプノンペンで最も背の高い建築物だった fig.3,4。

塔のデザインは一〇世紀に建立されたヒンドゥー教寺院バンテアイ・スレイをモデルとしている。バンテアイ・スレイは精巧な彫刻と優美な姿から「アンコールの宝石」と称され、フランス人作家アンドレ・マルローが女神像を盗み出し逮捕されたことでも有名である。中央祠堂が紅色砂岩でつくられている点が特徴であり、「独立記念塔」の紅色はこれに倣っている。

モリヴァンはバンテアイ・スレイを訪れ、クメールの伝統的な装飾を研究し、バッタンバン出身の彫刻家タン・ヴートらと協力して「独立記念塔」の細部を決定したという。「独立記念塔」

には頭部が五つに枝分かれするナーガ(聖なる蛇)の装飾が施されており、これは確かにバンテアイ・スレイの彫刻の特徴と一致している。ただし、このようにクメールの古典美術を参照する一方で、立面全体の比例と寸法についてはル・コルビュジエのモデュロールを応用したとモリヴァンは述べている。

ロータリー・街路・公園を含む「独立記念塔」の周辺整備は、モリヴァンが公共事業省に入省する以前から始まっていた。塔本体は一九五七年頃に着工したが、埋立地であったため地盤が悪く、基礎工事が難航した。その後、コンクリートの構造体は一九五九年頃に、装飾を含め

fig.3 「独立記念塔」、竣工当時の鳥瞰

fig.4 「独立記念塔」、南西から見る

た全体は一九六〇年頃に完成し、一九六二年の独立記念日（一一月九日）に竣工式が行われた。以下、竣工式に際してノロドム・シハヌークが行ったスピーチを引用したい。

我々は独立記念碑を建立し、カンボジアの独立、自由、民主主義、そして平和のために命を捧げた英雄たちのために祈ります。［中略］

私は、我が国の独立、文明、自由、名誉をないがしろにする外国勢力を盲信せず、我が国が平和の島であると信じるカンボジアの皆さんとその家族に感謝します。独立から九年が経ちましたが、その間、南ベトナムやラオス、コンゴとは異なり、私たちは暴力を受けることなく暮らしてきました。愛すべき我が人民たちよ、どうかお聞きください。カンボジアを建設し、将来にわたって私たちの独立を守る鍵は、大軍をもつことではなく国民を団結させることにあります。—6

自らをアンコール王朝の末裔と信じるクメール人の団結を確認する場として、アンコール期のモニュメントを現代化した「独立記念塔」は見事に機能した。竣工後、塔は国家の公式行事やパレードにおいて中心的役割を果たし、名実ともに独立を表象するシンボルとなった。

モダニズムの直輸入

ヴァン・モリヴァンは「独立記念塔」の設計とほぼ同時期に「閣僚評議会」（竣工＝一九五九）の設計にも取り組んでいた。「閣僚評議会」は、日本で言えば内閣に相当する行政府の中枢機関である。建物は鉄筋コンクリート造四階建てで、ピロティ、陸屋根、規則的なファサードといった特徴を備えており、ル・コルビュジエの近代建築五原則にきわめて忠実な作品と言える—fig.5。

当時のプノンペンではポチェントン空港の建設が進行中で、市中心部と空港を結ぶ道路が整備されたばかりだった。この新しい道路沿いには、国連とアメリカとフランスの援助機関が共同利用する事務所ビルが建設されており、「閣僚評議会」はこれと隣接して建てられた。

モリヴァンが公共事業省に入省した時点で「閣僚評議会」の設計は進行中だった。彼は、「構造体は既に決定されており、自分はそれを改変したに過ぎない」[7]と述べている。また、このプロジェクトでは公共事業省に勤務する「グレムレ」というフランス人建築家と協働したとモリヴァンは回想している。この人物は、一九五二年にエコール・デ・ボザールを卒業した建築家アンリ・グレムレである可能性が高い。「閣僚評議会」の設計は、年長のフランス人建築家アンリ・グレムレが着手し、モリヴァンは後にチームに加わったと考えるのが妥当だろう。

fig.5 「閣僚評議会」、鳥瞰

さらにモリヴァンは、「閣僚評議会」の湾曲するファサードのアイデアが、当時パリに完成したばかりの「ユネスコ本部」（竣工＝一九五八）から影響を受けていたと認めている[8]。「ユネスコ本部」は二〇世紀を代表する建築家たちが集結して生み出された大作であり、ヴァルター・グロピウス、ルシオ・コスタ、ル・コルビュジエ、エーロ・サーリネンなどの錚々たる近代建築家たちが建設委員会を組織し、その監督下でアメリカのマルセル・ブロイヤー、イタリアのピエール・ルイージ・ネルヴィ、フランスのベルナール・ゼルフュスが協働して設計を行った。意匠面ではピロティやブリーズ・ソレイユといったモダニズムの手法が駆使され、技術面では折板構造やシェル構造などの革新的なコンクリート構造が導入されている。また、迫力ある打ち放しコンクリートの表現は、当時流行していたブルータリズムの影響も色濃く示している。言わば、戦後モダニズムの総決算という作品である。

湾曲したファサードのみならず、中央にキャノピーを配した左右対称の立面構成や、リズミカルなピロティなど、「閣僚評議会」と「ユネスコ本部」には多くの共通点が認められる。「閣僚評議会」の設計において、モリヴァンとグレムレは「ユネスコ本部」に見られるモダニズムの建築言語を直輸入したと言えるだろう。もちろん、独立直後のカンボジアで計画された「閣僚評議会」は、規模においても予算においても、専門家たちの技術力の面でも、旧宗主国フランスで世界の英知を集めて設計された「ユネスコ本部」には遠く及ばない。しかし、ヴァン・モリヴァンは兎にも角にも、帰国後直ちにモダニズムの建築を開始したのである。

なお、「閣僚評議会」が建つエリアには、その後「防衛省庁舎」（設計＝アンリ・シャテル、竣工＝一九六二頃）や「財務省舎」（設計＝ヴァン・モリヴァン、竣工＝一九六七）が建設され、官公庁街として整備された。これらの建物にもモダニズムの影響が顕著である。結果、空港から市中心部に至る道路沿いに近代的な街並みが形成され、カンボジアの近代発展を海外からの訪問者に印象づける役割を果たした。

伝統と近代の葛藤

木造寺院を参照した「仏暦二五〇〇年祭のパヴィリオン」、アンコール期の建築を手本とした「独立記念塔」、モダニズムの直輸入である「閣僚評議会」。ヴァン・モリヴァンの最初期の三作品は造形言語が著しく異なっており、様式的な一貫性は認められない。同一の建築家による同時期の設計とは思えないほどである。

しかし、屋根の造形に注目するとモリヴァンの意図が明確に浮かび上がる。これら三作品は、伝統建築あるいは近代建築の「屋根」を純粋な形で表現しているのである。すなわち、「仏暦二五〇〇年祭のパヴィリオン」は木造寺院の「切妻屋根」を、「独立記念塔」はアンコール建築の「尖塔」を、「閣僚評議会」はモダニズムの「陸屋根」をストレートに表現した作品として解釈できる fig.6。

ここで、切妻屋根・尖塔・陸屋根の三つをヴァン・モリヴァンの「原型的屋根」と呼ぶことにする。その各々について簡単に整理しておきたい。

破風を強調する急勾配の切妻屋根は住居や寺院、精舎などのカンボジアのヴァナキュラーな木造建築に見られる特徴である。一九五四年にカンボジアの木造建築に関する論考を著したスレイ・ウイは、「仏暦二五〇〇年祭のパヴィリオン」のような「しころ屋根」を「クメール型」と呼び、最も典型的な屋根の類型として位置づけている 9。

fig.6 初期三作品と「切妻屋根」「尖塔」「陸屋根」の対応
上＝「仏暦二五〇〇年祭のパヴィリオン」と高床式住居
中＝「独立記念塔」とアンコール・ワット
下＝「閣僚評議会」と「サヴォア邸」

塔に関して言えば、アンコール建築の最大の特徴は「プラサート」と呼ばれるタケノコ型の尖塔であり、これはヒンドゥー教の聖なる山を暗示する。国旗のシンボルにも採用されたアンコール・ワットのプラサートは国家的象徴と言って過言ではない。主要宗教がヒンドゥー教から上座部仏教に変わったポスト・アンコール期にはプラサートに代わって「チェダイ」と呼ばれる仏塔が建設されたが、これも組積造の尖塔であり、アンコール期の塔と精神的に結びついていた。

第三の陸屋根は、コンクリートなどの近代技術の発展によって可能となった平らな屋根（フラット・ルーフ）のことである。ル・コルビュジエやヴァルター・グロピウスといった近代建築の先導者たちが支持した屋根造形であり、近代と前近代の建築を峻別する美学的特徴となった。一九二〇年代のドイツでは「屋根論争」と呼ばれる議論が巻き起こり、社会主義的イデオロギーをもつモダニストたちが陸屋根を肯定し、急勾配の屋根を反動的な造形と見なしていた。

これら三つの屋根は、造形も象徴的な意味もまったく異なる。しかし、これらすべてが、実は国家元首ノロドム・シハヌークの政治理念と合致する造形だったと解釈することも可能である。シハヌークは「仏教社会主義」というスローガンを掲げ、仏教の相互扶助の精神を基盤としつつ国家発展の道具として社会主義を導入すると標榜し、アンコール王の末裔という自らの血統を利用して国民統合を目指していた。一九五〇－六〇年代の国家的プロジェクトの事実上のクライアントはシハヌークであり、彼の方針が建築のデザインに影響を与えたことは想像に難くない。

モリヴァンの初期三作品では、シハヌークによる統治の特徴である「仏教」「王権」「社会主義」の三者が、ヴァナキュラーな木造建築に由来する「切妻屋根」、アンコール期に由来する

「尖塔」、モダニズムに由来する「陸屋根」によって表象されているのではないか。このように解釈すると、三者における造形的一貫性の不在は、シハヌークの分裂的な政治信条によって生じたアイデンティティの葛藤として理解できる。

しかし、モリヴァンが目指したのは伝統と近代の統合であった。伝統的な屋根と近代的な屋根は独立に表現されるのではなく、結合される必要があった。モリヴァンの次なる試みは異なる造形を単一の建築に統合し、表現することであった。

2 屋根に表れる伝統

折衷

一九五七年の半ば、ヴァン・モリヴァンは「チャトモック国際会議場」(竣工=一九六一)のデザインに着手した。アメリカからの資金援助を受けて計画された、八五〇席を有するカンボジア初の本格的なホール建築である。

ラオスから流れてくるメコン川はプノンペンの東でトンレサップ川と合流し、その後再び本流とバサック川の二つに分岐する。これら四本の川が交わる一帯は「チャトモック」(四つの顔の意)と呼ばれ、王宮の建築群が立ち並び、プノンペンの都市の起源とされている。この川の合流点に建つ国際会議場の設計において、モリヴァンは切妻屋根・尖塔・陸屋根という三つの原型的屋根の結合を初めて試みた fig. 7-9。

建物の平面は左右対称の扇形で、舞台と客席とバルコニーが同心円状に配置されている。扇形の頂点は舳先のように川を臨むホワイエである。建物の主構造は鉄筋コンクリート造で、ガラスのファサードやピロティ、片持ち構造のバルコニーなど、モダニズムの要素が随所に認められる。

しかし、外観を見たときに抱く第一印象は、近代的というよりも東洋的だ。その理由は独特の屋根の造形と色彩にある。コンクリートの陸屋根の上には、扇を半ば開いたような折板屋根が載せられている。道路に面する西側から見ると、黄金色のアルミ板で葺かれたこの屋根は木造寺院の切妻屋根を思わせる。さらに、川に面する扇形の頂点部分には優美な装飾を施した尖塔が立っている。黄金色の屋根と装飾的な塔は王宮の建築群に見られる特徴であり、塔に王家の紋章があしらわれていることからも、隣接する王宮との調和を意図したデザインであることは明らかである。

陸屋根の建物を基壇とし、その上に切妻屋根と尖塔を載せるという「チャトモック国際会議場」の形式は、仏領期に建設された王宮建築に接近している。例えば一九一四年に建てられた「月光殿」では、コンクリート造の列柱が水平の軒蛇腹を支え、その上に壮麗な切妻屋根が載り、中心部に仏塔を参照した塔が立てられていた。独立前後の建築ではデザインの差異が強調されることが多いが、「チャトモック国際会議場」はこうした植民地時代のデザインと通じるところがあると言えるだろう。

ここで、一九二〇年代から三〇年代の日本で流行した「帝冠様式」が思い起こされる。鉄筋コンクリート造の洋風建築に和風の屋根を載せるもので、「東京帝室博物館本館」（竣工＝一

fig.7 「チャトモック国際会議場」、竣工当時の鳥瞰

fig.8 「チャトモック国際会議場」、ホワイエ

九三七）や「愛知県庁舎」（竣工＝一九三八）など戦中期の公共建築に数多く採用された様式である。洋風建築を基壇とし、その上に東洋風の屋根を折衷する形式は、カンボジアや日本に限らず、インドネシアやタイ、中国といったアジア各国でも見受けられる。このような折衷的な屋根の造形は、アジアの建築家が西洋文化と出会った際に見せる典型的なアイデアと言えそうである。しかし、そのキメラ的相貌は歴史様式の折衷を否定するモダニストには受け入れ難く、日本では批判も巻き起こった。

　ル・コルビュジエに傾倒していたモリヴァンにとっても様式の折衷は不本意だったに違いない。彼は「チャトモック国際会議場」の尖塔が「王宮の塔の複製《コピー》だった」と率直に認めつつも、塔内部には貯水タンクがあり、あくまでもそれが「機能的だった」と主張している。

　パリで機能主義を学び、形式主義《フォルマリズム》には反対の立場でした。だから、すべてのオブジェクトは機能をもつように設計しました。[10]

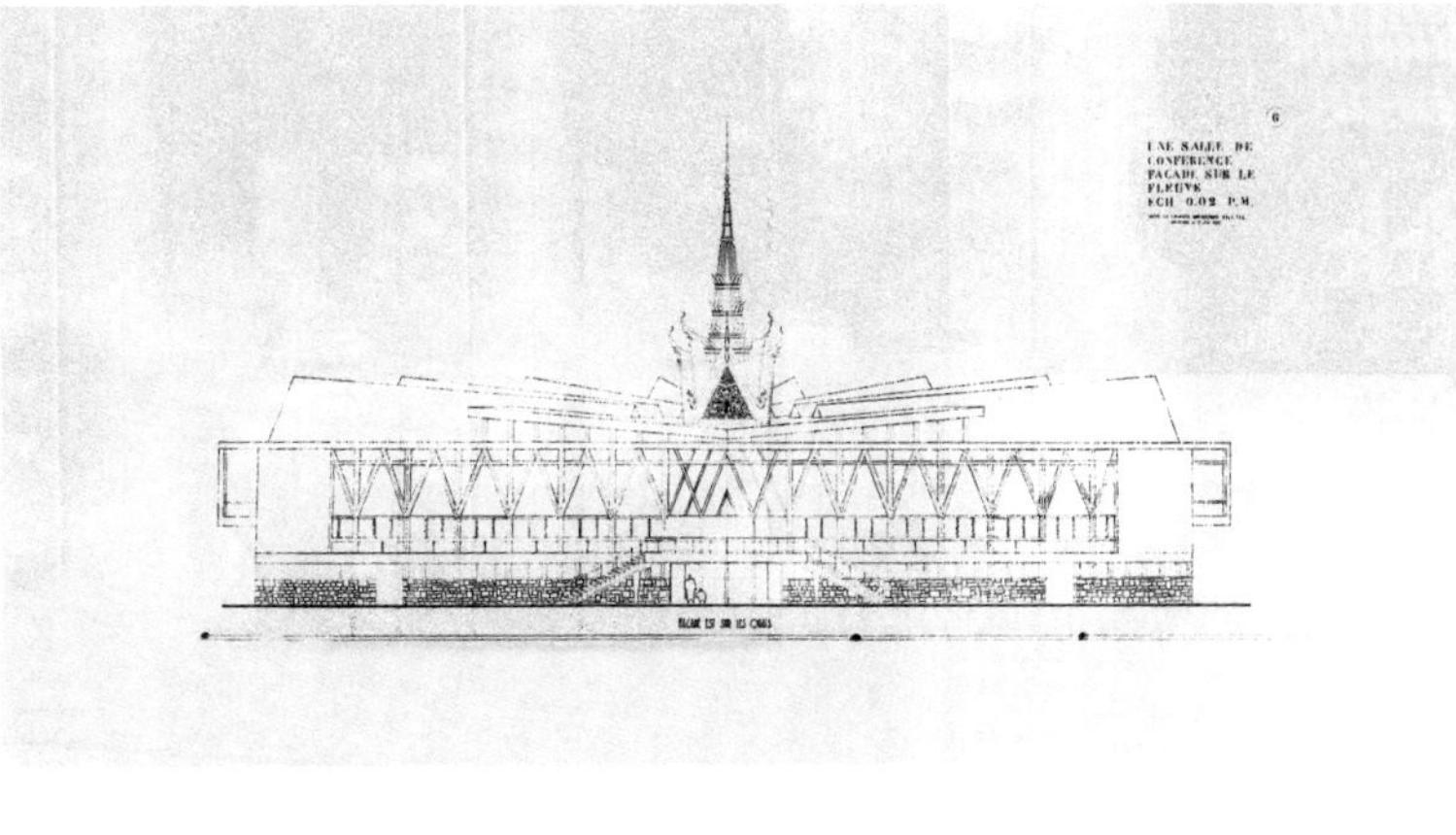

fig.9 「チャトモック国際会議場」、立面図（一九五七）

しかし、装飾的な塔の造形は、貯水塔という機能だけでは説明がつかない。その意匠は明らかに仏教と王権を想起させ、形式主義を排除したとは言い難い。「チャトモック国際会議場」において、モリヴァンは三つの原型的屋根の結合に成功したが、その手法は一九世紀のヨーロッパで流行した歴史主義建築の折衷的デザインの延長線上にあり、コロニアル建築との連続性も否定できない。モダニストとしての矜持を保つためには、彼には折衷を乗り越えるアプローチが必要だった。

一方、「チャトモック国際会議場」は国家的プロジェクトとしては見事にその役割を果たした。一九六一年一一月にこけら落としとして第六回世界仏教徒会議が開催され、二八の国・地域から仏教徒たちが集結した。この会議は仏暦二五〇〇年祭と同じく仏教を通じて国際協調を目指したイベントであり、東西の大国であるソ連とアメリカ、そして、既に紛争が始まっていた北ベトナムと南ベトナムの両国が参加した点も興味深い。冷戦が深刻化するなか、東西の垣根を越えて開催された世界仏教徒会議は、シハヌークが推進する仏教社会主義と積極的中立——ともに折衷的である——を体現するイベントとなったのである。「チャトモック国際会議場」はこの政治状況を建築的に象徴することに成功し、カンボジアの国際的な立場を表現する舞台となったのである。

日本から学ぶ

一九五八年、ヴァン・モリヴァンは大阪国際見本市におけるカンボジアの展示を監修するために日本を訪れた。工芸品や農産物・林産物などを展示するスタンドを設計し、その設営を行うという公務である。東京の外交史料館が保管する資料によれば、モリヴァンは三月から五月にかけて二ヵ月間日本に滞在していた。まずはカンボジア大使館を拠点として東京で数日を過ごし、その後大阪に向かい、展示の設営に立ち会ったようである。この初めての日本滞在はモリヴァンに大きな影響を与えた[fig.10]。

　モリヴァンは二〇一二年にカナダ人建築家ビル・グリーヴスが行ったインタビューにおいて「丹下健三の伝統と近代の融合」から刺激を受けたと告白している[11]。また、筆者が二〇一六年に行ったインタビューでは「前川國男から大きな影響を受けた」と述懐している。モリヴァンが日本を訪れた一九五八年には前川國男、坂倉準三、吉村順三による「国際文化会館」（竣工＝一九五五）や丹下健三による「旧東京都庁舎」（竣工＝一九五七）が完成しており、モリヴァンがこれら日本人建築家の最新作を見学した可能性は十分にある。そして、モリヴァンは「日本人は多くのヨーロッパ人よりも深くル・コルビュジエを理解した」[12]と考えるまでに至った。

　エコール・デ・ボザールでは、プロポーションに関するパラーディオの思想を学びました。日本にはそれとは異なる美の捉え方があります。それはル・コルビュジエに似た、非対称的な

fig.10 大阪国際見本市、カンボジアの展示スタンド。モリヴァンが来訪者を案内している

美です。対称的なルネサンスの建築とは異なるものです。日本人は異質なものをひとつの構成にまとめる方法を知っています。[13]

第I章で見てきたように、学生時代のモリヴァンはクメール文化と現代文化を結びつける手がかりをルネサンスの建築に求めていた。しかし、日本での経験を経て、「フランスの古典主義的な教えを拒絶するようになった」[14]と語っている。日本は、パリで叩き込まれた様式建築の枷からモリヴァンを解放したのである。当時、彼はヴァナキュラーな木造建築、アンコール建築、近代建築の狭間で引き裂かれていた。これら異なる様式を折衷的に接合するのではなく、「異質なものをひとつの構成にまとめる」ことはできないか。伝統を抽象化し、近代的に再構成した日本のモダニストは、モリヴァンに新たな道を指し示したのである。

伝統の抽象化

日本から帰国したモリヴァンは「国立劇場」（竣工＝一九六七）の設計に着手した。一二〇〇席を有するカンボジア初の劇場建築で、国立劇団――モリヴァンの留学仲間であるハン・トゥンハックが団長を務めた――の本拠地となった文化施設である。

敷地はバサック川河畔の埋立地。華奢なピロティで建物全体が持ち上げられ、先が尖った外観は川に浮かぶ船を思わせる。外壁の大部分は有孔ブロックを積んでつくられた透かし壁であり、川の眺望を得るために水平連続窓も設けられている。「閣僚評議会」や「チャトモック国際会議場」と同様に、ル・コルビュジエの近代建築五原則の影響が色濃い作品である[fig. 11-13]。

この建築の成立経緯はやや複雑だ。一九五八年九月にヴァン・モリヴァンの署名が入った「市民劇場」の図面が作成されており、その約一年後に建設工事の入札が行われ、カンボジアの建設会社チュルン・ユ・ハックと日本の大林組が手を組んで施工者に選ばれた。大林組は当時、日本の戦後準賠償のプロジェクトに参加してプノンペン事務所を構えており、その縁で劇場の入札にも参加したと推測される。しかし、計画案が予算を超過したために縮小案の検討

fig.11 「国立劇場」、竣工当時の鳥瞰

fig.12 「国立劇場」、ホール側の外観

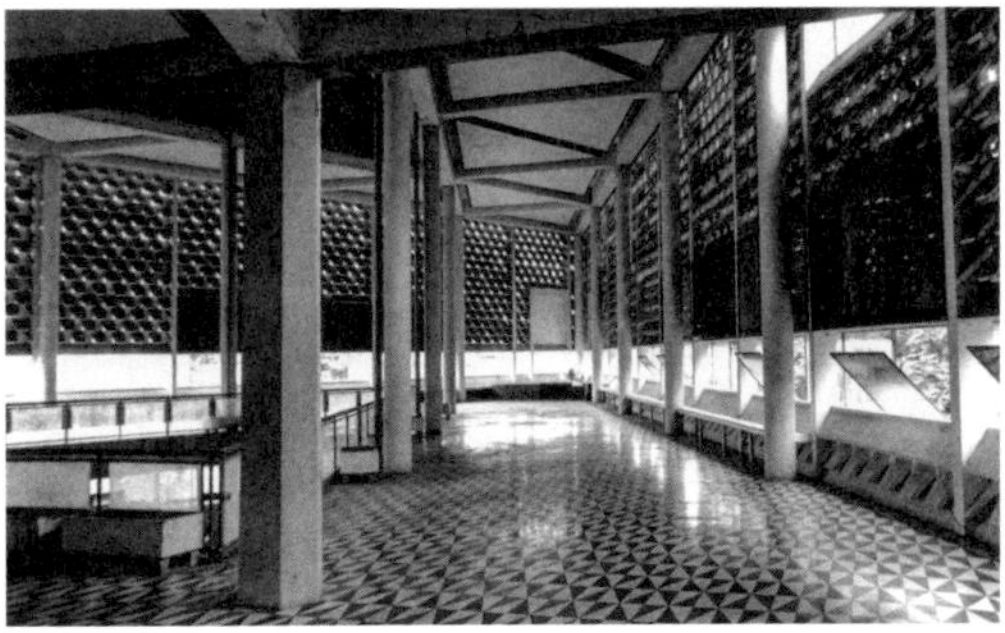

fig.13 「国立劇場」、ホワイエ

が行われ、着工は一九六二年まで延期された。さらに工事中も資金難に見舞われ、完成は一九六七年まで遅れ、こけら落としは一九六八年にまでずれこんだ。設計開始から実現まで一〇年を要したわけで、急速に国家建設が進められた当時のカンボジアでは珍しい難産だったと言える。当初は「市民劇場」として始まったプロジェクトはいつのまにか「国立」となり、ノロドム・シハヌークの父の名を冠して「プレア・スラマリット国立劇場」と命名された。

この劇場の設計についてモリヴァンは次のように述べている。

> 国立劇場では、日本の建築家から多くのインスピレーションを得ました。劇場空間を公共空間が取り囲んでいる点がそうです。背面側の壁の曲線はル・コルビュジエからの影響です。全体の設計はフランク・ロイド・ライトからも影響を受けています。そして、部分には前川の影響があります。これらを私はクメール化したのです。[15]

全体平面は鋭角が際立つ爪型であり、フランク・ロイド・ライトの後期作品のように菱形グリッドを用いて設計されている。ホワイエに取り囲まれたホールの平面は六角形で、前川國男の「東京文化会館」（竣工＝一九六一）を思わせる。モリヴァンは一九六三年に大林組と打合せをするために日本を再訪しており、そのとき「東京文化会館」を見た可能性は高い。舞台裏の湾曲した外壁は、ル・コルビュジエによる「ロンシャンの礼拝堂」（竣工＝一九五五）に似ていなくもない。

舞台の背後には巨大な鉄扉があり、その外側にはひな壇状の野外劇場がつくられた。鉄扉を開放すればホール内部の客席からバサック川の雄大な風景が眺められ、また、野外劇場から舞台を見ることもできる。「外のほうが涼しいですから、舞台や踊りの練習中に扉を開くこともできます」[16]。約四〇年後にオランダ人建築家レム・コールハースが実現したポルトガルの「カサ・ダ・ムジカ」（竣工＝二〇〇五）を思わせる大胆なアイデアである。

次に屋根の造形を見てみよう。「国立劇場」の屋根形状は内部の機能に対応しており、ホワイエの上部は鉄筋コンクリート造の陸屋根、六角形平面の客席上部は切妻屋根で覆われている。さらに、舞台の直上には鉄骨造の四角錐が載り、その内部には舞台装置が納められる。劇場の構造設計に携わった大林組の技師は、この四角錐のフライタワーを「ピラミッド塔」と呼んでいた fig.14。

緩勾配の切妻屋根とピラミッド塔の組み合わせは、木造住居や寺院に見られる「しころ屋根」に似ている。しかし、頂部が一点に収束するピラミッド形はカンボジアの伝統木造建築には見られない造形であり、むしろアンコールの尖塔に接近している。ゆえに、この屋根全体の造形は木造建築の屋根とアンコール建築の塔を統合し、ひとつにまとめ上げた造形と捉えることができる。「チャトモック国際会議場」の切

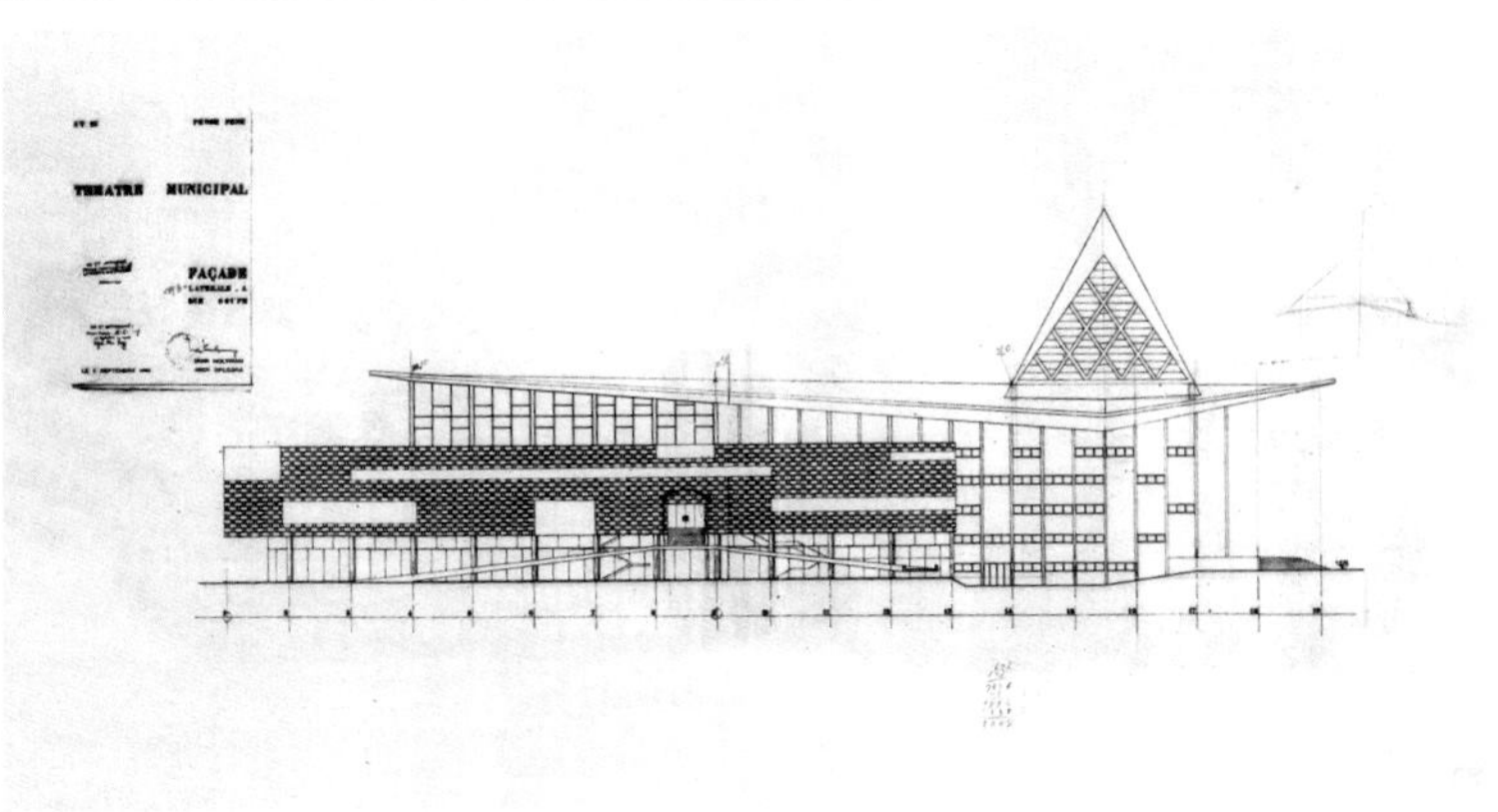

fig.14 「国立劇場」、立面図（一九五八）

妻と尖塔は伝統建築の直喩であり、多くの装飾が施されていたが、「国立劇場」では屋根から装飾が剥ぎ取られ、形状が単純幾何形態に還元されている。ここに見られるのは近代建築の理論と美学に忠実なモダニストの姿勢である。

未完の国会議事堂計画

「国立劇場」とほぼ同時期に、ヴァン・モリヴァンは「国会議事堂計画」(設計＝一九五八－五九)に取り組んだ。行政府の中心である「閣僚評議会」に続いて、今度は立法府の中心である国会を設計したのである。未完に終わったが、まさに国家を象徴する一大プロジェクトだった。

「国立劇場」同様、「国会議事堂計画」の設計には日本の大林組が関与しており、提案の詳細は大林組が所蔵する構造図一三九枚から知ることができる。計画地はトゥオル・コークという新興開発地区の円環道路に囲まれた場所で、正方形の中庭を囲んで東西南北に四つの建物を配置し、中庭の中央には高さ七〇メートルの塔がある。中庭北側の建物は王国議会(上院)、南側は国民議会(下院)であり、各々が議場を内包する。中庭西側の建物は委員会翼、東側の建物はロイヤルエントランス翼と名づけられており、後者は国王および王室に関連する機能と推測される。このように、「国会議事堂計画」の平面構成は、独立後の憲法で定められた立憲君主制と二院制に明快に対応していた。

次に、意匠的な観点から計画を見てみよう。南北の議会棟は鉄筋コンクリート造四階建てで屋根は陸屋根である。一方、東西の建物は鉄筋コンクリート造三階建てで、陸屋根の上には「チャトモック国際会議場」のように切妻形が連続する二重屋根が架けられている。中央の尖塔は一四本の鉄筋コンクリート造のフレームを円錐状に並べて構成され、構造がそのまま建築表現になっており、これは明らかにアンコール建築の祠塔へのオマージュである。南北棟、東西棟、中央塔はそれぞれ陸屋根・切妻屋根・尖塔に対応しており、「国会議事堂計画」は三つの原型的屋根を包含した計画と言える fig.15,16。

「国立劇場」同様、「国会議事堂計画」の切妻と塔は装飾のない幾何学的形態であり、モリヴァンは伝統的な屋根の抽象化を推し進めていたと言えるだろう。さらに興味深いのは、これらが構造デザインと結びついている点である。中央塔ではコンクリートのフレームが互いを支え合い、中心部には柱のない大空間が現れる。同時代に設計されたオスカー・ニーマイヤーによる「ブラジリア大聖堂」（竣工＝一九七〇）を思わせるダイナミックな構造表現だ。一方、東西棟の屋根は切妻形を単純に反復するのではなく、双曲放物面シェル（HPシェル）と呼ばれる曲面構造を成している。これは一九五〇－六〇年代に世

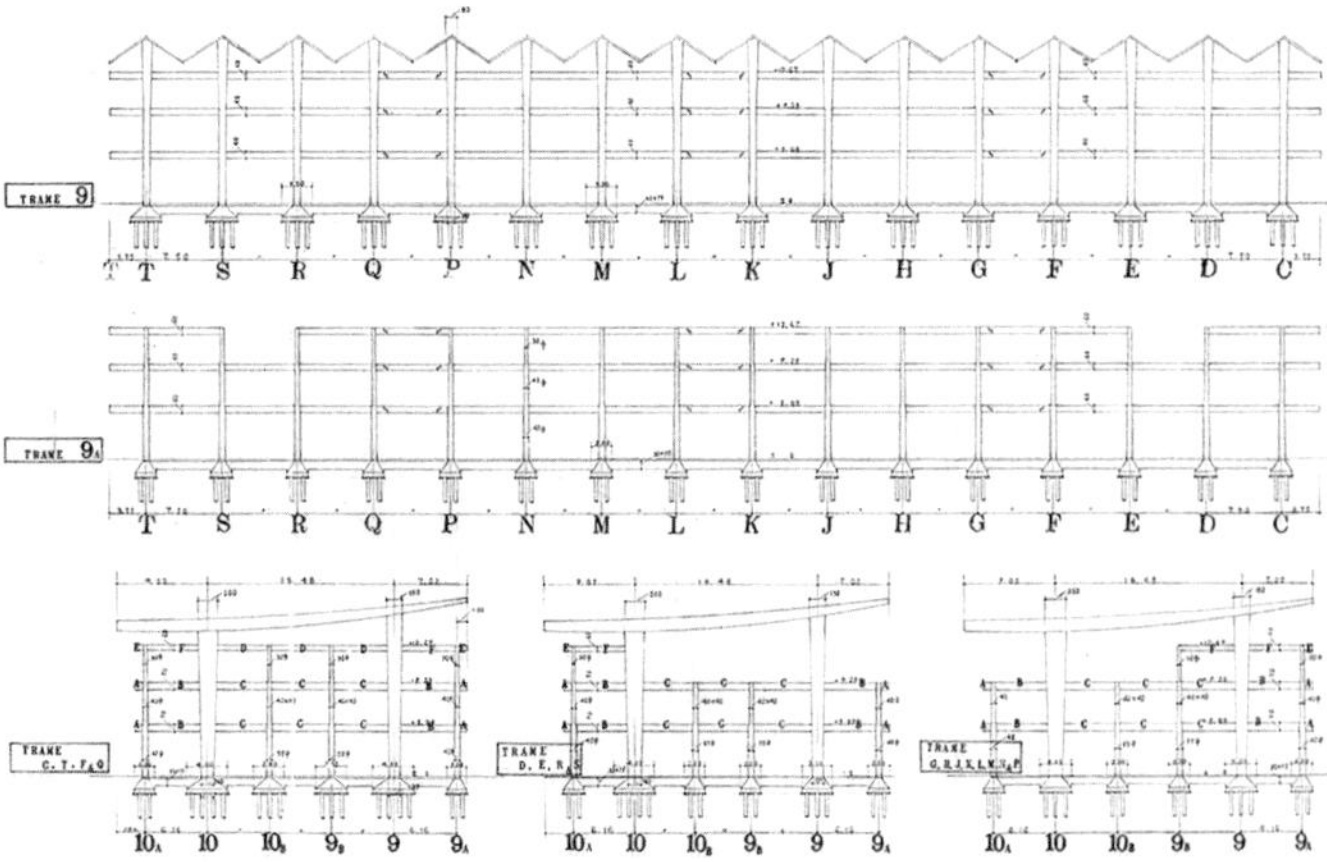

fig.15 「国会議事堂計画」、東棟の構造図（一九五九）

界中で流行した新しい建築構造形式であり、日本では丹下健三が設計した「東京カテドラル聖マリア大聖堂」(竣工＝一九六四)が有名である。モリヴァンが「閣僚評議会」の設計時に参照した「ユネスコ本部」のキャノピーや、「国立劇場」の設計時に参照した「東京文化会館」の小ホールにも双曲放物面シェルが採用されていた。モリヴァンは伝統的な屋根の形態を抽象化し、さらに最新の構造デザインと結びつけることによって、近代性をも表現することを試みたのである。

屋根に表れる伝統と近代の統合

ここで、屋根の造形に着目して一九五〇年代におけるモリヴァンの創作の軌跡をまとめておきたい。モリヴァンはカンボジア帰国直後に手がけた「仏暦二五〇〇年祭のパヴィリオン」「独立記念塔」「閣僚評議会」の三作品において、独立国家のアイデンティティを表象する切妻・

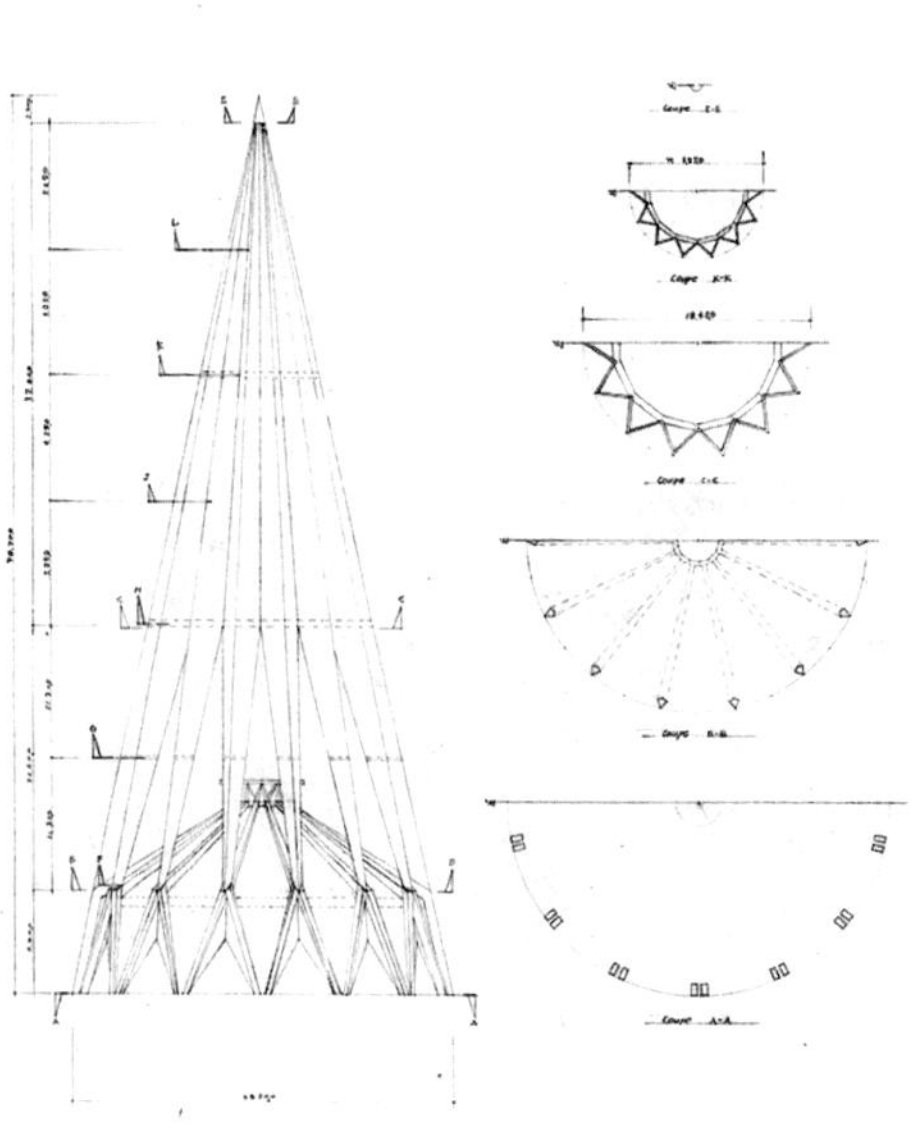

fig.16 「国会議事堂計画」、中央棟の構造図(一九五九)

塔・陸屋根という三つの原型的な屋根を試行した。そして、一九五七年から五九年にかけて設計した「チャトモック国際会議場」「国立劇場」「国会議事堂計画」の三作品を通じて、これらの原型的な屋根を統合する一連の試みを行った。モリヴァンは、まず「チャトモック国際会議場」において三つの屋根を結合し、ひとつの建築として表現することに成功した。しかし、その手法は折衷主義的であり、コロニアル建築とも地続きだった。そこで、「国立劇場」では伝統的な屋根を幾何学的形態に還元し、さらに「国会議事堂計画」では近代的な構造デザインと結びつけた。伝統と近代の狭間で揺れ動いていたモリヴァンは、この時期に両者を統合する手法を洗練させていったのである。

その後の作品の多くは、これら一九五〇年代末に開発された手法の応用として理解できる。一九六二年に竣工した「迎賓館」では、鉄筋コンクリート造の陸屋根の上に「国立劇場」のようなピラミッド形の塔と「チャトモック国際会議場」のような折板屋根が載せられた。一九六三年に竣工した「シェムリアップ空港ターミナルビル」では、ピラミッド形が巨大化し、塔でもあり、切妻でもあるような独特の形が生み出された fig.17。

「国会議事堂計画」で試行されたコンクリートの双曲放物面シェルは一九六六年に「ヴァン・モリヴァン自邸」において実現を果たした。四枚の双曲放物面シェルを組み合わせた「自邸」の屋根は、ヴァナキュラーな木造住居の勾配屋根を最新のコンクリート構造によって置き換えたものとして理解できる。なお、四枚の双曲放物面シェルを組み合わせる造形は「自邸」以降も「サンクム・リアハ・ニヨム工業展示館」(竣工＝一九六七)や「ジュート工場」(竣工＝一九六七)で繰り返された。モリヴァンお気に入りのデザイン手法になったのである。

さらに多様な展開を示したのは「チャトモック国際会議場」と「国会議事堂計画」に表れ

た切妻形が連続する「ジグザグ屋根」の造形である。一九六〇年代以降、モリヴァンは「元首官邸」（竣工＝一九六六）や「財務省舎」（竣工＝一九六七）、「国立銀行シハヌークヴィル支店」（竣工＝一九六八）、さらには「高等師範学校」（竣工＝一九七二）などのプロジェクトでジグザグ状の屋根を繰り返しデザインした。これはモリヴァン作品の署名的な造形となり、彼のイニシャルであるV・Mに形が似ていると揶揄されることすらあった。

これら一連のプロジェクトを眺めると、切妻の山形が徐々に微細化してゆく傾向が認められる。山形が細かくなり、反復の数が多くなるにつれて、屋根の全体は直線に近似されて見える。つまり、無数の小さな切妻の連続体からは陸屋根のような水平性が知覚される。一方、技術的な観点から見れば、小さな切妻の連続体は折板構造と呼ばれる構造形式に接近する。双曲放物面シェル同様に、モリヴァンはジグザグ屋根によって伝統的な屋根の抽象化を推し進め、近代的な造形と構造合理性に結びつけたと言えるだろう。

fig.17 「シェムリアップ空港ターミナルビル」

さらに、ジグザグ屋根は雨季の豪雨を避け、屋根裏に通気層を確保するという利点があり、陸屋根と比べて熱帯気候に適していた。一九六〇年代後半以降、モリヴァンが多様なジグザグ形状の屋根を試みた背景には、屋根の記号性よりも機能性を重視するという意図が見え隠れする。具体例を挙げると、「高等師範学校」の中央棟では通気層を内包する六角形の筒を並べて屋根が構成され、室内の換気を促進する役割を果たしている。また、研究棟では高窓を組み合わせたS字形のユニットが反復され、屋根に採光の機能が付加された fig. 18,19。

fig.18 「高等師範学校」、中央棟の屋根のディテール

fig.19 「高等師範学校」、研究棟

このように屋根の造形の変遷に着目すると、初期作品ではあからさまに表現されていた伝統的要素が徐々に抽象化され、近代的な造形・構造・機能と溶け合い、最終的には不可視となるプロセスが確認される。換言すれば、伝統は隠喩的に、かすかに仄めかされる存在となったのである。

歴史様式と装飾からの脱却を基本理念とするモダニストにとって直喩的な――形式主義的な――伝統表現は容認し難いものである。一方、構造や機能と統合された隠喩的な伝統表現は称賛の対象となり得る。丹下健三が「国立代々木競技場」(竣工＝一九六四)によって世界から絶賛されたのは、高度な近代技術によって日本の伝統を仄めかしたからに他ならない。

二〇世紀後半には、世界各地において地域の伝統を隠喩的に表現する試みがなされた。これは近代建築運動それ自体に埋め込まれたプログラムだったようにも思われる。モダニズムの建築言語が「インターナショナル・スタイル(国際様式)」という新様式として定式化された一九三〇年代には、既にアメリカ南西部で「リージョナリズム(地域主義)」と呼ばれる言説が登場していた。一九三〇年代から五〇年代にかけて、近代建築運動は南アメリカ・アジア・アフリカに広がったが、ほぼ時を同じくして各地の建築家は伝統と風土を尊重する地域的建築の設計を開始した。国際様式と地域主義は相反するものではなく、背中合わせで進行した一対の運動だったのである。モリヴァンの屋根の変遷はそのひとつの表れとして理解できる。

カンボジア史上最大のプロジェクト

エコール・デ・ボザールを卒業し、カンボジアに戻ってわずか五年のうちに、ヴァン・モリヴァンは「閣僚評議会」と「独立記念塔」と「チャトモック国際会議場」を実現した。「国立劇場」もまもなく着工し、巨大な「国会議事堂計画」も進行中である。また、公共事業省での仕事と並行して、当時のプノンペン市長であるテープ・パンの家やノロドム・スラマリット国王第三夫人の家など、いくつかの個人邸も手がけていた。モリヴァンは弱冠三五歳にして名実ともに国家を代表する建築家に成長していた。

プライベートにも変化があった。一九五〇年代末、モリヴァンはアンリ・マルシャルの孫と離婚し、その数年後に国連に務めていたスイス人女性と出会い、再婚した。新婚旅行では、「国立劇場」に関する大林組との打合せを兼ねて再び日本を訪れ、東京で丹下健三が設計した「草月会館」（竣工＝一九五八）を見学し、日光でスキーを楽しんだ。

晩年、モリヴァンは自らの三〇代を振り返り、重責におそれを感じたと告白している。しかし、充実感は不安を遥かに凌駕していた——「社会全体が高揚感に包まれていました。世界は若かった。月並みな言い方をすれば、私たちは勇敢だったのです」[17]。

一九六一年のある朝、電話のベルが鳴った。シハヌーク殿下だ。「一八ヵ月後にプノンペンで東南アジア競技大会を開催するから、それまでにスタジアムを完成させよ」[18]。翌年、モリヴァンは公共事業電信省の国務長官に就任。近代カンボジア最大のプロジェクトにして、ヴァン・モリヴァンの最高傑作となる「ナショナル・スポーツ・コンプレックス」の設計が開始された。

3 アンコールの原理と空間

ナショナル・スポーツ・コンプレックス

一九六四年、プノンペンに「ナショナル・スポーツ・コンプレックス」が完成した。七万人収容の屋外競技場、八千人収容の体育館、四千人収容の水泳場を中心として、テニスコート八面、屋外球技場十六面などを備えた複合的なスポーツ施設である。第三回東南アジア競技大会のために建設されたが同大会は開催されず、一九六六年に新興国競技大会（GANEFO）の主会場として使用された。国際オリンピック委員会の水準に従って整備された施設群は、プノンペン市民の間では「オリンピック・スタジアム」という愛称で親しまれている。

まずは巨大な建築の全体像を紹介したい。「独立記念塔」からシハヌーク大通りを西へ下ってゆくと「ナショナル・スポーツ・コンプレックス」に達する。植民地時代に競馬場があった土地で、周囲は独立後に都市化が進んだエリアである。

ヴァン・モリヴァンは約四〇ヘクタールの不整形な敷地の外周部に濠を設けて、中心部に主要な施設を配置した。メイン・アプローチは西側で、体育館と屋外競技場と水泳場が西から東に向かって軸線上に配置されている。体育館の正面には――現在は、近年建設された高層マンションとショッピング・モールで塞がっているが――大きな広場と貯水池が設けられた fig. 20。

体育館はコンプレックス全体の顔となる建築であり、その正面に立つと打ち放しコンクリートのダイナミックな造形に圧倒される。一辺七二メートルの大屋根を四つの正方形に分割し、各々をたった一本の柱で支える大胆なキャンティレバー構造である。この一本足の構造体をヴァン・モリヴァンは「パラソル」と呼んだ[19]。四つのパラソルの間には隙間があり、体育館の内側から見上げると十字形の高窓になっている。

体育館のメイン・ファサードをじっくりと眺める。完全に左右対称である。パラソルの柱は屋根を貫いて伸び、その頂部には仏塔のような装飾が見える。屋根の中央部にはトップライトの末端部が現れ、破風飾りのように王家の紋章があしらわれている。外部に向かって階段状に迫り出す客席スタンドは屋根の構造から独立しており、屋根とスタンドの隙間は鈍く輝くアルミニウムの縦ルーバーで覆われている fig.21。

南北と西に張り出したスタンドからは、地上に向かって三本ずつ階段が伸びている。

fig.20 「ナショナル・スポーツ・コンプレックス」、竣工時の鳥瞰

正面から見るとわからないが、体育館は細い水路で取り囲まれており、これらの階段は水路を越える橋となっている。そのひとつを選んで室内に入ると、巨大な空間が眼前に広がる。アルミニウムのルーバーと客席下部に穿たれた孔から風が入り込み、空調を使わずとも室内は涼しい。十字形のトップライトから光が降り注ぎ、ルーバーと無数の小さな孔がきらめく様は、大聖堂のように荘厳である|fig. 22–24。

コンプレックスの中心を占める屋外競技場は緑で覆われた丘として造形されており、スタンド席とフィールドはその内側をすり鉢状に穿つことによってつくられている|fig. 25。建設には六〇万立方メートルの土が必要であり、濠の掘削時に生じた残土がこれに当てられたという。ひな壇状のスタンド席にはプレキャストコンクリートの平板が並び、優美な曲線を描く。フィールドを挟んで体育館のちょうど対面には表彰台があり、その背後には水泳場のスタンド席を覆うフラットルーフが見える。

水泳場に移ろう。競泳用の五〇メートルプールと飛び込み用プールが設置されている。屋外競技場に接する西側には四千人を収容するスタンド席があり、その上方に三枚のフラットルーフが浮かぶ。この屋根はそれぞれ一辺二七メートルの正方形で、中心部が四本の細い柱で支えられている。体育館と同じく、浮遊感のあるキャンティレバー構造の「パラソル」である|fig. 26,27。

プールの南北には更衣室、レストラン、ポンプ室などを収めた二つの白い建物が配置されている。これらは船を思わせるデザインで、ル・コルビュジエ的な造形感覚を示す。両者は地下通路で結ばれており、その廊下にはプールの水中を眺める丸窓が並んでいる。

体育館と屋外競技場と水泳場の三施設は、各々が独立性を保ちながらもひとつのシークエンスを形成している。体育館の東面は階段状になって屋外競技場のスタンド席の一部となり、

fig.21 「ナショナル・スポーツ・コンプレックス」、体育館を西から見る

右上
fig.22「ナショナル・スポーツ・コンプレックス」、体育館を取り巻く水路

左上
fig.23「ナショナル・スポーツ・コンプレックス」、ルーバーと客席のディテール

下
fig.24「ナショナル・スポーツ・コンプレックス」、体育館の内部

右上
fig.25 「ナショナル・スポーツ・コンプレックス」、屋外競技場

左上
fig.26 「ナショナル・スポーツ・コンプレックス」、水泳場。プールからスタンド席を見る

下
fig.27 「ナショナル・スポーツ・コンプレックス」、水泳場。プール越しにレストランや更衣室を収めた北棟を見る

屋外競技場の東端には水泳場の三枚のフラットルーフがオーバーラップしている。屋外競技場のスタンド頂上には遊歩道があり、フィールドに沿って大きな弧を描きながらこれら三施設を結びつける。日暮れ時になると、散歩や夕涼み、ジョギングや体操を楽しむ市民がこの遊歩道にあふれ出す。

アンコールの栄光を取り返す

一九六四年一一月一二日、「ナショナル・スポーツ・コンプレックス」の落成式が盛大に執り行われた。観客席を埋め尽くす一〇万の人々。八千人のスポーツ選手が繰り広げるパレード。友好国から訪れた国賓たち……。この落成式を「私の人生のなかで最も刺激的で美しい時間」と呼んだノロドム・シハヌークのスピーチの一部を引用したい。

> 我々は、完全な独立を得て生まれ変わって以来、特に人民社会主義共同体《サンクム・リアハ・ニヨム》が誕生して以来、あらゆる分野において達成と進歩を示してきました。これは、かつて見たことがないような国民団結のダイナミズムです。我が国や我が民族の敵は、我が国が知性と勇気と精力を欠いた矮小な国であると言っています。しかし、これらの達成と進歩は、そうではないということを世界に対して見せつけました。一部の近隣諸国と、彼らの帝国主義的な主人たちが繰り出すあらゆる罵詈雑言を退けて、我々は古い王国を近代国家へと変える能力を証明してきました。
>
> 　ここに誕生したナショナル・スポーツ・コンプレックスは、我々の人民と若者たちがかつ

て達成してきたあらゆるものを凌駕する雄大さ、美しさ、完璧さを備えています。

これは、いわゆる「先進国」と呼ばれる数少ない国々だけが成し遂げ得る行為です。私の同郷人たち、私の愛すべき子どもたち、このコンプレックスを建てた者たち、プロジェクトを組織し遂行した者たち——あなた方皆の力で、我が国はアンコール時代の栄光を決定的に取り返すことができました。あなた方クメール人は、我々を無遠慮に見てきた世界に対して、我々が再び偉大なる人民になったことを告げたのです！[20]

「ナショナル・スポーツ・コンプレックス」が完成した一九六四年、カンボジアは独立以来最大の支援供与国だったアメリカとの断交に踏み切った。その背景には隣国ベトナムにおける戦争の激化があった。シハヌーク言うところのカンボジアを誹謗する「近隣諸国」の代表格は南ベトナムであり、「彼らの帝国主義的な主人」とは南ベトナムで傀儡政権を操ったアメリカを指すのだろう。このように仮想敵を設定したうえで、シハヌークは独立後の発展が「古い王国を近代国家へと変える能力を証明してきました」と主張し、新たに誕生した「ナショナル・スポーツ・コンプレックス」をその頂点に置く。そして、先進国に比肩し得るコンプレックスの近代性を「アンコール時代の栄光」と重ね合わせたのである。

落成式翌日の新聞には次の言葉が躍った——「古代のカンボジアは聖域をもっていた。そして今、さらに高く聳えるもうひとつの台座を手に入れた。アンコール・ワットの創造者と二〇世紀にサンクムを築いた者たちの間には同じ魂が転生している。それは帝国の建設者の魂だ」[21]。

「古代のカンボジアの聖域」すなわちアンコール・ワットと「もうひとつの台座」すなわち

「ナショナル・スポーツ・コンプレックス」の対比は、ノロドム・シハヌークのスピーチと共鳴している。「アンコール・ワットの創造者」と「サンクム（リアハ・ニヨム）を築いた者たち」を重ね合わせる記述は、自らをアンコール王朝の末裔と信じるクメール人の団結を促すとともに、王を神々と結びつけるカンボジアの神王崇拝をも想起させる。このような「アンコール」と「サンクム・リアハ・ニヨム」の重合はシハヌーク政権に特徴的なナショナリズム高揚のロジックであった。そして、この重合を建築として表現したことが「ナショナル・スポーツ・コンプレックス」に与えられた公的評価の核心だったと言えるだろう。

二〇世紀カンボジアの政治と文化の関係を研究した笹川秀夫によれば、シハヌークは自らを一二世紀のジャヤヴァルマン七世になぞらえるイメージ戦略を行っていた[22]。ジャヤヴァルマン七世とは、当時外国に占領されていたアンコール都城を奪還し、再建し、アンコール王朝の全盛を築いたクメール王である。彼は王朝初の仏教徒の国王であり、バイヨン寺院など多くの仏教寺院を建立したことから「建寺王」とも呼ばれた。フランスからの独立を達成し、首都の再建を行っていたシハヌークは、アンコールの建築群に匹敵する「ナショナル・スポーツ・コンプレックス」を建

fig.28 「ナショナル・スポーツ・コンプレックス」の模型を海外要人に見せるシハヌーク（右端）とモリヴァン（右から二人目）

設することによって「建寺王」の生まれ変わりになることを目指したのである fig. 28。

それでは、ヴァン・モリヴァン自身は「ナショナル・スポーツ・コンプレックス」をどのように評価していたのであろうか。落成式とほぼ時を同じくして、フランスの建築雑誌『今日の建築』に「ナショナル・スポーツ・コンプレックス」という記事が掲載された。メディアが乏しいカンボジアにいたモリヴァンにとって、初めてとなる海外建築雑誌での作品発表である。以下、少し長くなるが、この記事の冒頭にモリヴァンが寄せたステートメントの全文を紹介したい。

一〇年間にわたり、カンボジアはインフラ開発を目的とする投資政策を推進してきた。国家元首ノロドム・シハヌーク殿下の行動は、近代化計画の整備と具体化において決定的な役割を果たし、その実現を加速させた。彼の精力的なリーダーシップの下で、我が国のインフラは既に大きく変化してきた。未開拓地に港湾が建設され、小道が近代的道路に置き換わり、新しい幹線道路が森を貫き、手つかずの土地を開発することが可能になった。鉄道、飛行場、ダム、工場、学校、大学、病院、そしてモデル村が、今やあらゆる場所に存在している。

商業、工業、健康、教育、そして福祉を促進するこれらの投資に加えて、都心部の再生と拡張、つまり都市計画という大きな問題があることも忘れてはならない。すべての都市部、特にプノンペンでは、一部の人々が茅葺き小屋で暮らすような不衛生な地区が改善され、その跡地に緑地空間と大規模な集合住宅が建設されてきた。

第三回東南アジア競技大会に合わせ、プノンペンで巨大なスポーツ・コンプレックスの建設に着手したのは、こうした都市計画的な戦略の一環だった。コンプレックスは特例的に都市中心部に建設され、商業地域から流れ込む汚水によって悪臭を放っていた低地に四〇ヘクタールものオープンスペースを確保し、散歩や余暇のための恒久的な場所をつくり出した。

ここではコンプレックスの全体や細部の特徴についての詳しい説明は割愛するが、以下の三点は特筆に値する。

まず、設計の全体は単に《偉大なる構成》に基づくだけではなく、気候条件に適応するための配慮、最小限の費用で機能を満足させるための研究、そして、《アンコール》の時代の彫刻的な伝統を考慮しつつ現代建築のアプローチを採用するという方針に基づいている。

次に、すべての仕事（設計、研究、建設、設備等）はわずか一八ヵ月で遂行され、厳しく定められた期限を遵守した。

そして、創造の背後にはチームの団結心があった。

実際、この作品は高名な都市計画家G・アニング氏と構造家V・ボディアンスキー氏を主なメンバーとする技術者集団の成果と言える。また、パリの建築家デュシュマン氏とモラン氏は、実施設計において多くの設計事務所と協働し、きわめて効率的に仕事を行った。構造計算と現場設備の検討を行ったカンダロフ氏など、設計事務所に所属する技師も成果をあげた。ミアン・キムリー氏やウム・サモット氏ら技師とプロジェクト・アーキテクトも活躍した。そして、マルタン氏が代表を務める施工会社（フランス浚渫公共事業社）は、驚くべき能力をもって建設現場の組織と管理を引き受けた。

チーム全体が、きわめて短期間に、このような規模の作品を実現できるというアイデアに取り憑かれていた。そして、この祈りに対して、誰もが皆、自らのベストを尽くしたのである。

ヴァン・モリヴァン、フランス政府公認建築家、カンボジア公共事業担当国務長官[23]

ステートメントの冒頭において、モリヴァンは独立後の国家建設の成果を強調し――シハヌークへの賛辞も忘れない――、「ナショナル・スポーツ・コンプレックス」の都市計画的な意義について言及している。まるで、旧宗主国フランスの読者に対するカンボジア政府高官からの公式声明のようである。そのうえで今度はひとりの建築家として、「気候条件への適応」「最小限の費用」「アンコールの彫刻的伝統」といったキーワードを挙げながら設計のコンセプトを概説し、大規模な計画を短期間で実現したチームワークを誇る。プロジェクトに関わった人物の名前をひとりずつ挙げて、その貢献を称える後半部分も興味深い。

ところで、このステートメントにはひとつだけ謎めいたところがある。それは括弧《ギュメ》をつけて強調された《偉大なる構成》という言葉である。モリヴァンは、それをあたかも当然のように書いているが、『今日の建築』誌の記事全体を読んでも《偉大なる構成》とは何か、その真意が判然としない。しかし、「アンコール時代の栄光」と「ナショナル・スポーツ・コンプレックス」を重ね合わせたシハヌークのスピーチを思い起こせば、彼の意図は明らかである。「偉大なる」ものは、言うまでもなく「アンコール」なのだ。

だが、それでもまだ疑問が残る。アンコールの構成に基づくとは、一体どういうことなのだろうか。

近代的な構造表現、熱帯気候に適応するための工夫、伝統を参照した装飾的な細部……。これらは一九五〇－六〇年代のヴァン・モリヴァンの創作に繰り返し表れる特徴であり、これらが混ざり合って様々な作品が生み出された。だが、彼の多様な建築表現はときに分裂的ですらあり、あえて言えば様式的な一貫性を欠く。一九六二年に竣工した「独立記念塔」とそのわずか二年後に竣工した「ナショナル・スポーツ・コンプレックス」を比較すれば、これは一目瞭然である。「独立記念塔」では形態・素材・細部においてバンテアイ・スレイ寺院からの直接的な引用が目立つ。鉄筋コンクリートを用いているとはいえ、そこに近代建築の美学を認めることは難しく、むしろ仏領期の折衷的なコロニアル建築との連続性を感じさせる。一方、「ナショナル・スポーツ・コンプレックス」では装飾は添え物に過ぎず、ブルータルなコンクリートの表現が際立っている。この二つの代表作を並べて、モリヴァンは伝統の直喩的表現から隠喩的表現に移行したと言うのはたやすい。しかし、ここでは両者の差異ではなく、共通点に注目したい。様式の相違を超えた部分にモリヴァンの建築の核心が潜んでいると思われるからである。

それでは、「独立記念塔」と「ナショナル・スポーツ・コンプレックス」の共通点は一体何か。一九六九年、モリヴァンは自らの仕事を振り返り、次のように語った。

アンコールの建設者たちが、常にきわめて厳格で「古典的」な原理——様式的な意味においてーーに基づいて建設上の課題を解決したことを思い起こす必要があります。彼らの正方形平面は方位の軸に規定され、正確な象徴的意味を帯びている。約千年間にわたり、彼らはこの原理を用いて数多くの思いがけない実践的応用を行ってきました。その後現れた諸形式は徐々にひとつの基本的構成に統合されてゆき、根源的な配置が空間と時間を超えて適用され続けました。[24]

ここでモリヴァンはアンコール建築の「厳格な原理」として、「正方形平面」と「方位の軸」という二つの具体的な特徴を引き出している。この構成原理こそが「独立記念塔」と「ナショナル・スポーツ・コンプレックス」の共通点に他ならない。すなわち、両者は東西南北の軸線に規定されたシメトリカルな構成を共有し、内部には正方形平面の空間をはらんでいる。モリヴァンはアンコールの基本的構成を――空間と時間を超えて――二〇世紀半ばのプノンペンに適用したのである。

それでは、モリヴァンが「《偉大なる構成》に基づく」と自称した「ナショナル・スポーツ・コンプレックス」のマスタープランを詳細に分析してみよう。先述したとおり、体育館、屋外競技場、表彰台、水泳場は東西に伸びる軸線上に配置されており、各施設の形態はこの「方位の軸」に対して線対称である。メイン・アプローチは西側であり、西参道を正面とするアンコール・ワットと一致している。さらに、「ナショナル・スポーツ・コンプレックス」では様々なスケールの「正方形平面」が執拗に繰り返されて全体を形づくっている。まず、水濠を設けることによって不整形な敷地から一辺約四二〇メートルの正方形の土地が切り取られる。次に、この正方形を道路によって分割し、ほぼ正方形(三二〇メートル×三三〇メートル)の第二の領域がつくられる。屋外競技場・水泳場・テニスコートはこの準正方形の内側に整然と並べられ、体育館の中心はこの準正方形と接している。体育館の屋根も一辺七二メートルの正方形であり、その構造は四つの正方形ユニットに分割される。水泳場のスタンドを覆う屋根は三つの正方形ユニットから成り、飛び込みプールの輪郭も正方形である。このように、「ナショナル・スポーツ・コンプレックス」では東西の「方位の軸」と数多の「正方形平面」によって全体が規定されている。これこそが《偉大なる構成》の正体である｜fig.29。

このような軸線と正方形に正確に基づく平面構成は「ナショナル・スポーツ・コンプレックス」以降のプロジェクトでも頻繁に繰り返され、「自邸」（竣工＝一九六六）や「元首官邸」（竣工＝一九六六）、「国営ビール工場事務所棟」（竣工＝一九六八）、「高等師範学校」（竣工＝一九七二）などの規模もプログラムも異なるプロジェクトに適用された。つまり、アンコールの構成原理の解釈は、「ナショナル・スポーツ・コンプレックス」という単一の

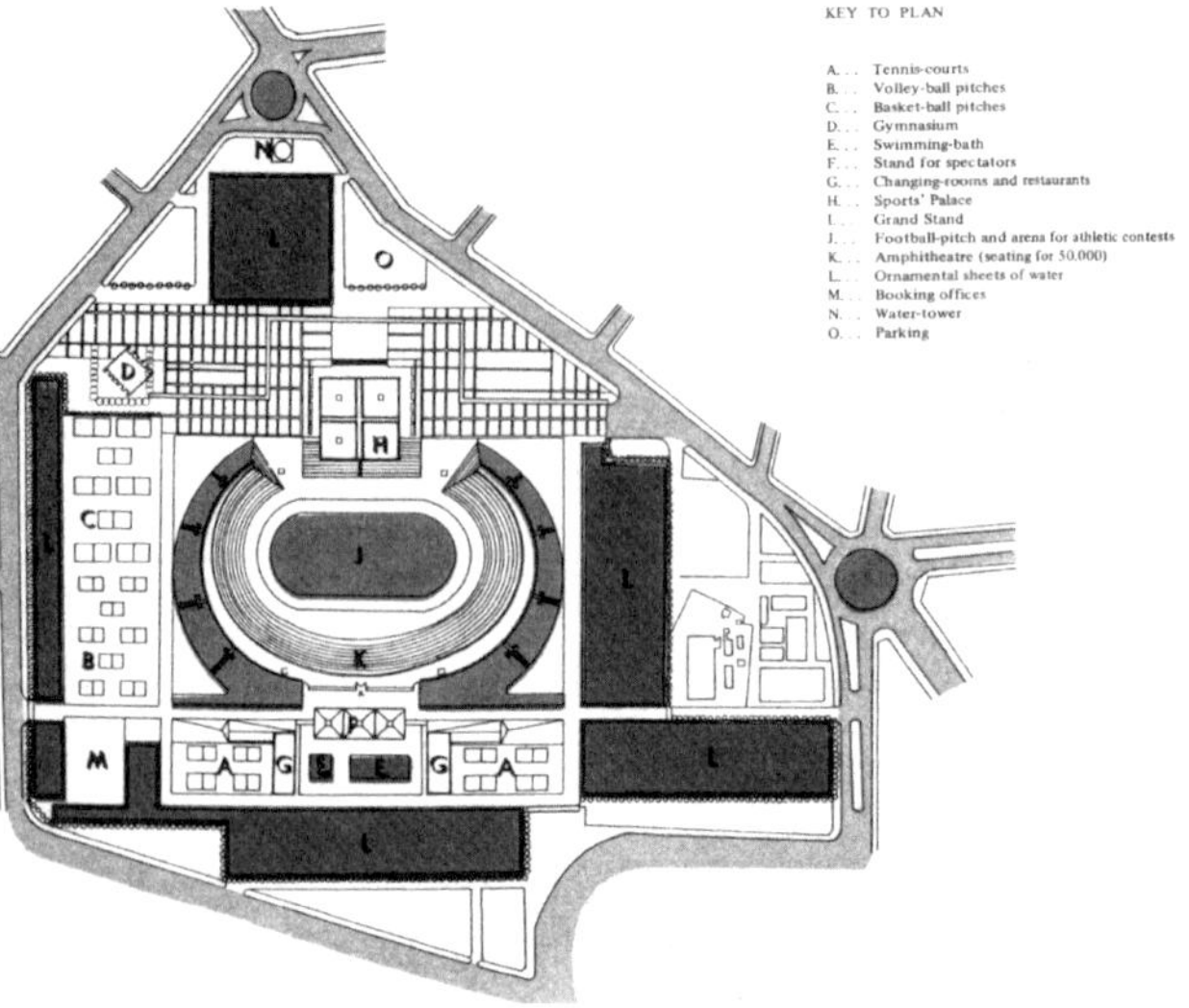

fig.29 「ナショナル・スポーツ・コンプレックス」、配置図（一九六九）

作品のコンセプトではなく、モリヴァンが持続的に追求したテーマなのである。

それでは、着想はいつ得られたのか。彼が学生時代に執筆した「クメール文化についての試論」にはアンコール・ワットやバイヨンの軸性と中心性への関心が既に表れており、その象徴的意味に関する理解も示されている。モリヴァンはパリに留学していた頃からアンコールの厳格な構成原理に取り憑かれ、帰国して直ちにそれを実践していたと考えられる。以下、一九五〇年代後半に設計された三作品――「チャトモック国際会議場」「国立劇場」「国会議事堂計画」――を振り返りながら、この仮説を検証してみたい。

軸線と厳密な幾何学

まずは「チャトモック国際会議場」の平面図を見てみよう。主階(二階)の平面は半径四〇メートルの扇形であり、ホワイエ・舞台・客席・バルコニーが同心円状に、中心から外周部に向かって配置されている。扇形の対称軸は北西―南東の軸と正確に一致し、中心部のホワイエの先端は南東を、バルコニー側のファサードは北西を向いている。全体として、整然とした印象を与える機能主義的な平面計画である。ところが、平面図を仔細に眺めていると、ひとつ奇妙な点に気が付く。扇形の頂点の角度は九一・五度―九二度程度であり、直角よりも少しだけ大きいのだ。作成時期の異なる複数の図面に同じ角度が認められることから、これは作図のミスではなく意図的と考えられる fig. 30。

ここで、設計に弧度法が用いられていたと仮定すると、建物全体を貫く精密な寸法設計が浮かび上がる。すなわち、扇形の角度は九一・六七度＝一・六ラジアンと考えられ、弧長は四

○メートル×一・六ラジアン＝六四メートル（半径×中心角＝弧長）と切りの良い寸法となる。そして、これを八等分すると三角破風の平面寸法が定まる（六四÷八＝八メートル。この寸法は実測された数値と一致する）[25]。「チャトモック国際会議場」では、軸線に従った厳密な幾何学が平面を規定しているのだ。ここでモリヴァンは、アンコールの厳格な構成原理を、正方形だけでなく円弧の幾何学にも応用したと言えるだろう。なお、立面図と断面図を分析すると、建物の高さ方向の比例はル・コルビュジエが提唱した寸法体系「モデュロール」に従って整えられていることがわかる。

　次に、一九五八年に作成された「国立劇場」初期案の平面図を見てみよう。主階の平面は六角形と二等辺三角形を組み合わせて構成されており、全体は線対称で、ホワイエ・客席部・舞台といった主要な機能が対称軸に沿って並んでいる。この対称軸は、実現案では隣接するバサック川に沿っているが、初期案では東西軸にほぼ一致していた。設計当初はアンコール・ワットと同じ東西の軸線が意識されていたのである。

　平面各部の基準点は「レイアウト図」と名付けられたダイアグラムによって定義されてい

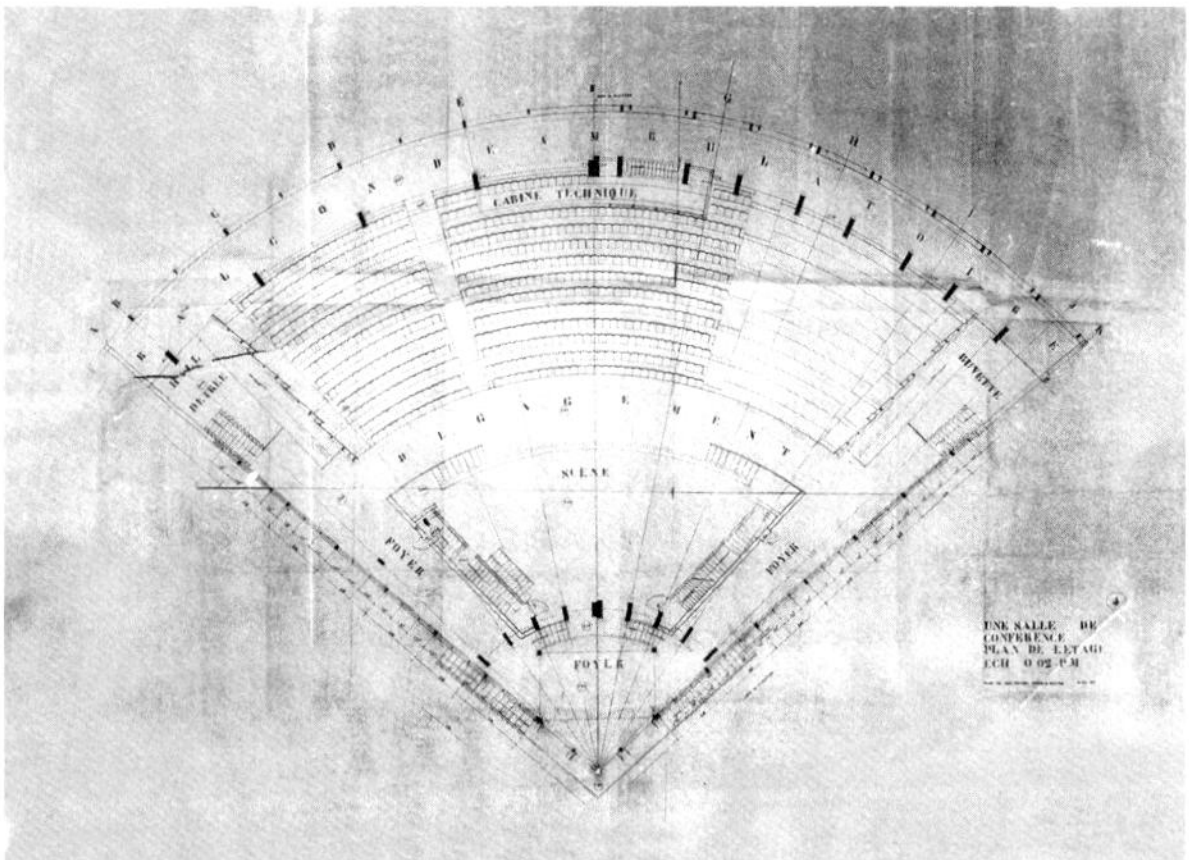

fig.30　「チャトモック会議場」、平面図（一九五七）

る。この図を平面図と重ね合わせると、一見複雑な平面形状が実は単純な菱形に基づいていることがわかる。例えば、六角形平面のホールの中心は菱形の重心に一致し、野外劇場の先端部は菱形の頂点に対応する fig.31,32。

ただし、菱形の頂角は約四〇・一度と中途半端であり、柱と梁の配置を定める基準線の間隔も六・七六メートルと切りが悪い数値である。しかし、「チャトモック国際会議場」と同様に弧度法とモデュロールが使われていたと仮定すると、「国立劇場」にも精緻な寸法設計が浮かび上がる。すなわち、基準線の間隔はモデュロールの基本寸法二・二六メートルの約三倍に当たり、頂角は〇・七ラジアンと切りの良い数値になる。ゆえに、「国立劇場」ではモデュロールの近似値で基準線を決め、弧度法を採用して菱形グリッドを設定し、それに従って各部の寸法設計が正確に行われたと推測される。三角形と六角形の造形を

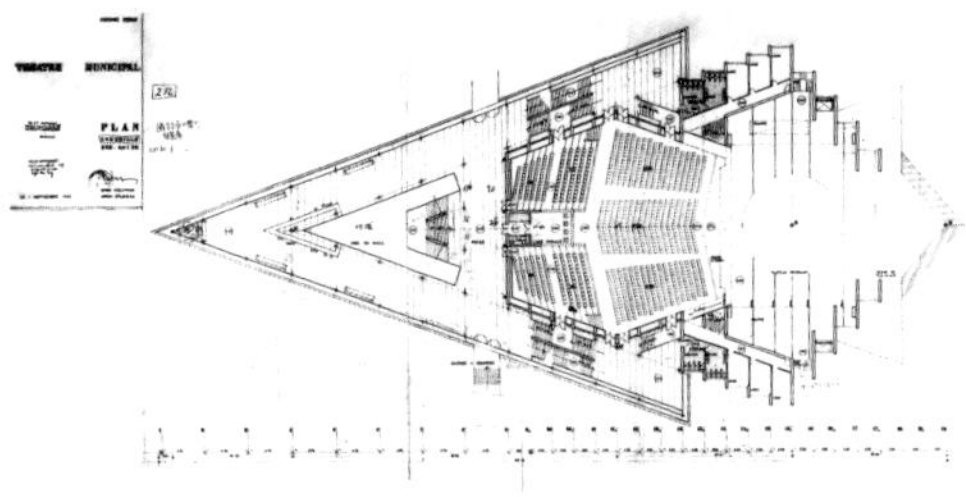

fig.31 「国立劇場」初期案、二階平面図（一九五八）

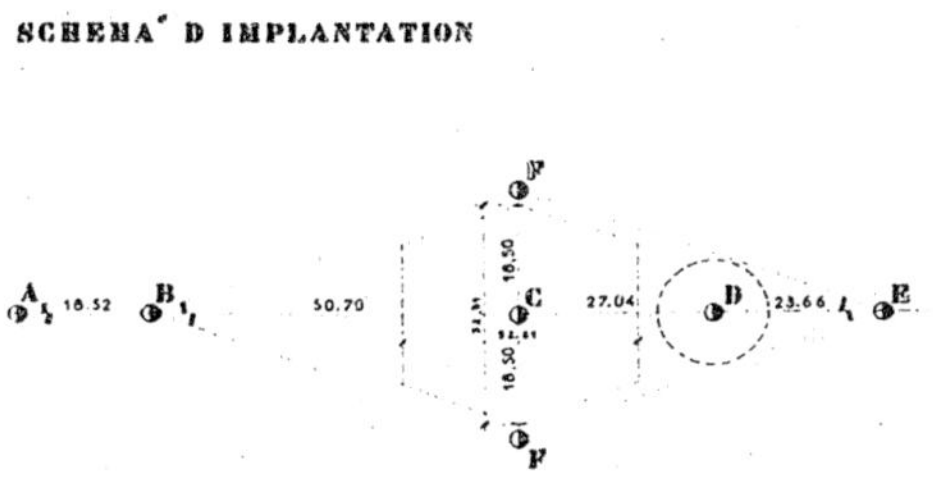

fig.32 「国立劇場」初期案、レイアウト図（一九五八）

用いながらも、ここでもモリヴァンは軸線に従う精密な幾何学を展開している。

先述したように、この菱形グリッドにはフランク・ロイド・ライト作品からの影響が認められる。しかし、ここでは異なる解釈の可能性についても触れておきたい。一九六〇年代半ば、モリヴァンはルネ・デュモンというフランス人建築家と協働していた。モリヴァンと同年の一九五五年にエコール・デ・ボザールを卒業し、その後一九五八年までフランス極東学院に勤務していた建築家である。一九七六年、デュモンはアンコール遺跡と三角形の幾何学を結びつける研究を発表し、バンテアイ・スレイ遺跡の配置が「ヤントラ」というヒンドゥーの幾何学的図像に基づくと主張した[26]。このデュモンの論は考古学的観点からの妥当性が低く、ほとんど顧みられることはなかった。しかし、彼が示した三角形の幾何学は「国立劇場」の平面構成に類似しているという点で興味深い。この論文の発表時期が「国立劇場」の竣工のかなり後であることから、両者の直接的な因果関係を証明することはできない。しかし、デュモンがモリヴァンの協働者だったことを踏まえれば、モリヴァン自身も三角形の幾何学とクメールの古典建築との間に何らかのつながりを見ていた可能性はある。

ここで「チャトモック国際会議場」と「国立劇場」に関する考察を一度まとめておきたい。前者の平面は円弧に、後者は三角形と六角形に基づいており、両者は一見すると大きく異なっている。しかし、両者には軸線と厳密な幾何学という二つの共通点がある。先に引用したように、モリヴァンが考えるアンコールの「厳格な原理」の要点は、「方位の軸に規定され、正確な象徴的意味を帯びている」ことであった。パリから帰国してまもない時期に設計された二つの建築は、既に「アンコールの原理」に接近していたのである。

次に「国立劇場」とほぼ同時期に計画された「国会議事堂計画」を振り返ってみたい。先述のとおり、計画地はトゥオル・コークという新興開発地区に位置し、四方八方から道路が集まる円環道路の中央部分である。配置図を見ると、東西南北の四棟の建物と中央塔から成る全体構成が、東西軸と南北軸の両方に対して対称性をもつことがわかる。さらに、東西軸は円環道路を越えて東に延び、幅広い直線道路となって旧市街地へと続いていく。つまり、「国会議事堂計画」では新市街地と旧市街地を結びつける壮大な都市軸が構想されていたのである｜fig.33。

建物の平面構成について詳しく見てみよう。円環道路の内側には人工池が設けられ、約二四〇メートル四方のほぼ正方形の土地を囲んでいる。この準正方形の内側には約一七〇メートル四方の正方形の人工地盤があり、その内側に約一三五メートル四方の正方形平面の議事堂が建

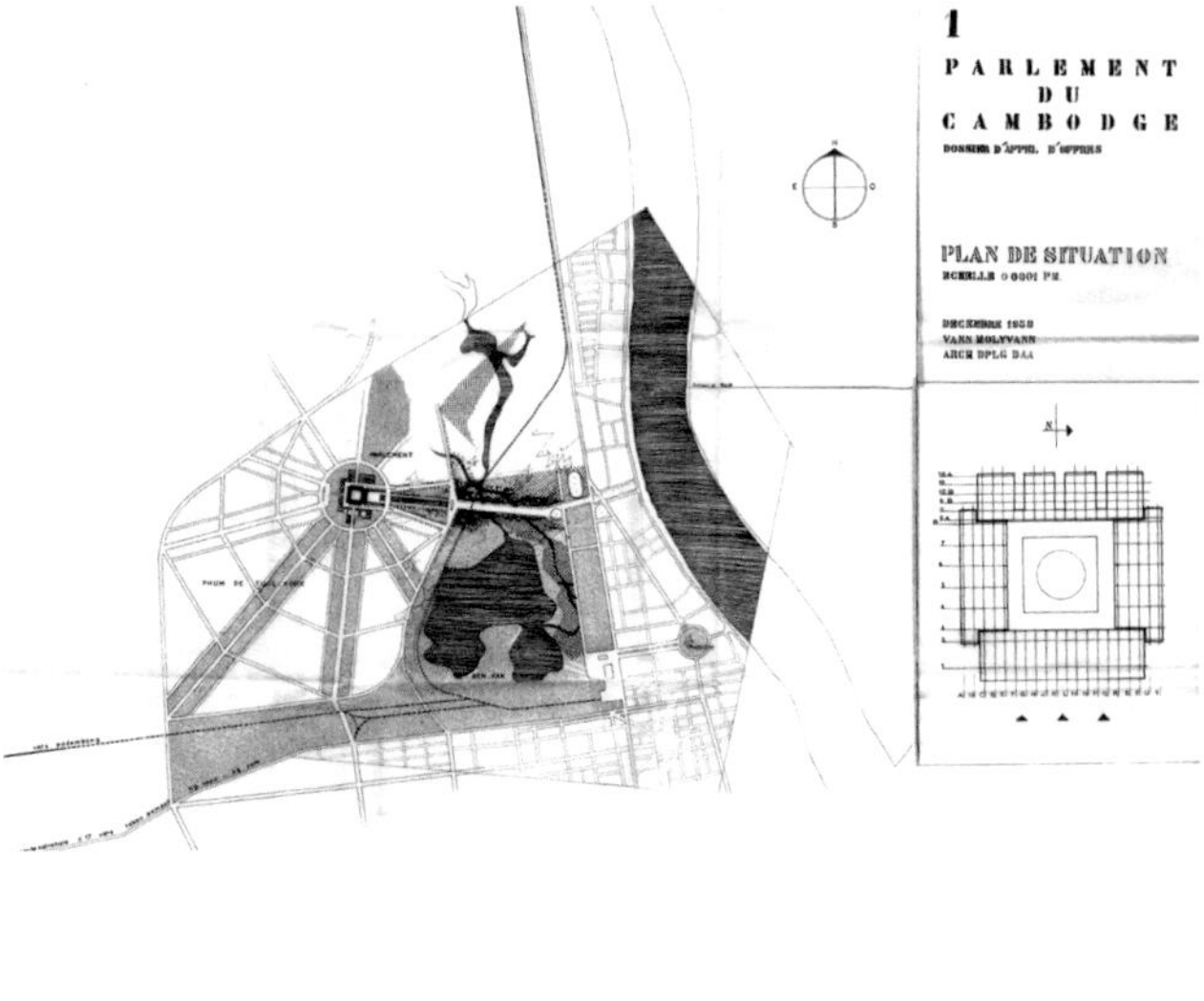

fig.33「国会議事堂計画」、配置図（一九五八）

てられる。さらに、議事堂の内部には一辺七五メートルの正方形の水庭が設けられ、その中心に円錐塔が聳える。

この正方形が幾重にも重なる構成は、中央祠堂が三つの回廊によって囲いこまれるアンコール・ワットの伽藍配置を彷彿とさせる。

試みに「国会議事堂計画」とアンコール・ワットの平面図を同じ縮尺で並べてみると、両者が驚くほど類似していることが明らかになる。具体的には、アンコール・ワットの基壇《テラス》が「国会議事堂計画」の人工池に対応し、第一回廊は人工地盤に、第二回廊は議事堂に、第三回廊は水庭に、中央祠堂は円錐塔にそれぞれ一致する。このことから、「国会議事堂計画」は構成のみならずスケールにおいてもアンコール・ワットを参照して設計されたと推測される。

「国会議事堂計画」は未完に終わったが、モリヴァンがアンコール建築の《偉大なる構成》を踏まえて設計した重要な事例であり、ここでの検討は後の「ナショナル・スポーツ・コンプレックス」に引き継がれたと考えられる|fig. 34,35。

「国会議事堂計画」のように結界が幾重にも重なる入れ子構造は、アンコール・ワットやアンコール・トムといったクメール古典建築のエッセンスであり、独特の空間体験をもたらす。仄暗い建築の内部をくぐり抜けると突然視界が開け、前方に新たな建築が見え、その建築の内部をくぐり抜けると再び視界が開ける……。モリヴァンは、このような閉鎖と開放を繰り返す軸線上のシークエンスをアンコール建築に固有の空間性として捉えていた。

ここで、一九六九年に描かれた一枚のスケッチを紹介したい。アンコール・ワットと「ナショナル・スポーツ・コンプレックス」の断面図を縦に並べ、人の動きを点線で、視線の動きを矢印で示し、二つの建築における空間体験を比較した図である|fig. 36。

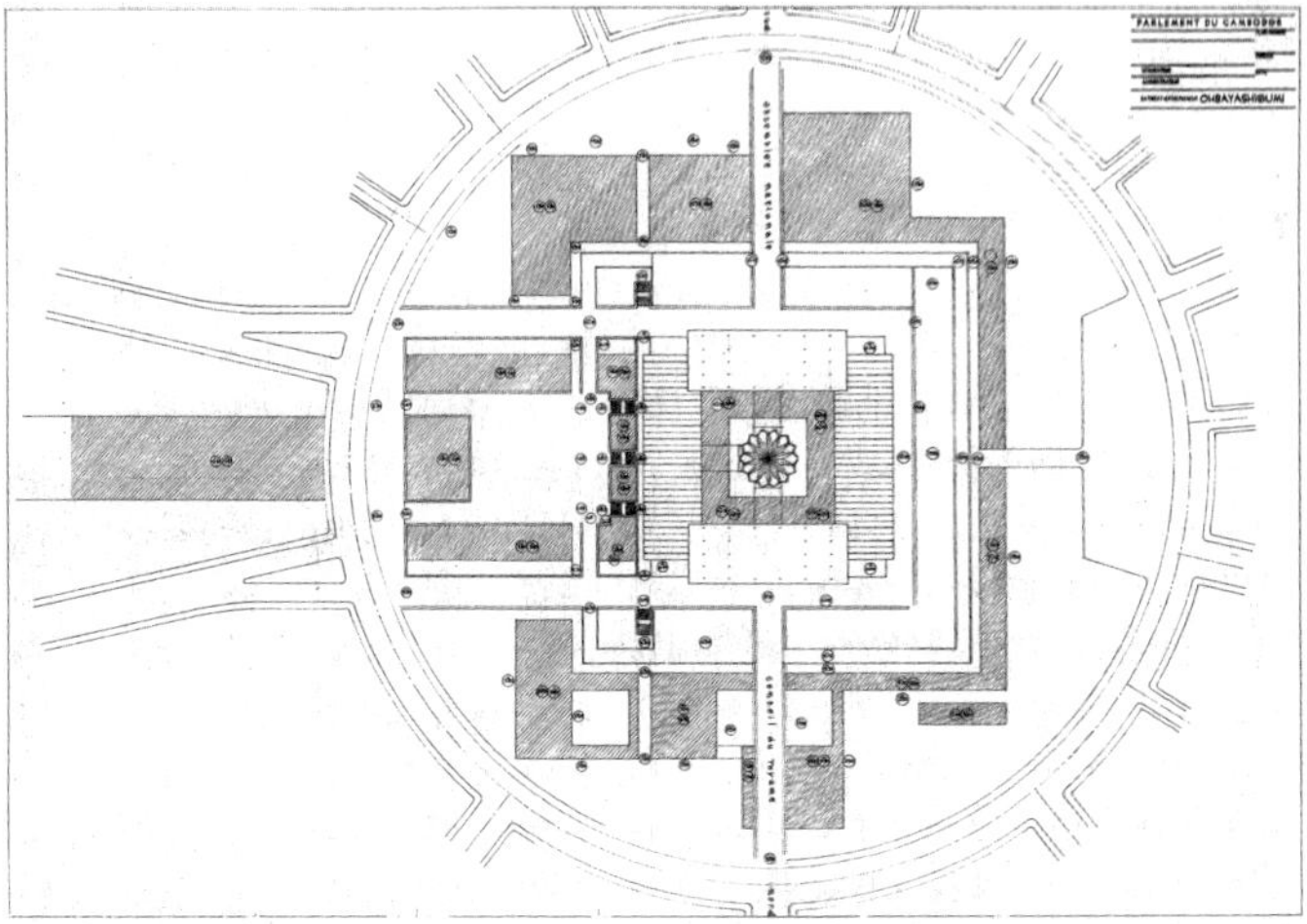

fig.34 「国会議事堂計画」、平面図(一九五九)。大林組作成

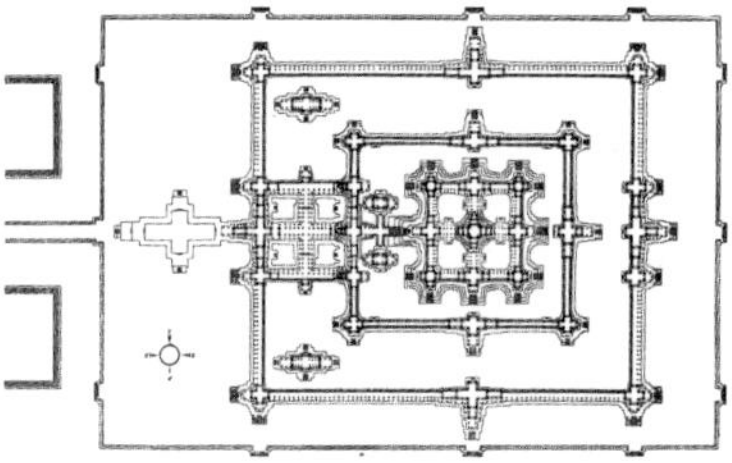

fig.35 アンコール・ワットの平面図

このスケッチに、モリヴァンは次の解説文を添えている。

> 目は即座に構築物の全体と、その機能、構造、建設者の意図を捉える。
> 目は近づいてゆき、徐々に全体を貫き、様々な方向へと拡散する。低層部の動線は暗く、ときに狭く、側方の眺めはきわめて多様で非対称的だ。そしてとうとう目は終点に達し、突然、ほとんど暴力的《ブルータル》なまでに、光で満ちあふれた空間にさらされる。[27]

モリヴァンが描いたスケッチでは、アンコール・ワットにおいても、「ナショナル・スポーツ・コンプレックス」においても、「目」は単に水平に進むのみならず、垂直方向にも移動している。彼はアンコール建築の空間性を、上下の運動を伴いながら閉鎖と開放を繰り返す軸線上のシークエンスとして解釈し、「ナショナル・スポーツ・コンプレックス」に応用したのである。

翻って初期作品を眺めてみると、「チャトモック

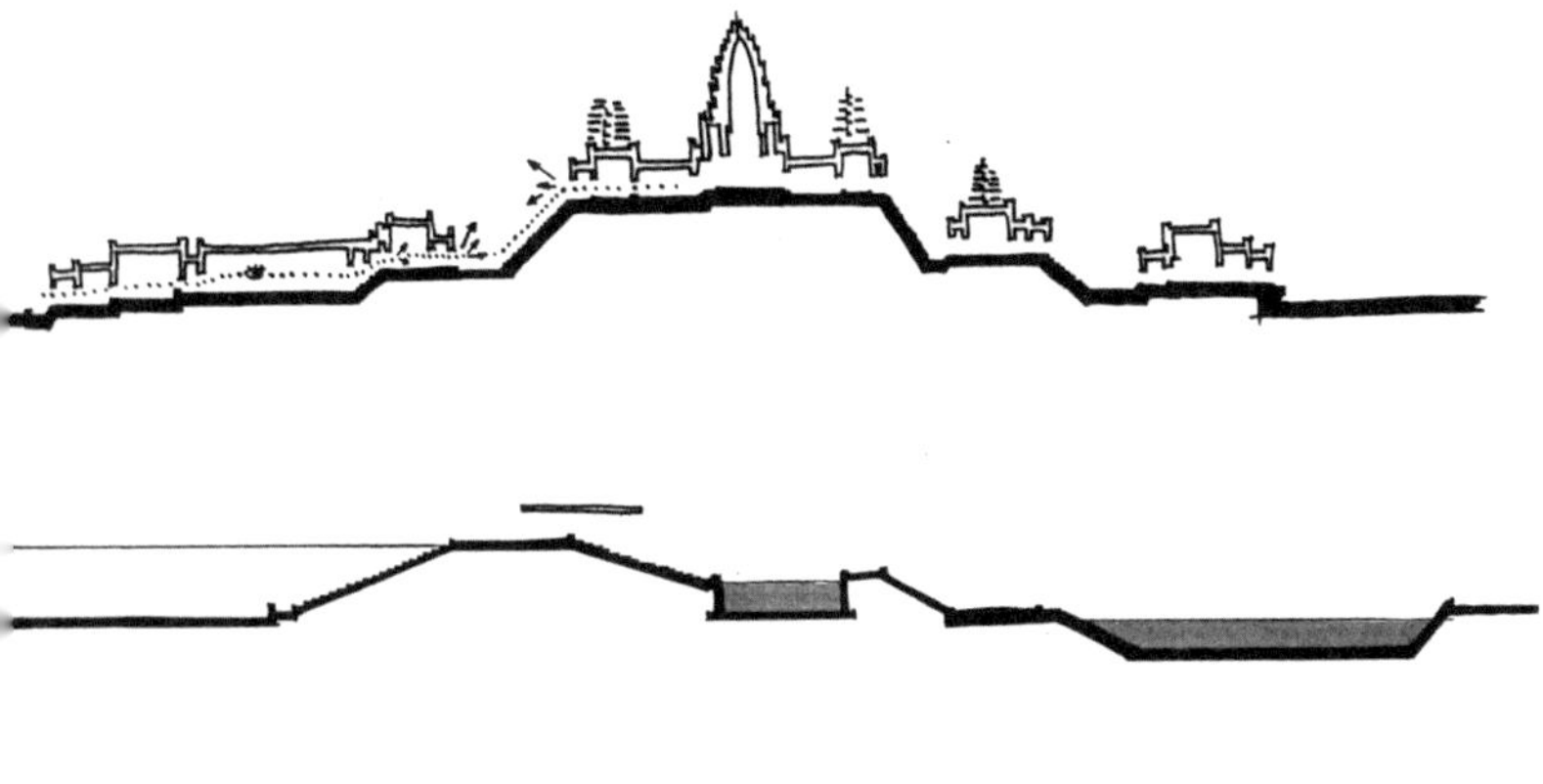

国際会議場」と「国立劇場」にも類似した空間性が見出される。前者では扇形平面の空間が、後者では三角形と六角形平面の空間が入れ子状に重なり、さらにピロティと階段が組み合わさることによって閉鎖感と開放感が交互に現れる立体的なシークエンスが生まれている。

アンコールの《偉大なる構成》に突き動かされたモリヴァンは、軸線と正方形——あるいは他の初源的な図形——によって平面を精密に規定し、正確な象徴性を生み出した。そして、そこから閉鎖と開放が、仄暗さと眩さが対比される動的な空間を引き出した。これは形態や装飾に頼ることなく伝統を表現する試みであり、ル・コルビュジエを信奉するモダニストにふさわしい純粋な方法論であり、熱帯地域で冷厳な空間を目指す稀有な実験でもあった。このような試みは「チャトモック国際会議場」に始まり、「国立劇場」と未完の「国会議事堂計画」を経由して、「ナショナル・スポーツ・コンプレックス」において頂点に達した。これこそがヴァン・モリヴァンの建築の核心ではないだろうか。

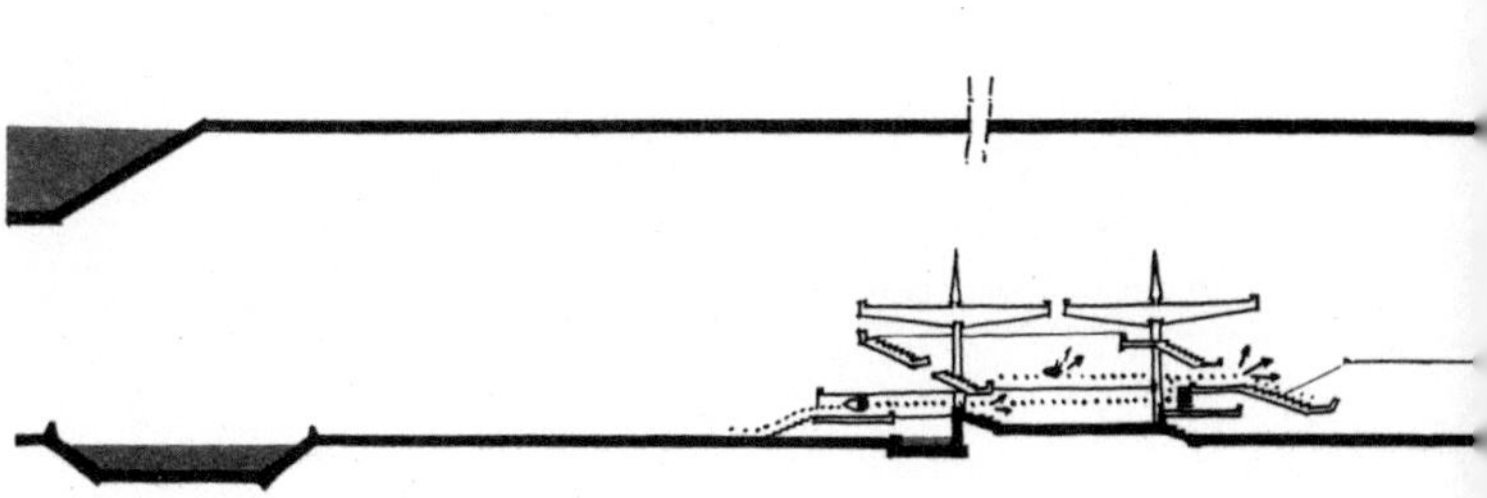

fig.36 「ナショナル・スポーツ・コンプレックス」のコンセプトを示すスケッチ（一九六九）

4 近代建築をクメール化する

アンコールを設計し建設した建築家たちの学舎で

一九六九年、『ノコー・クメール』（クメール都市の意）という政府刊行雑誌の創刊号で「ナショナル・スポーツ・コンプレックス」が特集された。建物の写真や図面、スケッチ（前節で紹介）が掲載され、「アンコールを設計し建設した建築家たちの学舎で」と題されたヴァン・モリヴァンへのインタビューも収録されている。この時点で、モリヴァンは自らの代表作と認める「独立記念塔」「チャトモック国際会議場」「ナショナル・スポーツ・コンプレックス」「国立劇場」の四作品を完成させていた。インタビューはこれらの設計活動を総括する内容となっており、内戦以前のモリヴァンの思考を示す最重要の資料である。特に、本章で検討してきた「伝統と近代の統合」についてモリヴァン自身が詳細に語っているという点が興味深い。

インタビューは「西洋の教育とアンコールの偉大なる伝統の統合をいかになし得たか」という問いから始まる。モリヴァンは次のように答えている。

一九五六年にカンボジアに戻り、過去のモニュメントを新たな目で眺めて再発見し、心を揺さぶられました。ボザールの先生から受けた素晴らしい教育に満足し、踏みならされた道を歩むほうが、もちろん簡単だったと思います。しかし、そうしていたら、クメールのナショナル・アイデンティティを確認するという国民復興の大いなる潮流から外れてしまったに違いありません。自らをアンコールの巨匠たちの弟子と考えることは、私にはとても自然なことでした。そして、ほどなく彼らの熱心な生徒になりました。私は、長きにわたった衰退期の後遺症を打ち消そうとする、かつてない創造的な運動を祖国の内側に見出していました。誰もが皆、我々自身の根源へと、我が国を築き上げてきた動機へと立ち戻る必要性を感じていました。太古からの伝統を受け継ぐあらゆる国と同じように、自らの個性を再構築しなければならない。現在のあらゆる文化運動にはこの基本理念がはっきりと現れています。そして、建築はその一部分なのです。──28

ここでモリヴァンは、自らの仕事が「クメールのナショナル・アイデンティティを確認するという国民復興の大いなる潮流」の一部であると明言している。当時のカンボジアでは演劇・音楽・絵画・映画などの諸分野においてナショナル・アイデンティティの定義が目指された。アンコール期を「栄光の時代」、ポスト・アンコール期を「衰退の時代」とする言説はシハヌーク政権下の公定史観となり、多くの芸術家に浸透していた。モリヴァンもまた、建築によって新国家の個性を表現するという使命感に駆られ、アンコールに立ち返ったのである。その具体的方法については次のように述べられる。

もちろん、アンコールの芸術的創造物を複製するのは問題外です。そこから霊感を得て、翻訳し、新しい現実に適合させるのです。そのためには、近代建築と近代的な構築術の規則、特にフランスのそれらから学ぶことには計り知れない価値があります。さらに、我々

> の古典時代と西洋の偉大なる時代の間には多くの共通点があることを指摘したいと思います。この事実が両者の統合を容易にさせました。
>
> 一方、長きにわたる伝統に支えられたクメール人は、国外からもたらされたあらゆるものを深いレベルで「クメール化する」と私は考えています。カンボジアはヒンドゥー化された国と呼ばれ、確かに我々は古代インドに多くを負っています。しかし、我々はインドのモデルを複製したわけではなく、一二世紀に頂点に達する独自の様式を即座に築き上げました。一九五三年に独立を取り戻して以来、このプロセスが再開しました。我々は西洋から多くを借りますが、我々が借りたものはクメール的特徴を獲得し、真の意味で我々の文明に統合されるのです。—[29]

引用の前半部では「アンコールの芸術的創造物」を単に複製するのではなく、そこから「霊感を得て、翻訳し、新しい現実に適合させる」という方針が提示されている。「新しい現実」とは独立後に目指された近代社会のことであり、「翻訳」とは「伝統の近代化」に他ならない。伝統建築を近代化するためには、当然、「近代建築と近代的な構築術」を学ぶ必要がある。特にフランスが重視されているのは、モリヴァンがエコール・デ・ボザールで建築を学び、ル・コルビュジエから薫陶を受け、フランス人と協働して数々の作品を生み出してきたからであろう。フランスを重視したシハヌークの外交戦略との関係も指摘可能である。

さらに、モリヴァンはクメールの古典と西洋古典の間には「多くの共通点がある」と指摘し、それゆえ「両者の統合は容易である」と述べている。両者の共通点とは一体何か、具体的には語られないが、これまでの議論を踏まえれば、軸線、対称性、幾何学的秩序といった建築的特徴を思い浮かべていたと想像される。

一方、引用の後半部分では西洋からの影響を「クメール化する」という逆方向の流れが示される。モリヴァンは「クメール化」の歴史的な先例として、古代インドの影響を受けながらも独自の様式を築き上げたアンコール建築を挙げる。アンコールの巨匠たちに倣って、今日では「近代のクメール化」を目指すべし、という主張である。このような方針は、モリヴァンが学生時代に書いた「クメール文化についての試論」で予告されていた――「西洋文化からクメール文化への影響という流れは逆向きにもなりうる。独創性と自ら進化する力を備えたクメール文化は、西洋文化には存在しない数多くの価値を有しているのだから」[30]。

つまり、モリヴァンは「伝統の近代化」と「近代のクメール化」を同時に行い、古代と近代に挟み撃ちにされた中心に独立国家にふさわしい新しい建築の姿を模索していたのである。

それでは、参照すべき「伝統」として彼は何を見出していたのか。それは、前節で詳述したアンコールの構成原理、つまり「方位の軸」と「正方形平面」に規定された「厳格な構成」に他ならない。さらに、モリヴァンは「アンコールの偉大な建設物が常に水と結びついて構想され、濠や池がモニュメントを縁取る背景になったことも付け加えておきます」[31]と述べ、古代都市における「水」の重要性も指摘している。これは「ナショナル・スポーツ・コンプレックス」の濠、貯水池、水路、プールの設計意図を説明するものである。

ただし、モリヴァンが意識した「伝統」はアンコール建築だけではない。彼はアンコールの厳格な構成と水の象徴性に言及した後に、次のように語っている。

クメールの木造建築に見られる独特の伝統も考慮する必要があります。それらは機能的な空間を構成します。建物は支柱によって持ち上げられ、下部の隙間には、日差しから守られ、仕事や遊びに適した空間が生まれます。ベランダは雨を遮り、卓越風を受ける方向に配置されます。エレガントな屋根はよく換気され、断熱性のある空気層を形成します。[32]

ここでモリヴァンは、装飾や形態ではなく機能に着目することによって、高床式の木造住宅から近代建築に応用可能な要素を抽出している。ヴァナキュラーな木造建築は、近代化されるべき「素材」であると同時に、近代建築をクメール化する「原理」にもなるのだ。

このようにヴァナキュラーな木造建築を加えることによって、アンコール建築と近代建築を対比する単純な二項対立の図式は解消される。さらに、三者が異なる建築構造、すなわち「組積造」「木造」「鉄とコンクリートの構造」に対応する点も注目に値する。モリヴァンは「伝統」にアンコール建築と木造建築という二つの源流を与えることで、多様な構造と造形を操る可能性を手にしたのである。

以上、モリヴァンの思考をまとめると下図のように表現され、その特徴は次の四点に要約される fig.37。

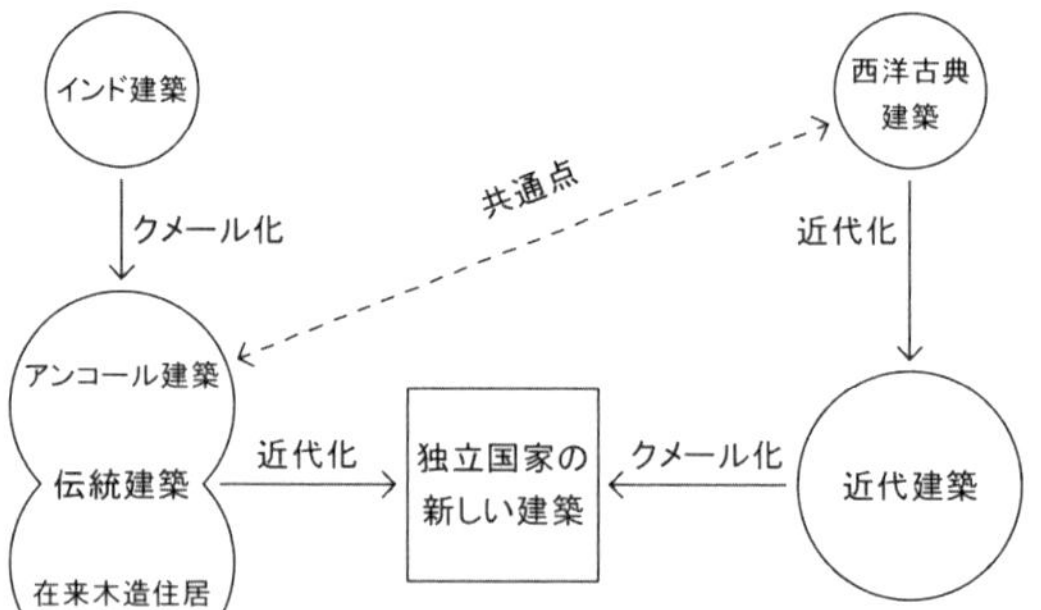

fig.37 伝統建築と近代建築に関するモリヴァンの思想

1　伝統建築と近代建築は対称的に向き合い主従の関係はない
2　伝統建築にはアンコール建築と木造建築という二つの源流がある
3　伝統建築と西洋古典建築には共通点がある
4　伝統と近代の統合は「伝統の近代化」と「近代のクメール化」によって達成される

この図式をヴァン・モリヴァンの軌跡と照らし合わせてみよう。モリヴァンはパリ留学時に近代建築、アンコール建築、木造建築の三者を修養しており、帰国後直ちにこれらの統合を模索した。この間の創作活動を眺めると、二つの異なるアプローチが浮かび上がる。ひとつ目は、伝統建築から形態と装飾を抽出し、近代建築に適合させる形態的なアプローチであり、これは「伝統の近代化」に対応する。二つ目は、伝統建築から構成や機能といった原理を抽出し、近代建築を変容させる原理的なアプローチであり、これは「近代のクメール化」に対応する。

初期の作品群に見られる切妻屋根や尖塔の引用はまさに「伝統の近代化」であった。しかし、作品を重ねるにつれて伝統のあからさまな表現は徐々に影を潜め、隠喩的な表現へと移り変わった。モリヴァンの関心は「伝統の近代化」という形態的アプローチから「近代のクメール化」という原理的アプローチに推移したと言えるだろう。そして、原理的アプローチは、モリヴァンが「伝統の偉大なる原理に霊感を受け、最も近代的な技術によって建てられた」と自認する「ナショナル・スポーツ・コンプレックス」の建設において頂点に達したのである。

近代建築とナショナル・アイデンティティ

本章ではナショナル・アイデンティティの形成という観点からヴァン・モリヴァンの創作を分析してきた。ここで、モリヴァンを他国の建築家、特に日本の建築家と比較し、近代建築におけるナショナル・アイデンティティの問題についてより一般的な考察を行いたいと思う。

二〇世紀には、多くの建築家が「伝統と近代の統合」という課題に取り組んだ。アジアの例を挙げると、中国では梁思成が、ベトナムではゴー・ヴィエト・トゥーが、インドネシアではフリードリヒ・シラバンが、フィリピンではレアンドロ・ロクシンが、スリランカではジェフリー・バワが、そして戦後日本では丹下健三がその主な推進役となり、彼らはしばしば「国家的建築家《ナショナル・アーキテクト》」と呼ばれた。同様に評価される建築家は南アメリカやアフリカにも存在する。ブラジルのオスカー・ニーマイヤー、ベネズエラのカルロス・ラウル・ヴィリャヌエヴァ、コロンビアのロヘリオ・サルモナ、モザンビークのパンチョ・ゲデスなどである。

これらの建築家たちは、ヨーロッパから地理的に隔たりのある国で活動しており、西洋古典建築や、その延長線上に生まれた近代建築では自国のアイデンティティを十分に表現することができなかった。ゆえに、独自の伝統建築を「発見」あるいは「発明」し、それを近代と統合する必要があった。

彼らには「伝統と近代の統合」という課題の設定のみならず、回答の仕方にも共通点が認められる。伝統に二つの源流を見るモリヴァンの設計思想は、「縄文」と「弥生」という二つの起源を巡って建築家たちが議論を繰り広げた一九五〇年代日本の「伝統論争」を想起させる。マレーシアにおいても、独立後の一九六〇年代に国教であるイスラム教を参照する「近代イスラム様式」とマレー系民家を参照する「近代マレー様式」が同時に確立された[34]。他方、ニーマイヤーやヴィリャヌエヴァ、サルモナといった南米の建築家たちは、ヴァナキュラー建築とコロニアル建築の双方からインスピレーションを得て、これらをモダニズムと融合させようとした。一六ー一七世紀という早い段階で植民地化された南米の建築家たちは、コロニアル建築をも自らのルーツのひとつと見なし、伝統の源流を複数化したのである。

なぜ、世界各国で伝統に複数の源流を見出す思考形式が生まれたのであろうか。注目すべきは、多くの場合、二つの源流が貴族的文化と大衆的文化に対応している点である。両者を包含することによって、建築家は記念碑的建築と日常的建築の両方を設計する術を身に付け、支配者と被支配者の双方に訴えかけることが可能となる。権力者と結びついた建築家たちは、権威を象徴すると同時に、大衆を鼓舞する建築を築き上げる必要がある。伝統の源流の複数化はその役に立ったのである。

次に、「西洋古典建築と伝統建築に共通点がある」というモリヴァンの思想について考察したい。これは、明治から昭和にかけて活躍した建築史家・伊東忠太の「法隆寺ギリシャ起源説」を想起させる。伊東忠太の評伝を著したジラルデッリ青木美由紀は、この説の背景には世界建築史のなかで日本建築の占める位置を模索する「涙ぐましい西洋至上主義」があったと指摘している[35]。モリヴァンも同様の西洋コンプレックスを抱えていた可能性は否定できない。

建築におけるナショナル・アイデンティティの表現は、新興国の国策として見れば、国民国家《ネーション・ステート》の境界を定義するための道具である。ゆえに、国内に固有のルーツを求めながらも、それが国外に——特に西欧列強に——認められなければ意味がない。換言すれば、自立性を主張しつつも、西洋近代の基準に依存するという本質的な矛盾を抱えているのだ。伝統に二つの源流を求める発想も、東西の古典を接合する努力も、西洋建築の「最新版」であるモダニズムの建築に立脚することも、すべてこの矛盾から生まれたと解釈することができる。

前掲した一九六九年のインタビューは、フランスのシャルル・ド・ゴール大統領の言葉を引用して締めくくられる――「カンボジアでは素晴らしい文明のモニュメントと近代の達成が隣り合っています」[36]。これはド・ゴールが一九六六年に「ナショナル・スポーツ・コンプレックス」で行ったスピーチの一節である。カンボジアの近代建築がナショナル・アイデンティティを最高度に発揮した瞬間は、皮肉なことに、旧宗主国の大統領がお墨付きを与えた瞬間だったのである。

「伝統と近代の統合」を実現するための具体的な設計手法にも、国境を越えた共通点が数多く見られる。本章の第二節で取り上げた伝統的な切妻屋根を近代的に解釈するという設計手法は、日本をはじめ、中国、韓国、ベトナム、インドネシア、マレーシア、フィリピン、スリランカなど、アジア各国で広く採用された。双曲放物面シェルや折板構造によって伝統的な屋根を暗示するという一見独創的な表現方法でさえ、多くの類似例が存在する。例えば、「ヴァン・モリヴァン自邸」に見られる四枚の双曲放物面シェルを組み合わせた屋根の造形は、菊竹清訓の「スカイハウス」(竣工＝一九五八)や芦原義信の「駒沢体育館」(竣工＝一九六四)の屋根によく似ている[37]。

本章の第三節では、モリヴァンがアンコール建築から抽出した構成原理について論じたが、こうした原理的なアプローチにも日本の先例が指摘できる。丹下健三が「大東亜建設忠霊神域計画」(計画＝一九四二)や「香川県庁舎」(竣工＝一九五八)において日本の寺社建築の構成原理を参照していたことはよく知られている。

モリヴァンは丹下健三や前川國男ら日本人建築家から影響を受けたと明言しており、一九五〇－六〇年代に二回の来日経験がある。ゆえに、上述した日本人建築家から影響を受けた可能性は大いにある。しかし、こうした思考と方法のすべてを日本譲りと考えるのはもちろん早計である。むしろ、モリヴァンと日本人建築家たちの共通点には、非西洋の近代建築家に典型的な思考形式が表れていると解釈するほうが妥当だろう。拠り所とする伝統が異なるため創造される形は当然違うが、メタな方法論として見ると各国の建築家による「伝統と近代の統合」には大差がない。そして、この思考形式自体が、建築の近代化という流れの一部なのである。

ヴァン・モリヴァンの固有性は、このようなプロセスをきわめて短期間に、ほぼ単独で遂行した点に存する。特に一九五七年から六四年にかけての展開は著しく、日本の近代建築史で喩えるならば擬洋風建築、帝冠様式から「国立代々木競技場」に至るまでの変遷をたった八年間に凝縮したようなものである。一般的には多世代にわたって展開される道のりをひとりで駆け抜けたモリヴァンの作品全体には、他に類を見ない多様性が認められる。さらに、「伝統の近代化」と「近代のクメール化」を同一人物が同時進行させた結果、単一の作品のなかにも伝統の直喩的表現と隠喩的表現が独特の形で入り混じっている。これはモリヴァンの建築作品に特有の価値と言えるだろう。

「伝統の近代化」と「近代のクメール化」

本章の結びに代えて、再度シハヌーク時代のカンボジアの状況に立ち戻り、「伝統の近代化」と「近代のクメール化」という二つの方法について補足的な考察を加えたい。

ヴァン・モリヴァンの「クメール化」は、岡倉天心が唱えた「外邦の美術の渾化」[38]や磯崎新の「和様化」[39]に似ている。「輸入された原型が変形を加えられ、やっぱりこの国にしかできなかったと思わせるような姿に変わっていく」[40]という日本建築に対する磯崎の分析は、「我々が借りたものはクメール的特徴を獲得し、真の意味で我々の文明に統合される」というモリヴァンの言葉と重なる。他国からの影響を変容させる能力自体にアイデンティティを見出そうとする発想は、例えばブラジルのルシオ・コスタなど、アジアの外にも見出される[41]。つまり、「クメール化」もまた、新興国の建築家たちの典型的な思考形式のひとつと言えそうである。しかし、ここでは当時のカンボジアの状況を踏まえて、モリヴァンが「クメール化」に込めた意味を深掘りしてみたいと思う。

まず、モリヴァンの「伝統の近代化」は仏領期の方法の延長線上にあったと指摘できる。前章で述べたとおり、「アンコール建築」も「木造建築」もフランス人の建築家と研究者によって「発見」され、それを参照した創作は独立以前から始まっていた。しかし、フランス人たちは伝統文化の庇護者として振る舞う一方で西洋建築を導入していた。つまり、「伝統の近代化」という方法は一種の同化政策だったのである。

モリヴァンはこのような仏領期の方法を引き継ぎ、独立後の国民統合のために利用した。しかし、植民地下の方法を焼き直すだけでは新国家のアイデンティティを主張するには不十分である。そこでモリヴァンは「伝統の近代化」を反転して、「近代のクメール化」という方法を模索したのではないだろうか。

そもそも、「クメール化（クメリザシオン）」はモリヴァンが使い始めた言葉ではなく、言語学者ケン・ヴァンサックが一九六四年に提唱した国語改革の概念である。笹川秀夫の「二〇世紀カンボジアにおける言語政策」によれば、ヴァンサックは古典語に偏重する仏領期の言語政策を問題視して「現代クメール語に基づいた造語法が必要である」と主張し、教育言語の「クメール化」を訴えた[42]。ヴァンサックが提唱した「クメール化」の造語法は、ハン・トゥンハックら文化人たちの議論を経て、一九六七年に学校教育の基本言語として採用された。そのときの教育大臣は、何を隠そうヴァン・モリヴァンであった。

ヴァンサックの提唱した造語法は、サンスクリット語やパーリ語、フランス語からの借用語を現代クメール語に置き換えることを目的とし、クメール語の「純化」と「簡略化」を志向していた。ただし、古典語と外国語の完全な排除を目指したわけではなく、必要に応じてフランス語からの借用語も残すという柔軟な姿勢をとった。モリヴァンは教育大臣としてこの「クメール化」の採用を決定した張本人であり、ヴァンサックの考えに共感し、そこから影響を受けていた可能性は高い。

事実、ヴァンサックによる「クメール化」の造語法とモリヴァンの設計思想との間には多くの共通点が認められる。仏領期における古典語偏重に対するヴァンサックの異議は、植民地下における伝統建築の複製を批判したモリヴァンの主張と重なる。ヴァンサックが現代クメール語に軸足を置き、クメール語を「純化」した造語法を模索したように、モリヴァンは現代の建築言語、すなわちモダニズムの建築に軸足を置き、クメール建築の「純化」を模索した。ヴァンサックとモリヴァンはフランス留学を経験した第一世代のエリートとして、仏領下のシステムを刷新し、現代に即した改革を行うという共通の志をもっていたと考えられる。

以上の考察から、「伝統の近代化」と「近代のクメール化」の差異が明瞭に浮かび上がる。すなわち、「伝統の近代化」は伝統建築に軸足を置きながら、それを近代建築に適合させる一種の同化政策であり、伝統建築は形態・装飾といった可視的な部分において保存される一方で、機能や構造、設備といった建築の内容は近代化（＝西洋化）される。他方、「近代のクメール化」は現代建築に軸足を置きながらクメール建築の「純化」を目指す方法であり、近代的な技術・形態・設計手法に基づく一方で、目に見えない構成原理や空間原理はクメール化される。この二つの方法では伝統建築の捉え方がまったく異なる。前者において、伝統建築は形態や装飾を素材として提供する。後者において、伝統建築は構成や機能性、住形式といった内容を提供する。この両者は、先に論じた形態的アプローチと原理的アプローチに概ね対応している。

このように「伝統の近代化」と「近代のクメール化」を整理することによって、モリヴァンの創作活動に見られる形態的アプローチから原理的アプローチへの推移は、植民地下における伝統建築・西洋建築の形式的な借用を乗り越えるプロセスとして理解される。ただし、ヴァンサックの造語法において古典語やフランス語からの「借用語」の使用が認められていたように、モリヴァンの建築作品においても細部には伝統建築やコロニアル建築からの直接的な借用が残存した。このような理想主義と現実主義の葛藤にこそ、近代カンボジアのダイナミズムが潜んでいるように思われる。

III

カンボジアに根ざす建築 一九六四―一九七一

> 私たちカンボジア人は地に足を付けて暮らすことに慣れています。瓦屋根の家は庭園で囲まれ、生活に必要なあらゆる道具、牛車や家畜などが高床式の家の下に置かれます。伝統的なクメール住居の周りには木々や野菜、香草が生い茂ります。川沿いの豊かな土地では素晴らしい野菜が育ちます。風は心地よく、きれいな水を使うことができます。
>
> ヴァン・モリヴァン、二〇〇二[1]

「ナショナル・スポーツ・コンプレックス」が竣工した翌年の一九六五年、ヴァン・モリヴァンは公共事業省を離れ、王立芸術大学の初代学長に就任した。これに伴い、建築家としての活動拠点は「キャビネ・ヴァン・モリヴァン」という個人設計事務所に移行した。「キャビネ」は小部屋や書斎、小規模な事務所を意味するフランス語である。英雄的な国家プロジェクトに取り組む機会は減り、代わって住宅や工場、学校といった日常的な建築の設計が増えていった。

カンボジアの情勢も変化していた。一九六三年、ノロドム・シハヌークはカンボジアの貿易と工業の一部を国有化し、アメリカからの経済援助を断ち切ると宣言した。この新しい経済政策の背景にはベトナム戦争の激化があった。シハヌークは、隣国の南ベトナムのようにアメリカの政治的介入を受けることを恐れていた。他方、カンボジアが共産主義に染まることを危惧し、国内のコミュニストを激しく弾圧した。こうしたなかで、東西両国から幅広い支援を受けるという彼の中立政策は袋小路に入ってしまった。最大の支援供与国だったアメリカからの援助を拒否した影響は大きく、カンボジアの経済は沈滞し、独立以来シハヌークが保ち続けてきた権力に陰りが見え始めた。

こうした情勢について、当時モリヴァンがどのように考えていたかは明らかではない。しかし、外貨を失ったカンボジアは自給自足体制を強化せざるを得ず、政府高官であるモリヴァンがこれを新たな国家的要請として受け止めた可能性は高い。この頃から、熱帯気候への適応と、地場材の活用という二つの課題がモリヴァンの作品において前景化する。モリヴァンの主題は「カンボジアを表現する建築」から「カンボジアに根ざす建築」へと移り変わったのである。

こうしたモリヴァンの転向は、「地域主義（リージョナリズム）」と呼ばれる二〇世紀の建築思潮にも関係している。西ヨーロッパ諸国に端を発する近代建築運動は、第二次世界大戦前後に急速に世界に広がったが、その際に二つの大きな問題が生じた。第一に、西洋と気候風土が大きく異なる地域では、モダニズムの建築は快適性や耐久性の面で不都合な点が多かった。第二に、近代建築運動が前提とする近代的な技術・材料・設備は、工業が発達した一部の先進国でしか利用できなかった。つまり、初期モダニズムのデザインは西ヨーロッパの気候と産業に最適化されており、他の地域には必ずしも適していなかったのである。

そこで登場したのが地域主義の言説である。各地の地勢、気候風土、産業の状況に応じて近代建築を修正しようとするこの考えは、一九二〇年代にアメリカ南西部で誕生し、瞬く間に非西洋諸国にまで広がった。特に、近代建築の受容と新国家建設が重なったアジア・アフリカ・南アメリカの国々では、熱帯の気候風土に適応する「熱帯建築（トロピカル・アーキテクチャー）」[2]のあり方が模索された。カンボジアで活動するモリヴァンもその例外ではなかった。

本章では、ヴァン・モリヴァンによる地域に根ざした建築の探求を、住まいのデザイン、気候適応、材料調達という三つの視点から分析したい。まずは最もドメスティックで身体的な建築である「住まい」から考察を始めよう。

1 カンボジアの住まいをデザインする

バサック川沿岸計画と都市居住

一九六〇年代初頭のプノンペンでは「ナショナル・スポーツ・コンプレックス」と並行してもうひとつの巨大プロジェクトが進行していた。プノンペン南西部のバサック川沿岸を八〇ヘクタール埋め立て、集合住宅、劇場、ホテル、官庁舎などを建設する「バサック川沿岸計画（フロン・ド・バサック）」である。

プロジェクトは一九六〇年頃に始まり、東南アジア競技大会の招致がきっかけとなって加速し、一九六二年から六八年にかけて計画全体の約三分の一が実現を果たした。ヴァン・モリヴアンは公共事業省の高官として都市計画に関与するとともに、巨大集合住宅「グレー・ビルディング」(竣工＝一九六三)、「ヨットクラブ」(竣工＝一九六四)、「国立劇場」(竣工＝一九六七)、「サンクム・リアハ・ニヨム展示場」(竣工＝一九六二–六七)の設計を担った｜fig. 1,2。

マスタープランの策定は公共事業省、プノンペン市都市計画住宅局、そして国連開発計画の協力により行われた。公共事業省の代表者はもちろんヴァン・モリヴァン。プノンペン市都市計画住宅局からは、パリの高等建築学校で学位を取得したばかりの若いカンボジア人建築家、ル・バン・ハップが参加した。国連開発計画が派遣した専門家の多くはル・コルビュジエが結成した設計者と技術者の共同体「建

fig.1　「バサック川沿岸計画」、鳥瞰(一九六八頃)。画面中央に「国立劇場」、その右に平屋の「サンクム・リアハ・ニヨム展示場」が見える。劇場の背後には集合住宅「グレー・ビルディング」と「ホワイト・ビルディング」(設計＝ル・バン・ハップ)が建つ。画面右手前は「ヨットクラブ」。画面左の川べりの二棟の集合住宅は「国立銀行宿舎」(設計＝アンリ・シャテル)

設者のアトリエ」(Atelier des Bâtisseurs、以下ATBAT)のメンバーであり、都市計画家ジェラル・アニングと構造家ウラジミール・ボディアンスキーを筆頭に、ギー・ルマルシャン、ロベール・アンスベルジェらフランス人技師と、アニングの指導下にあった番匠谷尭二、後藤宣夫、岡田説夫ら日本人建築家が参加した。

モリヴァンはこの国際的なチームと連帯して、フランスで学んだ都市計画理論を実行に移す機会を得た。

> 私が学生だった頃には、フランス語で「輝く都市《ヴィル・ラデューズ》」と呼ばれる都市計画理論に基づいた建築運動が国際的に活発でした。「輝く都市」の理念は、人々が都心部でより快適に暮らすために、美しく、環境に優れた都市をつくり出すことでした。私はプノンペンの都市部で初めてこの理論を採用し、実現しようと試みました。—3

モリヴァンはル・コルビュジエが一九二〇年代に提唱した「輝く都市」の理論に感化され、高層の集合住宅群を建設し、その足元に広いオープンスペースを確保する計画

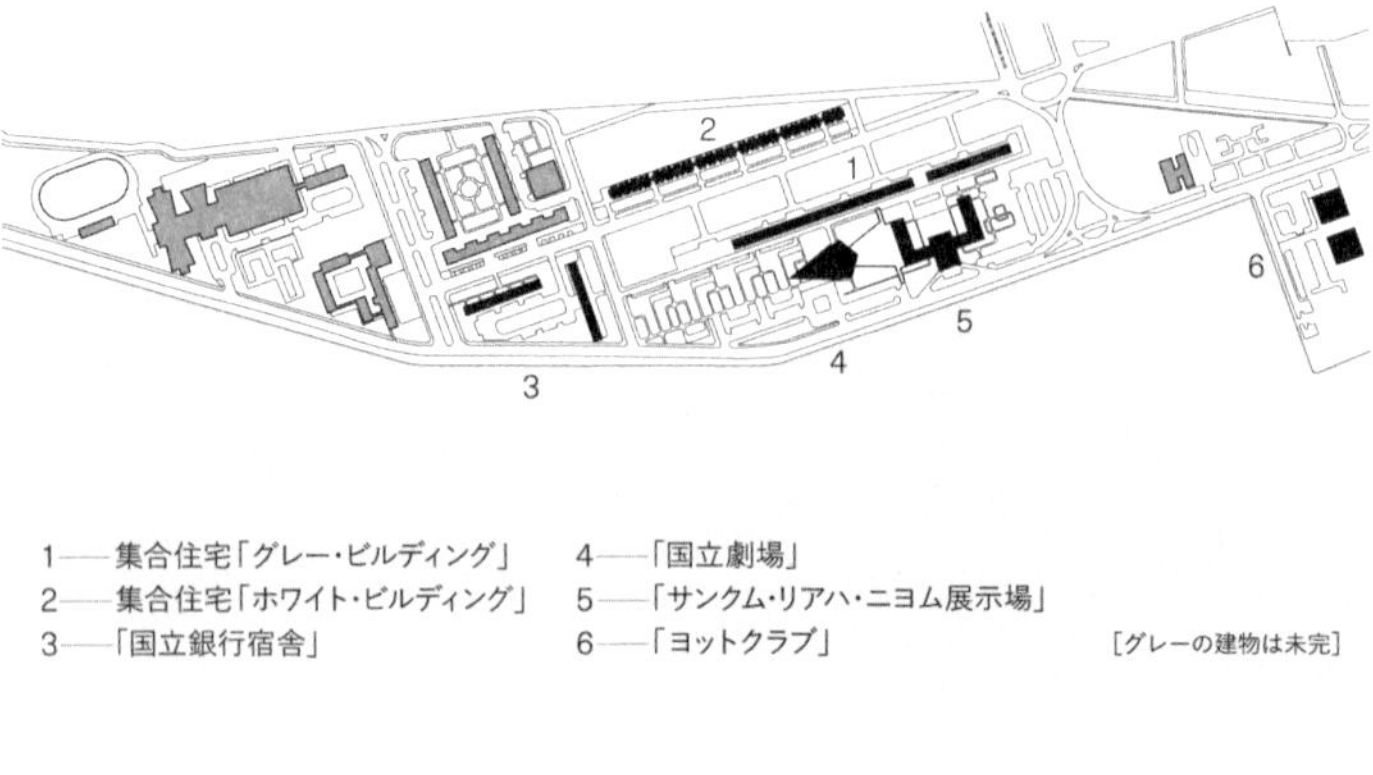

fig.2 「バサック川沿岸計画」、配置図
S=1/20000

1——集合住宅「グレー・ビルディング」
2——集合住宅「ホワイト・ビルディング」
3——「国立銀行宿舎」
4——「国立劇場」
5——「サンクム・リアハ・ニヨム展示場」
6——「ヨットクラブ」

[グレーの建物は未完]

を決めた。彼は、「このプロジェクトはル・コルビュジエのユニテ・ダビタシオンのモデルに基づいた、大人数居住という新しい住まいの実験だった」[4]とも述べている。独立直後は約二〇万人だったプノンペンの人口は、地方住民の流入によって倍増し、一九六〇年には五〇万人に達していた。ル・コルビュジエが提唱した住居の高層化は、こうした人口増加への対応策として魅力的なアイデアだったのである。しかし懸念もあった。当時のプノンペンには華僑が建設したショップハウスを除いて、多層の集合住宅はほとんど存在しなかった。人々の住居観は農村的な環境と紐づいており、都市居住は未知だったのである。モリヴァンは次のように述懐している。

私たちカンボジア人は地に足を付けて暮らすことに慣れています。瓦屋根の家は庭園で囲まれ、生活に必要なあらゆる道具、牛車や家畜などが高床式の家の下に置かれます。伝統的なクメール住居の周りには木々や野菜、香草が生い茂ります。川沿いの豊かな土地では素晴らしい野菜が育ちます。風は心地よく、きれいな水を使うことができます。だからこそ、カンボジア人は都市の建物に住む方法を本当に知りませんでした。今日「ビルディング」と呼ばれている一群の建築物は、都市に住むカンボジア人のためのハウジング建設の可能性を探る実験でした。[5]

バサック川に沿って建設された高層集合住宅は市民に衝撃を与え、プノンペンで「ビルディング（Building）」と言えばこれらを指すようになった。それほどまでに、当時の人々は多層の都市住宅を知らなかったのである。そこでモリヴァンは、「輝く都市」をカンボジアの農村的な環境と結びつける解釈を試みた。広いオープンスペースに囲まれた高層ビルを、庭園に囲まれた農村住居に見立て、そのうえで、通風や日射遮蔽といった気候適応の工夫を建築全体に取り入れたのである。彼自身の言葉を借りれば、「川沿いに建つ伝統的なクメール住居のように風が出入りする」[6]設計を目指したのだ。

それでは、モリヴァンが自ら設計した住棟を詳細に見てみよう。外壁が灰色のコンクリート・パネルで覆われていることから「グレー・ビルディング」というあだ名で呼ばれた建物である。当初は東南アジア競技大会の選手村として計画されたが、後に公務員や教師、外国人専門家の住まいとなった。

建物は南北二棟から成り、全体で一六四の住戸を擁する。南棟は二五八メートル、北棟は一二〇メートルと細長く、階数は三層から七層まで変化に富む。長大な建築が川と街を遮断する「壁」とならないよう、モリヴァンは二層吹き抜けの「ロッジア（開廊）」を用いてボリュームを細かく分節し、各部の高さに抑揚をつけた。さらに、建物全体をピロティで持ち上げ、地上部を住人と歩行者に開放している。

各戸の面積は約一〇〇平方メートルで、東にバサック川を、西にプノンペンの街並みを望む。屋根付きの半屋外空間であるロッジアは各住戸のエントランスを兼ねており、人々を迎え入れ、居間の延長となり、調理や家事を行う場にもなる。また、このロッジアを介してやわらかい光と風が室内にもたらされる。ガラス窓ではなく、虫除け網付きのガラリ戸が開口部に採用されている点も特徴的だ。ピロティ、ロッジア、ガラリ戸と、全体計画からディテールに至るまで通風への配慮が徹底している点は注目に値する[fig. 3-5]。

ロッジアの脇に設けられたキッチンについて、モリヴァンは次のように述べている。

fig.3 「グレー・ビルディング」、東から見る

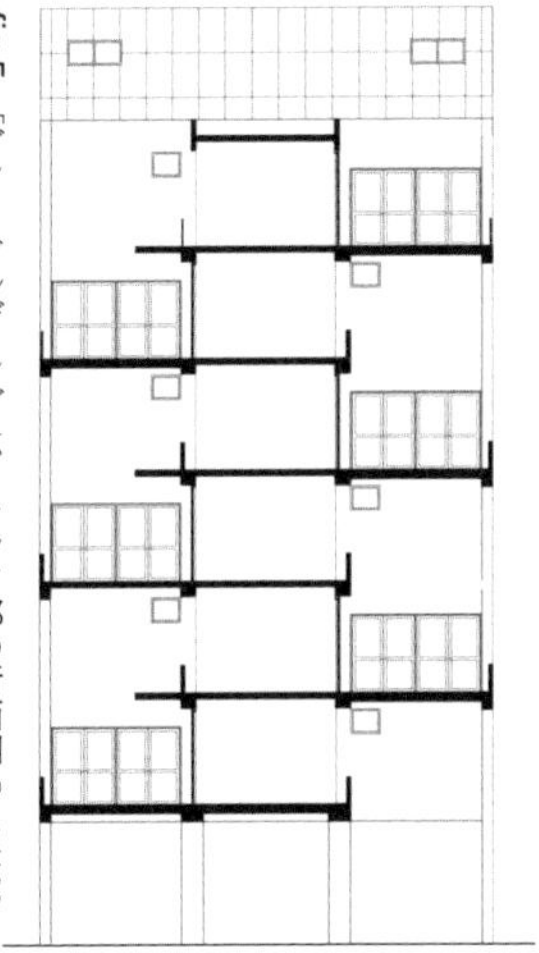

fig.5 「グレー・ビルディング」、ロッジア部の断面図 S=1/400

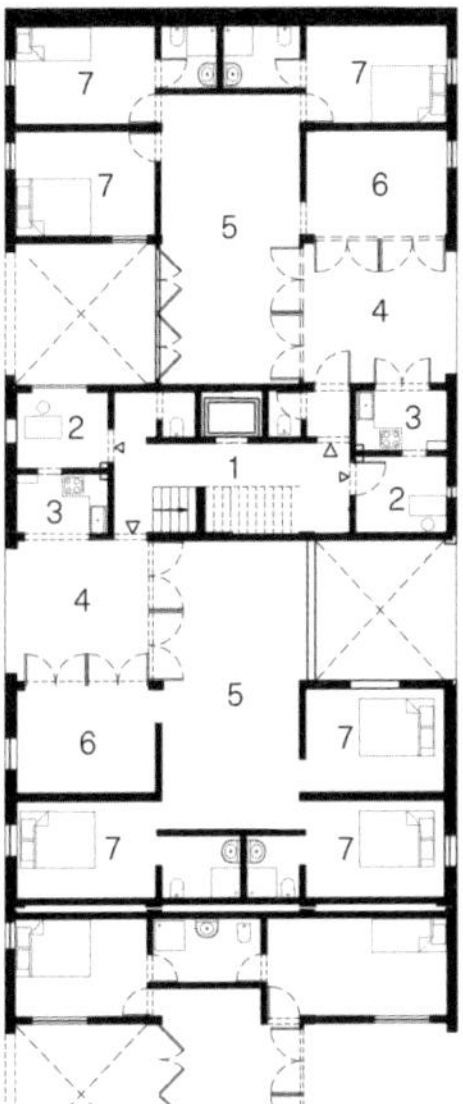

fig.4 「グレー・ビルディング」、住戸平面図（二階）S=1/400

1——共用ホール
2——書斎（事務所）
3——キッチン
4——ロッジア
5——居間
6——応接室
7——寝室

カンボジア人が料理をするときには、炒めたり揚げたり、薪で煮たり、蒸したりするので匂いがたくさんします。だから、キッチンは風が吹き抜ける戸外にあるほうが良いのです。――7

カンボジアの近代建築研究に先鞭をつけたリサ・ロスは、このロッジアの空間を「クメール人の伝統的な生活様式に特有な空間構成を転写したもの」と呼んだ――8。確かに、ヴァナキュラーな高床式住居の床下の日陰を思わせる空間である。

ロッジアを集合住宅に組み込むアイデアには、ル・コルビュジエが提案した「イムーブル・ヴィラ」(設計＝一九二二)との類似が指摘できる。また、「グレー・ビルディング」の共同設計者であるアニングとボディアンスキーは、一九五〇年代にアルジェで集合住宅を設計し、二層分の高さをもつロッジアを用いて通風と日射遮蔽を両立させる試みを行っていた――9。「グレー・ビルディング」のロッジアは、これらの先例を踏まえつつ、カンボジアの住文化に結びつけた点がユニークである。単に通風促進と日射調整の役割を果たすだけでなく、伝統的な生活様式を維持するための装置なのである。

高床式住居の翻訳

モリヴァンの次なる住まいの実験は、標準的な戸建住宅の設計であった。一九六五年、プノンペン市西部の約六・五ヘクタールの土地に、国立銀行職員のための住宅地建設が始まった。同じ形の住宅が約一〇〇戸建てられたことから「百の住宅」(竣工＝一九六五－六七)と呼ばれたプロジェクトである。ここでモリヴァンは、より直接的にクメールの木造住居を翻訳し、近代化する試みを行った。

まずは住宅地の全体計画を見てみよう。家と庭が市松模様のように交互に配置され、各住戸は四方を庭に囲まれている。すべての住戸がピロティ形式を採用しているため、地上部分では風が心地よく吹き抜ける。まさしく「庭園に囲まれた高床式の家」であり、首都プノンペンに農村的な環境をつくり出す試みだったと言える fig.6,7。

次に住戸のデザインを見てみよう。ピロティと瓦葺きの勾配屋根は、やはり高床式住居を思わせる。ただし、構造フレームは木造ではなく鉄筋コンクリート造であり、室内に柱の少ないフレキシブルな空間が生み出されている。

高床式住居の特徴は平面計画にも反映されている。クメールの伝統的な住居観に基づき、一階

fig.6 「百の住宅」、鳥瞰

fig.7 「百の住宅」、外観

は開放的なピロティ空間となっており、主階（二階）は男女別の二室に分かれている。階段は二つ設けられており、ひとつは居室へ、もうひとつはベランダへと通じる。複数の階段によって来客動線と生活動線を分ける設計は、伝統的な生活様式に対応している。水回りは二階にあり、屋根付きのベランダに面する。「グレー・ビルディング」のロッジアと同じく、このベランダは居室の延長となり、家事を行う場所にもなる半屋外空間である―fig.8。

さらに、モリヴァンは熱帯の暑熱に適応するための工夫を住居全体に散りばめた。瓦屋根と天井の間には通気層が設けられ、屋根頂部に排気孔を配置することで屋根裏の換気が促される。開口部には、「グレー・ビルディング」と同じく、ガラス窓ではなく木製のガラリ戸が採用された。

典型的なクメール住居には風が出入りする雨戸がありますが、大抵の場合、とても小さな窓です。私はこの雨戸のアイデアを使いながらも、床から天井まで届くようにしました。―10

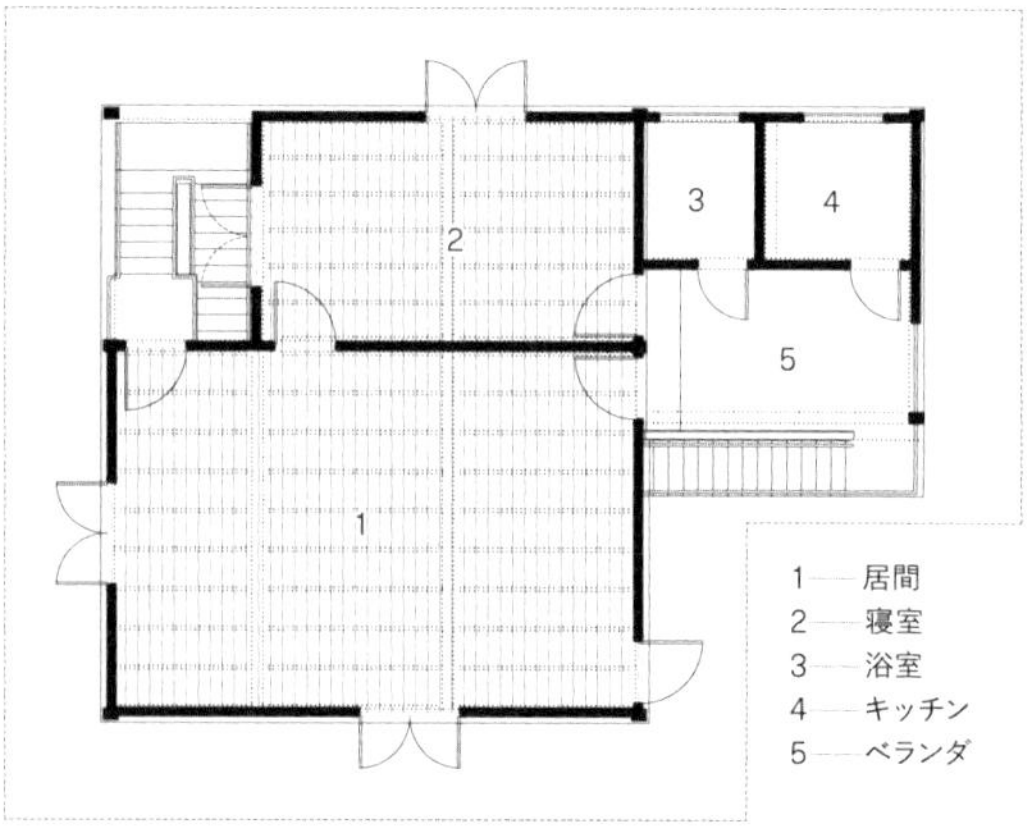

fig.8 「百の住宅」、二階平面図 S=1/200

fig.9 「百の住宅」、居間

fig.10 「百の住宅」、ピロティ

ガラリ戸自体は当時珍しくなかったが、それを床から天井まで達するフルハイトの建具にしたのはモリヴァンのアイデアだった。そうすることで、屋根・床・壁が明瞭に分節され、カリフォルニア・モダンの巨匠リチャード・ノイトラの作品に見られるような構法的な明快さが獲得されている fig. 9,10。

さて、このように「百の住宅」の建築要素をひとつずつ見ていくと、前章で考察した「アンコールを設計し建設した建築家たちの学舎で」における次の言葉が思い起こされる。

クメールの木造建築に見られる独特の伝統も考慮する必要があります。それらは機能的な空間を構成します。建物は支柱によって持ち上げられ、下部の隙間には、日差しから守られ、仕事や遊びに適した空間が生まれます。ベランダは雨を遮り、卓越風を受ける方向に配置されます。エレガントな屋根はよく換気され、断熱性のある空気層を形成します。 11

高床の空間、ベランダ、換気される屋根。クメールの木造建築に関するモリヴァンの描写は、まるで「百の住宅」の解説文のようである。「百の住宅」は、ヴァナキュラーな木造建築から気候適応を学ぶというモリヴァンの考えが最も明瞭に表れたプロジェクトと言えるだろう。

自邸における実験

次に、「百の住宅」とほぼ同時期に計画された「ヴァン・モリヴァン自邸」(竣工＝一九六六)について考察したい。モリヴァン夫妻と六人の子どもたちの住まいであり、設計事務所「キャビネ・ヴァン・モリヴァン」も併設された大きな住宅である。「百の住宅」と「自邸」には、瓦葺きの大屋根、ベランダ、ピロティなど多くの共通点が認められる。しかし、大小のボリュームをずらして積み重ね、内部には高さの異なる五つの床を挿入し、双曲放物面シェル構造の屋根を戴いた「自邸」は構成も構造もきわめて複雑な建築である。モリヴァンは「百の住宅」ではカンボジアの近代住宅の一般解を、「自邸」では実験的な特殊解を模索したと言えるだろう fig. 11,12。

建物は三階建てで、一階には駐車場を兼ねたピロティの空間と設計事務所のオフィスがあり、上階はスキップフロアの住居になっている。各階をつなぐ階段が建物中央にあり、二階には階段を中心に四つの寝室が、三階にはリビング・ダイニングとキッチンが配置されてい

fig.11 「ヴァン・モリヴァン自邸」、南から見る

fig.12 「ヴァン・モリヴァン自邸」、リビング・ダイニング

る。「百の住宅」と同じく、「自邸」にも階段が複数あり、屋外に設置された螺旋階段を上がって直接三階にアクセスすることも可能だ。

　最上階のリビング・ダイニングはゆるやかな段差で分節された一室空間で、その上部には双曲放物面の屋根構造に沿った湾曲した木製天井が広がる。この天井と屋根の間には換気のためのスペースがあり、人が入れるほど大きい|fig. 13。

　外壁は、内外に煉瓦を積み、その間に空気層を設けた「二重壁」となっている。これは一見するとヨーロッパの伝統組積造建築の手法に似ているが、その目的と機能は大きく異なる。ヨーロッパの二重壁は空気層を密閉することで断熱効果を高める。一方、モリヴァンの二重壁

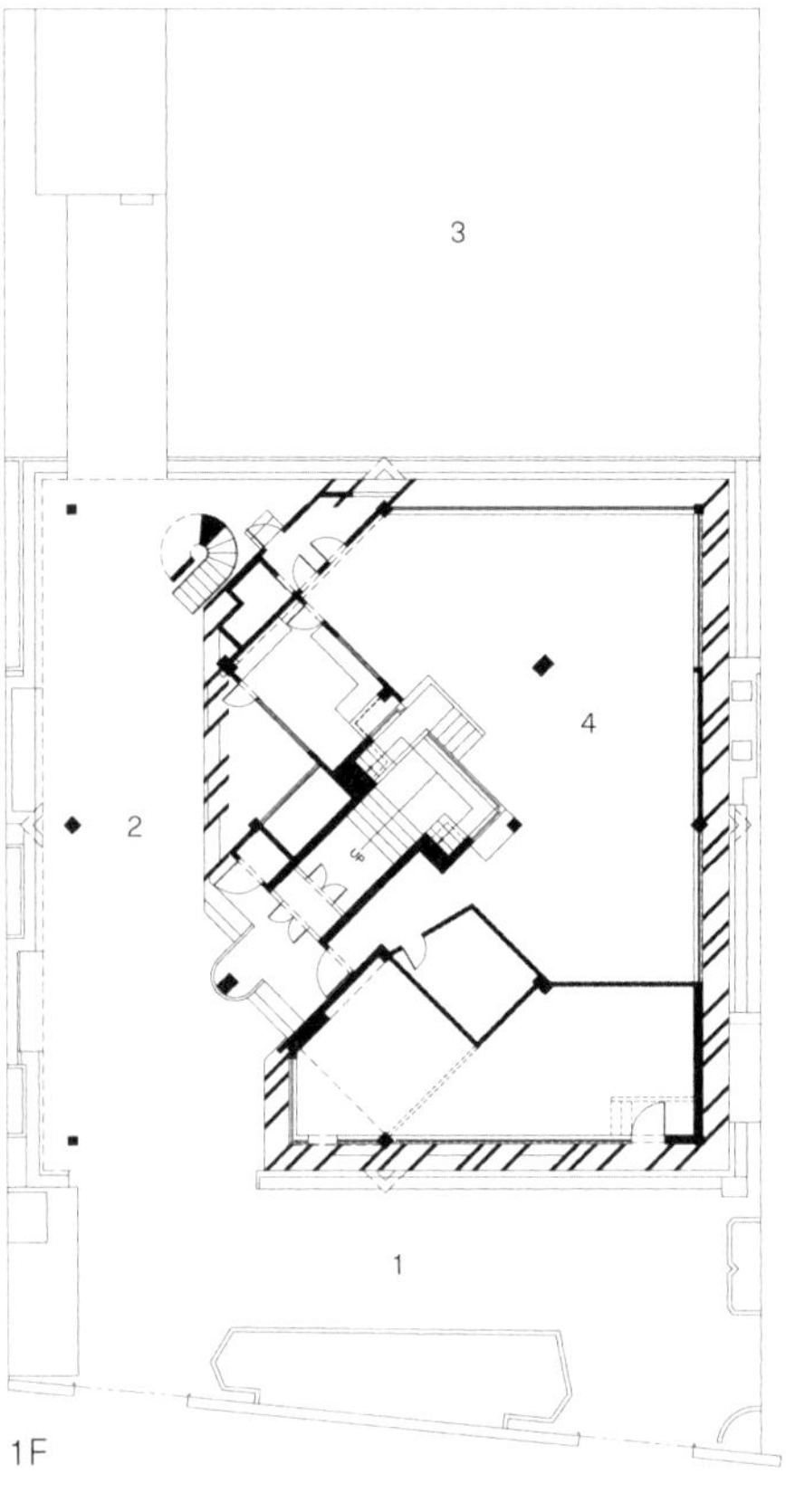

1F

1 前庭　4 事務所　7 食堂
2 ピロティ　5 寝室　8 キッチン
3 裏庭　6 居間　9 ベランダ

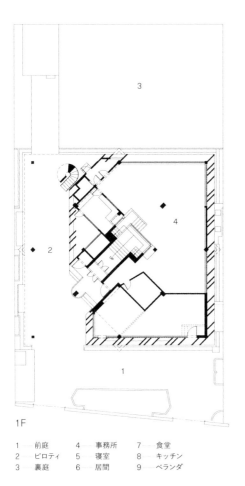

では空気層が外気に開放されており、日射で暖められた壁体内の空気を換気し、外壁からの熱取得を低減することを意図していたと想像される。つまり、屋根裏換気の工夫を垂直面に置き換えたものと解釈できる。

「自邸」の開口部を見ると、モリヴァンの設計としては珍しくガラス面が多い。しかし、住居のある二、三階では軒の深い大屋根とベランダが日射を遮っている。そして、一階のオフィス部分の窓にはコンクリート製の日除けルーバーが設置されている。この彫りの深いルーバーは、ル・コルビュジエが提唱した「ブリーズ・ソレイユ」からの影響が明らかだ fig.14。

ここで、ブリーズ・ソレイユについて付言しておきたい。近代建築では、鉄とコンクリートを

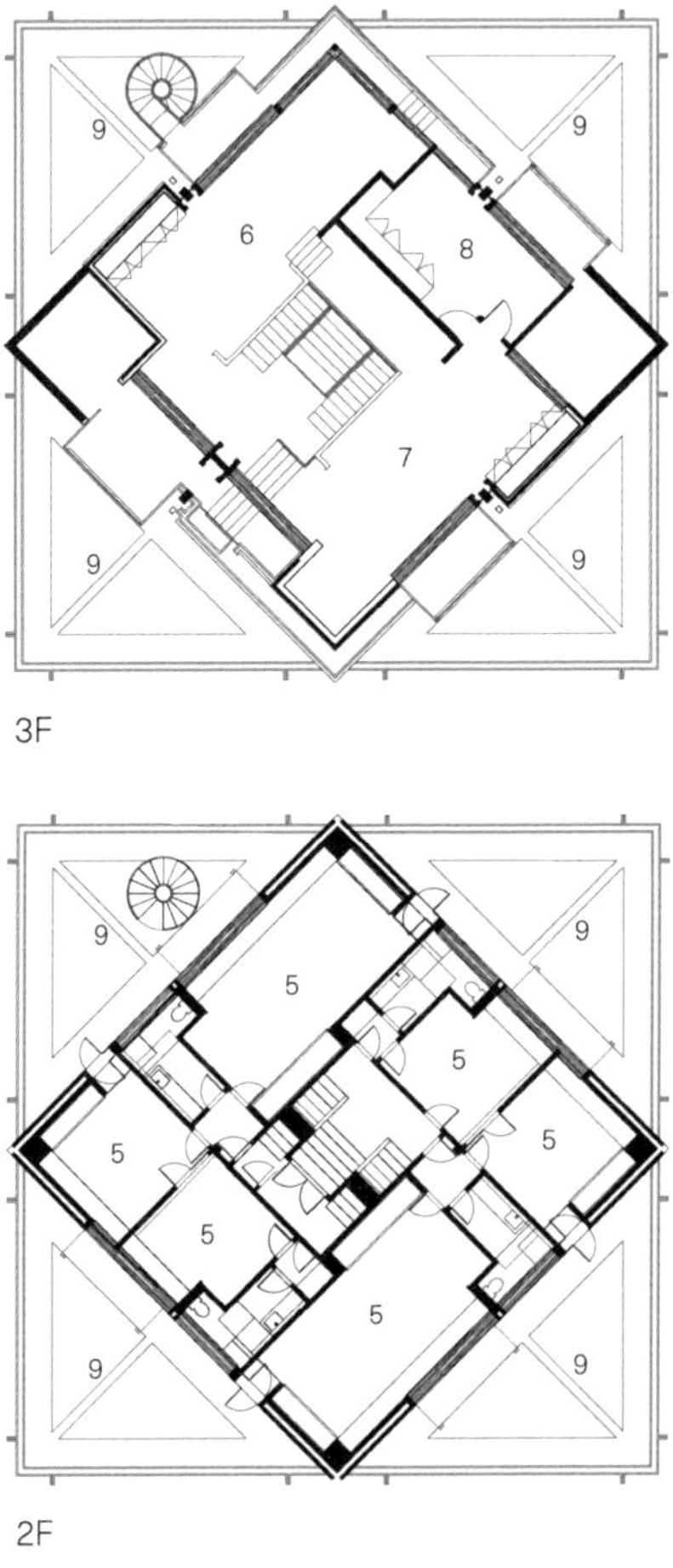

fig.13 「ヴァン・モリヴァン自邸」、各階平面図 S=1/400

主構造に用いることで、従来よりも自由な開口部のデザインが可能となった。しかし、大きなガラス面は暑熱の厳しい地域に適していない。その対処療法として生まれたのがフランス語で「太陽を砕くもの」を意味するブリーズ・ソレイユだった。その最初期の実現としては、ル・コルビュジエの助言の下、オスカー・ニーマイヤーやルシオ・コスタらが共同設計した「ブラジル教育保健省」（竣工＝一九四三）が挙げられる。以降、ブリーズ・ソレイユはモダンな気候適応手法の代表格となり、南アメリカ、アフリカ、アジア諸国で広く採用された。カンボジアでは、モーリス・マソンとアンリ・シャテルが設計した「国立銀行」（竣工＝一九五三）にその使用が認められる。これはカンボジアで初めてインターナショナル・スタイルを採用した建築であり、カンボジアにおいてはインターナショナル・スタイルとブリーズ・ソレイユが同時にもたらされたと言える。

fig.14 「ヴァン・モリヴァン自邸」、オフィスの窓を覆うルーバー

ただし、モリヴァンはプノンペンの先達からブリーズ・ソレイユを学んだわけではない。彼の卒業設計「カンボジアの道場」には既にブリーズ・ソレイユが現れていた。また、留学中に見学したル・コルビュジエ設計の「マルセイユのユニテ・ダビタシオン」は、モデュロールの寸法体系とブリーズ・ソレイユを組み合わせて彫刻的なファサードを生み出した傑作だった。モリヴァンはル・コルビュジエに倣って、「自邸」においてもモデュロールを用いて各部の寸法を決定している。彼

のブリーズ・ソレイユはル・コルビュジエ譲りなのである。

もうひとつ、「自邸」の重要な特徴として雨樋のデザインを指摘したい。瓦屋根に降り注ぐ雨水はファサード中央部に設けられた四角い縦樋に集められ、二階のテラスを支える大梁へと達する。この梁は中空で、雨水はその内部を通ってピロティの天井を横断し、巨大なガーゴイル（雨水排出口）を経て地面へと流れ落ちる。

このように水の流れを可視化する雨樋のデザインを、モリヴァンは「ナショナル・スポーツ・コンプレックス」でも行っていた。体育館の大屋根を支える四本の柱の内部は中空であり、屋根が受けた雨水は柱の内部を流れ落ち、柱脚部にあるガーゴイルを通って建物周囲の水庭へと排水される。

こうした水の流れを可視化するデザインの先例としても、ル・コルビュジエの「ロンシャンの礼拝堂」のガーゴイルや、インドのチャンディーガルの建築群で彼が実現した樋や水庭のデザインを挙げることができる。特に、「ロンシャンの礼拝堂」はモリヴァンのお気に入りの建築のひとつであり、その影響を受けた可能性は高い。ただし、「ナショナル・スポーツ・コンプレックス」や「自邸」に見られる直方体のガーゴイルの造形は、アンコール建築の聖なる水受け「ヨニ」にも類似している。

水のデザイン

ここで、「住まい」というトピックから離れるが、ヴァン・モリヴァンによる「水」のデザインについて整理しておきたい。前章で見たように、モリヴァンは一九六九年のインタビューにおいて、アンコール建築の重要な特徴として濠や池などの「水」の象徴性を指摘していた。さらに、内戦後のインタビューでは「ナショナル・スポーツ・コンプレックス」について次のように述べている。

コンプレックスを設計するうえで、私たちはアンコールの「水利都市《シテ・イドリーク》」の計画コンセプトを導入しました。古代クメールの治水方法に注目し、その実験を行ったのです。コンプレックスの周りに一連の水盤を掘り、その掘削土をスタジアムの建設に利用しました。これらの池はアンコールの古代遺跡の濠を思わせます。そして、ここプノンペンでは、敷地全体の排水システムになっているのです。[12]

ここで言及される「水利都市」という概念は、フランス人考古学者ベルナール＝フィリップ・グロリエの論文「アンコールの水利都市」(一九七九)[13]に由来する。グロリエは仏領下で美術学校を創設したジョルジュ・グロリエの息子であり、モリヴァンとはルーヴル美術学院でともにクメール古典美術を学んだ仲だった。一九六〇年から七五年までグロリエはフランス極東学院に所属し、アンコール保存官として遺跡の保護と研究に従事していた。この間、彼はモリヴァンにとって最も知的な友人のひとりであった[14]。

グロリエは、アンコールの都城が宗教的な象徴性だけではなく、実用的な水利システムに基づいて設計された「水利都市」だったと主張した。アンコールの王たちが貯水池やため池、水路のネットワークを構築し、灌漑システムによって都市を一元的にデザインしていたと考えたのである。一九六〇年代の段階では、グロリエはまだ「水利都市」という言葉を使用していなかったが、彼との交流を通じてモリヴァンがアンコールの水利システムについて一定の知識を得た可能性は高い。

アンコールの都城が、象徴性だけでなく灌漑システムという機能性を兼ね揃えていたという仮説は、モダニストを自認するモリヴァンに魅力的に映ったに違いない。モリヴァンは「ナショナル・スポーツ・コンプレックス」のみならず、「国立劇場」や「高等師範学校」などの大規模プロジェクト、さらには「自邸」などの小規模な計画でも、水庭や樋を象徴的かつ機能的に用いて「水のデザイン」を実践した。水との結びつきはモリヴァンの重要な設計手法のひとつとなったのである。

住居の近代化とクメール化

住まいのデザインに関する考察に戻ろう。これまでに分析してきた「グレー・ビルディング」「百の住宅」「自邸」の三作は、大規模集合住宅、標準設計住宅、事務所併設住宅と規模もプログラムも異なっている。しかし、一貫して見ると三つの共通項が見出される。

第一に、ヴァナキュラーな木造住居から学ぶという態度がある。

前章で述べたとおり、モリヴァンはカンボジアの伝統建築の源流としてアンコール建築と木造建築の二者を捉えていた。住宅のデザインでは後者、すなわちヴァナキュラーな木造建築からインスピレーションを得たことは想像に難くない。具体的に言えば、彼は大屋根、ベランダ、ピロティを備えた高床式住居をクメールの住まいの原型として捉え、そこから熱帯気候に適応する術を学んでいた。「百の住宅」ではこうした高床式住居の特徴が直接的に引用されており、より近代的な造形言語が用いられた「自邸」でも、大屋根、ベランダ、ピロティがデザインの基調となっている。「グレー・ビルディング」では、各住戸に設けられたロッジアが高床式住居の床下とベランダに対応している。さらに、緑豊かなオープンスペースに取り囲まれ、コンクリートのピロティで持ち上げられた集合住宅全体を、巨大化した高床式住居と解釈することも可能である。

第二に、モリヴァンはクメールの生活様式を尊重してプランニングを行った。

伝統的な高床式住居の室内は二つの空間に分けられる。玄関(外階段)に近い手前の空間は公共的な場であり、接客と儀礼が行われ、成人男性の寝所となる。一方、奥の空間は私的な場で、居間と貯蔵庫があり、夫婦と幼子と婚前女性の寝所となる。キッチンは居室から独立し、付属屋として取り付くか、別棟として戸外に設けられるのが通例である[15]。

こうした伝統的な空間配置はモリヴァンの住宅作品に色濃く反映されており、標準設計住宅である「百の住宅」は特にそれに忠実である。「グレー・ビルディング」の各住戸には、ロッジアで隔てられた二つ以上の寝室があり、男女別の空間分けが可能である。「自邸」には四つの寝室があり、二つの大部屋は夫婦と二人の娘が、四つの小部屋は四人の息子が用いた。ここでも男女の空間が明確に分けられている。

キッチンに関して言えば、「グレー・ビルディング」と「百の住宅」ではキッチンが居間から独立し、ロッジアやベランダなどの半屋外空間に面して配置されている。一方、「自邸」のキッチンは居間と空間的に連続しているが——モリヴァンの妻はスイス人であり、家族が西洋的なライフスタイルを求めたのかもしれない——、やはり屋根付きのベランダに隣接している。三つの住宅において、室内を通らずに外部から直接キッチンにアクセスできる点も注目に値する。これはクメールの伝統住居に見られる特徴である。

第三に、モリヴァンの住宅デザインにはル・コルビュジエからの強い影響が認められる。都市的なスケールでは、モリヴァンは「輝く都市」の集合住宅理論に感化されていた。建築的なスケールでは、モデュロールの寸法体系を駆使して戸外室、ブリーズ・ソレイユ、彫塑的なガーゴイルなどの要素を住宅に散りばめた。なかでも、これらの住宅すべてに見られる特徴として、近代建築五原則のひとつであるピロティが挙げられる。建物を地面から持ち上げる柱=杭《ピロティ》は、モリヴァンにとって伝統的な高床式住居とル・コルビュジエを架橋する重要な要素だったのである。

こうして見ると、モリヴァンの住宅デザインは高床式住居の形式および生活様式と、ル・コルビュジエ的な近代建築の言語を融合したものと総括できる。ここで再び、「伝統の近代化」と「近代のクメール化」という彼のテーゼが浮かび上がる。「百の住宅」で行われたように、高床式住居の形式を鉄筋コンクリート造で再解釈することは、まさに「伝統の近代化」の実践である。一方、近代的な集合住宅の間取りをクメールの生活様式に適応させる試みは「近代のクメール化」に他ならない。

モリヴァンは、ナショナル・アイデンティティの追求という国家的かつ精神的な課題のみならず、住まいのデザインというドメスティックかつ身体的な問題においても、「伝統の近代化」と「近代のクメール化」の狭間から新しい建築を生み出そうとしていたのである。

2 熱帯気候への適応

熱帯建築の先行者たち

ヴァン・モリヴァンは住居の設計に限らず、常に熱帯気候に適した建築のあり方を模索していた。彼の卒業設計「カンボジアの道場」はその先触れだったと言える。卓越風を意識した配置計画。日射制御のための庇、ベランダ、袖壁、ブリーズ・ソレイユ。光と風を導く中庭と、冷涼感をもたらす水庭。屋根裏換気の工夫。煙突効果（暖かい空気が上昇し室内の換気を促進する現象）を利用する換気塔。卒業設計には後に彼が愛用する気候適応手法の多くが既に現れていた。

カンボジア帰国後すぐに、モリヴァンはそのいくつかを実践に移した。「仏暦二五〇〇年祭のパヴィリオン」では深い庇をつくり、「閣僚評議会」ではベランダとブリーズ・ソレイユを設計。「チャトモック国際会議場」では尖塔にルーバー状の換気孔を設け、煙突効果による換気を図った fig. 15。

ただし、こうした気候適応の手法は当時既に一般的であり、とりわけ新規的でも独創的でもなかったことに留意したい。第二次世界大戦以前、西欧列強が多くの植民地を支配していた時代には、西洋建築を植民地の気候風土に適応させる数々の試みがなされていた。防雨や日射遮蔽、通風・換気を重視することはコロニアル建築でも常識であり、大屋根、庇、ベランダや通風ブロック、通風ガラリなどの工夫は一九二〇－三〇年代に定着していた。

一例を挙げよう。インドシナ様式を提唱したエルネスト・エブラールは、ベトナムの伝統木造建築から着想を得て大屋根の重要性を説き、自らの作品にベランダや屋根裏換気などの工夫を取り入れた。プノンペンにおける彼の作品「ホテル・ル・ロイヤル」（竣工＝一九二九）もその例に漏れず、ロッジアを配した西洋的なファサードの上に仏教寺院を思わせる大屋根が載っている。モリヴァンは内戦後に行われたインタビューにおいてエブラールの都市計画について言及しており[16]、彼が開拓した気候適応手法にも一定の理解があったと推測される。

また、コロニアル建築の試みと並行して、一九二〇－三〇年代には近代建築家たちもアフリカや南アメリカ、

fig.15　「チャトモック国際会議場」、塔のディテール。二重になった破風の隙間に換気孔が設けられている

アジアに進出し、熱帯にふさわしい建築を模索していた。モリヴァンの心の師であるル・コルビュジエは、アルジェリアやインドにおいて暑気を和らげるためにブリーズ・ソレイユや「パラソル」と呼ばれる二重屋根を多用した。同時期、アメリカ西海岸ではリチャード・ノイトラらが温暖な気候に適した建築を探求し、イギリスではマクスウェル・フライ、ジェーン・ドリュー、オットー・ケーニヒスベルガーらがイギリス植民地での経験に基づいて熱帯建築の研究を開始していた。特に、ケーニヒスベルガーがロンドンのAAスクール（英国建築協会附属建築学校）に開設した「熱帯建築学科」は注目に値する。これは熱帯に焦点を当てた世界初の教育研究機関であり、気候学・材料学・衛生学を組み合わせ、従来は経験的に捉えられてきた気候適応手法を科学的に検証する試みを行った[17]。ここでもやはり、交差換気、重力換気、屋根裏換気、庇やブリーズ・ソレイユの効果が議論の中心となっていた。

こうして見ると、ヴァン・モリヴァンが展開した気候適応手法は、彼が活動を開始した時点で目新しいものではなかったと言える。彼自身が晩年に述べたとおり、「自然の風を使うこと、日陰をつくること、一定の方位を重視することは、他の国で既に用いられていたアイデア」[18]だったのである。

同様に、ヴァナキュラー建築から気候適応の知恵を学ぶという態度もモリヴァンに独特とは言い難い。インドシナではエルネスト・エブラールやジョルジュ・グロリエらが伝統木造建築を研究し、自らの設計に反映させていた。他国においても、例えばインドネシアではオランダ人建築家たちが当地の木造建築を参照していた。また、インドのバルクリシュナ・ドーシ、スリランカのジェフリー・バワ、トルコのセダット・ハック・エルデムといった近代建築家も、ヴァナキュラー建築から気候適応の術を学び、モダンな造形言語との接合を試みていた。

つまり、ヴァナキュラー建築から気候適応を学ぶというアプローチは、非西洋で活動した建築家たちに共通する典型的な態度だったと言える。ゆえに、モリヴァンに独特な部分があるとすれば、手法や理論の新規性ではなく、数々の実践を通じて手法を改良し、発展させた努力にあると考えられる。以下では、このような観点からモリヴァンの作品を詳細に検証してゆこう。

多孔壁と二重屋根

一九六〇年代初頭、モリヴァンはプノンペンで「迎賓館」（竣工＝一九六二）の設計を手がけた。同時期に進行していた「ナショナル・スポーツ・コンプレックス」や「バサック川沿岸計画」のようなインパクトはないが、気候適応という観点から見ると興味深い小品である。

「迎賓館」は南北に長い平屋の建物で、中央部に中庭と水庭が設けられている。中庭を挟んで北側に晩餐室と寝室が、南側には伝統舞踊のための演舞ホールが配置され、回廊とラウンジが両者をつなぐ。回廊は外気に開放された縁側のような空間で、丸い有孔ブロックを積んでつくられた多孔質の壁によって覆われている fig. 16,17。

本書では、多孔質のユニットを上下左右に並べて壁面全体を覆うデザインを「多孔壁」と呼ぶことにする。これは、コロニアル建築で多用された有孔ブロックを発展させた建築手法と言える。多孔壁は日射を抑制するスクリーンであり、この点でル・コルビュジエのブリーズ・ソレイユと類似している。しかし、両者の目的には大きな違いがある。ブリーズ・ソレイユの主目的はガラス面を日射から守ることにあるが、多孔壁の目的は風を通すことで、採光は言わば副次的な効果である。

こうした目的の違いはスクリーン背後の空間の質にも差異をもたらす。ブリーズ・ソレイユの背後には大きなガラス面があり、室内は明るく照らされ、眺望が良い。一方、小さな通風孔を組み合わせた多孔壁の背後は吹き放ちの空間であり、仄暗く、眺望は乏しい。

ここで、「グレー・ビルディング」と「百の住宅」においてモリヴァンがガラス窓ではなく木製のガラリ戸を用いていたことが思い起こされる。いかに直射光を避けようとも、大きなガラス面は熱取得量が大きく、室内が暑くなる。また、ガラス面を閉じると風を取り込むことはできない。モリヴァンはガラスがもたらす明るさと眺望よりも、多孔質の面がもたらす風と陰を好んだのではないだろうか。

「迎賓館」を皮切りに、モリヴァンは「財務省舎」「国立劇場」「国立銀行シハヌークヴィル支店」「高等師範学校」など、多くのプロジェクトで多孔壁を採用した。「ナショナル・スポーツ・コンプレックス」の体

fig.16 「迎賓館」、南から見る。ホールを収める南棟の屋根には塔が載っている

fig.17 「迎賓館」、回廊

育館に見られる換気孔を設けた観覧席も、多孔壁の独創的な応用と言えるだろう。

次に、「迎賓館」の屋根に注目してみよう。ホールを収める南棟では屋根と天井の間に通気層が設けられ、屋根頂部に換気塔が載っている。これは「チャトモック国際会議場」と類似した設計である。一方、晩餐室と寝室を収める北棟ではコンクリートの陸屋根の上にジグザグ屋根を載せた二重屋根がデザインされている fig.18。

こうした二重屋根の先例としてもル・コルビュジエの作品が挙げられる。一九五〇年代、ル・

fig.18 「迎賓館」、北側から見る

fig.19 「元首官邸」

fig.20 「財務省舎」

コルビュジエはチャンディーガルの「高等裁判所」（竣工＝一九五五）においてコンクリートの二重屋根を設計し、それを「パラソル」と名付けた[19]。雨と日射を遮り、屋根換気の促進を図った「パラソル」は、言わばエブラールの大屋根のモダニズム版である。

前章で紹介した「国会議事堂計画」の双曲放物面シェルの二重屋根は、この「高等裁判所」の「パラソル」と類似している。また、モリヴァンが「ナショナル・スポーツ・コンプレックス」の体育館の屋根を「パラソル」と呼んでいたことも思い起こされる。おそらくモリヴァンはル・コルビュジエの「パラソル」から影響を受けて二重屋根のデザインを試みたと考えられる。

「国会議事堂計画」が未完に終わったため、「迎賓館」は小規模ながらもモリヴァンが初めて二重屋根を実現したプロジェクトとなった。以降、二重屋根はモリヴァンの代表的な設計手法となり、多くの作品で採用された。繊細なジグザグ屋根が特徴の「元首官邸」（竣工＝一九六六）や、ゆるやかなアーチを描く二重屋根をもつ「財務省舎」（竣工＝一九六七）はその好例である fig. 19,20。

港湾都市シハヌークヴィルの建築

一九六六年、ヴァン・モリヴァンはカンボジア南部の港湾都市シハヌークヴィルで国立銀行支店の社屋と職員住居の設計に取り組んだ。当時、カンボジアの紙幣はフランスで印刷され、シハヌークヴィル港を経由して全国へ輸送されていた。そのため、貨幣流通の重要拠点であるシハヌークヴィルには首都プノンペンに次ぐ規模の銀行社屋が必要とされていた。

モリヴァンは、この仕事を公共事業省の高官としてではなく個人建築家として引き受けている。彼のスタッフとしてプロジェクトに携わったクオン・クンニアイによると、社屋の建設は当初インド人建築家ジャムシェッド・ペティグラの設計案に基づいて始まっていた。しかし、基礎工事中にペティグラが病死し、遺言によってモリヴァンに再設計が託されたという。

まずは「国立銀行シハヌークヴィル支店」の建築群全体を概観してみよう。敷地は西にタイランド湾を望む約二・七ヘクタールの傾斜地であり、土地の勾配を巧みに活用して銀行社屋、焼却炉（紙幣の処分に使用された）、テラスハウス型の職員宿舎、そして上級職員の住宅がゆったりと配置されている。各建物の設計には煉瓦やタイル、瓦などの地場材が用いられている。また、コンクリートのジグザグ屋根や多孔壁といった造形手法も共通している。こうした材料と造形の一貫性によって建築群全体に調和のとれた統一感が生まれている。

敷地の中央を占める銀行社屋（竣工＝一九六八）は一階に金庫、二階にメインホールと事務室を配した二層の建築である。傾斜地を利用して建てられ、海に近い西側では一階部分が接地し、東側からアプローチすると二階のレベルに達する。各立面は異なる表情をもち、西日を受ける海側ではナーガ（聖なる蛇）のモチーフが施された多孔壁がファサードを形成し、山側の東立面には背の高い庇と大きなキャノピーを支える列柱が並ぶ。南北の立面は凹凸のある重厚な煉瓦壁であり、素材感が際立っている fig. 21,22。

東側のキャノピーをくぐって室内に入ると広々としたメインホールが迎えてくれる。ここには木とアルミニウムを組み合わせた長いカウンターが設置され、来客スペースと執務エリアが明快に区分されている。執務エリアの奥には繊細な鉄格子で保護されたガラスドアの開口部があり、その先には幅二メートルほどのベランダが設けられ、さらにその外側をナーガ模様の多孔壁が覆っている。この多孔壁は目線の高さで水平に切り取られており、そこから海を眺めることができる fig. 23。

鉄格子、ガラスドア、ベランダ、多孔壁を組み合わせたファサードは防雨性・遮光性・防犯性に優れている。ガラスドアを閉めれば冷房に適し、開放すれば自然の風を取り込める。しかも、眺望まで確保されているのだ。モリヴァンは同様の手法を、ほぼ同時期に竣工した「国立劇場」でも採用し、うろこ状の多孔壁の一部を切り取ってバサック川への眺めを創出した。水平に切り取られた風景は絵画的で、ル・コルビュジエが好んだ「ピクチャー・ウインドウ」と呼ばれる窓のデザイン手法を彷彿とさせる。ベランダ、ブリーズ・ソレイユ、多孔壁の長所を併せもち、銀行に必要な防犯性を兼ね揃え、ナーガのモチーフによって伝統をも表現した多重のスクリーンは、モリヴァンによるファサードデザインのひとつの到達点と言えるだろう。

fig.21 「国立銀行シハヌークヴィル支店」、銀行社屋、西から見る

fig.22 「国立銀行シハヌークヴィル支店」、銀行社屋、南東から見る

次に、銀行社屋の屋根に注目してみよう。陸屋根の上には造形的な二重屋根が浮かんでいる。設計を担当したクオン・クンニアイは、クメールの木舟の形から着想を得て屋根をデザインしたと回顧している fig.24。

ここで、気候適応という観点からモリヴァンの二重屋根について整理しておきたい。「迎賓館」で試みられた二重屋根は、一九六六年から六七年にかけて完成した「元首官邸」「トゥオル・コーク警察署」「財務省舎」「キャピトル・シネマ改築」などで形を変えながら繰り返された。第II章で述べたように、これらの二重屋根の造形は伝統木造建築の切妻屋根を想起させる。つまり、一九六〇年代後半のモリヴァンは、ジグザグ状の二重屋根によって気候適応と伝統表現の両立を図っていた。

しかし、モリヴァンはこれに飽き足らず、シハヌークヴィルの銀行社屋では二重屋根に空間的意味を付与した。二つの屋根の間隔を広げ、職員が憩うテラス空間をつくり

fig.23 「国立銀行シハヌークヴィル支店」、銀行社屋、ベランダ

fig.24 「国立銀行シハヌークヴィル支店」、銀行社屋、屋上

出したのである。ただし、二重屋根の間隔を広げると下部の陸屋根が受ける日射量が増加するというデメリットがある。そこでモリヴァンは陸屋根自体を二重構造にして――コンクリート屋根の上にプレキャストコンクリートの舗装材を載せた――、その間を換気する工夫を凝らした。つまり、銀行社屋の屋根は実質的には三重構造である。

　銀行職員のために建設された住宅群のデザインも駆け足で見てみよう。「上級職員住宅」（竣工＝一九六八）は四棟から成り、海側の三棟は一戸建ての独立住宅、坂の上の一棟はピロティで持ち上げられた二戸建て住宅《セミデタッチド・ハウス》である。構造は鉄筋コンクリート造で、外壁は国産煉瓦、基壇の部分には地場の石材が貼られている。瓦葺きの屋根はバタフライ形で、谷の部分にコンクリートの横樋が組み込まれている。屋根裏は通気され、高所に設けられたコンクリートのガラリは換気を促進する工夫である。各棟の面積は少しずつ異なるが、基本的な平面計画は共通しており、海に面する西側には居間と寝室が、東側にはエントランスとガレージとサービス空間（キッチン、ランドリー、メイド室）が配置される。居室とサービス空間の間にはガラス屋根で覆われた中庭があり、同部分の外壁は煉瓦を透かし積みにした多孔壁である。光と風を取り込む屋根付きの中庭はキッチンやランドリーの延長であり、また、食事や憩いの場としても機能する fig.25,26。

fig.25 「国立銀行シハヌークヴィル支店」、上級職員住宅、北から見る

「一般職員宿舎」（竣工＝一九六八）は一〇戸を収める平屋のテラスハウスで、「上級職員住宅」に比べると簡素なつくりだ。しかし、ここでも日除けの袖壁や換気用のガラス・ジャロジーなどの気候適応の工夫が凝らされている。各住戸は北向きの前庭と小さな中庭をもち、中庭の手前に居間と寝室が、奥にキッチンと浴室が配置されている。「上級職員住宅」同様、この中庭は雨を避け、光と風を取り込む半屋外空間である。「グレー・ビルディング」のロッジアや「百の住宅」のベランダと同じく、高床式住居の床下の日陰を翻訳した空間と言えるだろう。

fig.26 「国立銀行シハヌークヴィル支店」、上級職員住宅、室内化された中庭

モリヴァンのスタッフとして働いたクオン・クンニアイは、これらの職員住宅の設計において、カリフォルニアの建築家リチャード・ノイトラの作品を参照したと述懐している。アメリカ西海岸の気候風土にふさわしい地域的建築を模索したノイトラは、スライド式の大きなガラス窓によって開放的な空間をつくり出し、深い庇によって日射を遮り、木材や煉瓦などの安価な地場材を積極的に用いた。こうした特徴は、確かに「国立銀行シハヌークヴィル支店」の住居のデザインに引き継がれているように思われる。

「国立銀行シハヌークヴィル支店」以外にも、モリヴァンはシハヌークヴィルでいくつかのプロジェクトを手がけた。一九六〇年代初頭に設計した「シハヌークヴィル公邸」（竣工＝一九六一）と「サン・ミシェル教会」（竣工＝一九六二）は石や瓦といった地場材を活用し、ランドスケープと調和した小品である。公共事業省を辞した後には「国営ビール工場事務所棟」（竣工＝一九六八）の設計にも取り組んだ。大きなベランダと広いピロティの空間が特徴で、外壁には「自邸」と同じく煉瓦の二重壁が採用されている。二重壁の間隙にベランダの手すりとコンクリートの斜材《ブレース》が滑り込む構築的なディテールがおもしろい。

シハヌークヴィルにおけるモリヴァンの建築は、広い空と海にふさわしい、のびやかな雰囲気をまとっている。様々な気候適応の工夫、ゆったりとした半屋外空間の存在、石・瓦・煉瓦・タイルといった地場材の活用が、そこで一役買っているように思われる。プノンペンにおける国家的プロジェクトと比較して、地方の仕事ではナショナル・アイデンティティの表現という使命は希薄だったに違いない。代わって、気候適応と地場材の活用が建築の主題に躍り出た。首都の喧騒を離れたモリヴァンは国家という軛から解き放たれ、より自由に造形を開始したと言えるかもしれない。

集大成としての高等師範学校

「ナショナル・スポーツ・コンプレックス」が竣工した直後の一九六四年末、ヴァン・モリヴァンはウラジミール・ボディアンスキーらＡＴＢＡＴの専門家と協働して、プノンペンの「高等師範学校」（エコール・ノルマル・シュペリウール）の基本設計に取り組んでいた。フランス政府の資金援助によるプロジェクトで、敷地はポチェントン空港と市街地をつなぐロシア大通り沿い。フランス人建築家アンドレ・ルロワとアンリ・モンデが計画した「大学地区マスタープラン」(設計＝一九六〇)の一角である。その名のとおり教員育成を目的とする学校だが、フランスでエコール・ノルマルと言えばグランゼコールの一翼をなすエリート校として有名だ。プノンペンの「高等師範学校」でもカンボジア人エリートの養成が目指されたと考えられ、モリヴァンはこのプロジェクトを「文化の寺院」と呼んでいた[20]。

設計案の模型写真からは、正方形平面を基調とした配置計画や、中庭が数珠つなぎになった外部空間の構成が見て取れる。また、建物全体は複数の水庭に取り囲まれており、これらの特徴は「ナショナル・スポーツ・コンプレックス」を想起させる。アンコールの構成原理に従った大学キャンパス計画と言えるだろう[fig.27]。

この基本設計案は一九六五年二月にフランス大使にプレゼンテーションされたが、翌月に却下された。ボディアンスキーはモリヴァンの妻から以下の電信を

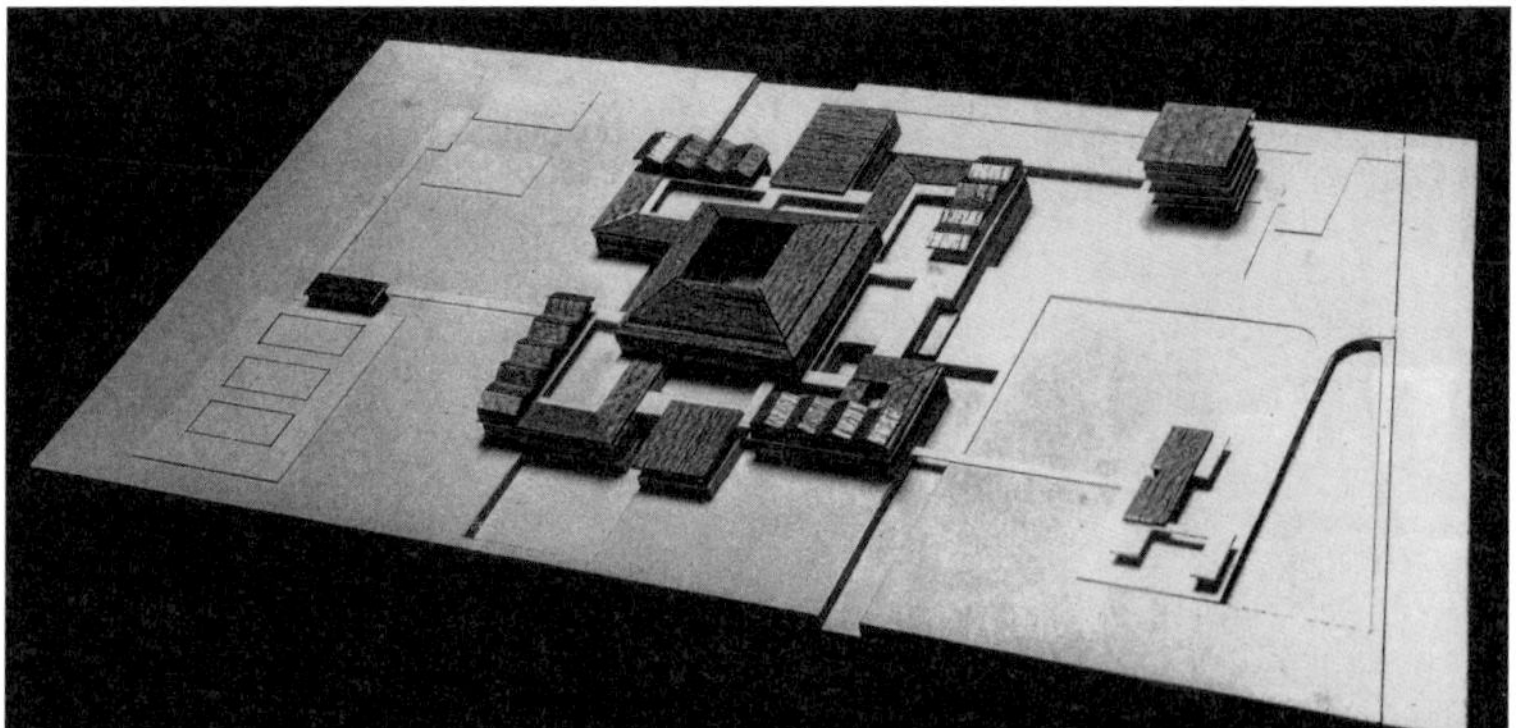

fig.27 「高等師範学校」、初期案の模型写真

受け取っている。「悪い知らせです。昨晩、外務省がプノンペンに電報を送り、ヴァン・モリヴァンによるプロジェクトの中止を通達しました。建物がプログラムの要求を満たしていないという理由ですが、その口調から『政治』が介入した印象を受けました……」[21]。その後にモリヴァンとボディアンスキーが交わした書簡によれば、当時、彼らの競合相手としてルロワとモンデが「高等師範学校」の設計に名乗りを上げていたという。最終的には高等師範学校の設計はモリヴァンに任されることになったが、ボディアンスキーらATBATのメンバーはチームから外れ、計画案は大幅に変更された[fig. 28,29]。

モリヴァンの義弟で、キャビネ・ヴァン・モリヴァンで構造設計を担当したヴァルター・アンベルクの記録によると、実施設計は遅くとも一九六七年に開始され、施工は「国立劇場」と同じくチュルン・ユ・ハックが請け負い、一九六九年頃に着工した。しかし、建設途中の一九七〇年三月に、反王政のクーデターが勃発する。ノロドム・シハヌークの外遊中、議会で彼の国家元首解任が可決され、親米派のロン・ノル将軍が首相となり「クメール共和国」が樹立されたのである。失脚したシハヌークは中国に亡命し、王党派とクメール・ルージュを連合させてカンプチア民族統一戦線を結成。反米、反ロン・ノルの闘争を宣言した。こうして、後に泥沼化するカンボジア内戦が始まった。

翌年、モリヴァンは亡命を決意し、「高等師範学校」の完成を見届けることなくスイスに渡った。祖国を離れた後、彼は手紙を通じて工事監理のやり取りを続け、一九七一年、ロン・ノル政権下において「高等師範学校」は完成した。その後、建物は過酷な内戦を生き延び、現在は王立プノンペン大学外国語学部校舎として学生たちの学びの場となっている。

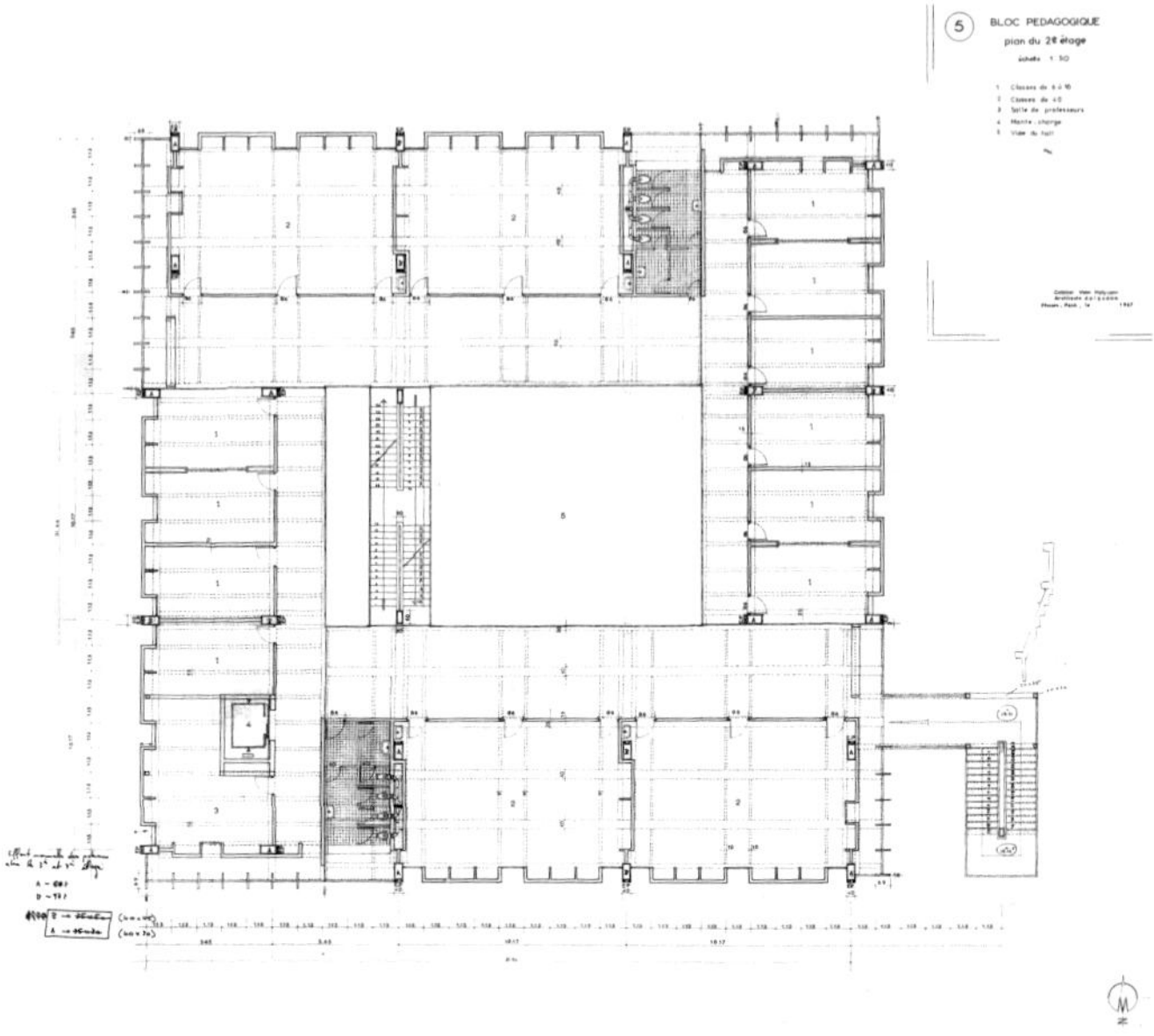

fig.28 「高等師範学校」、中央棟、平面図（一九六七）

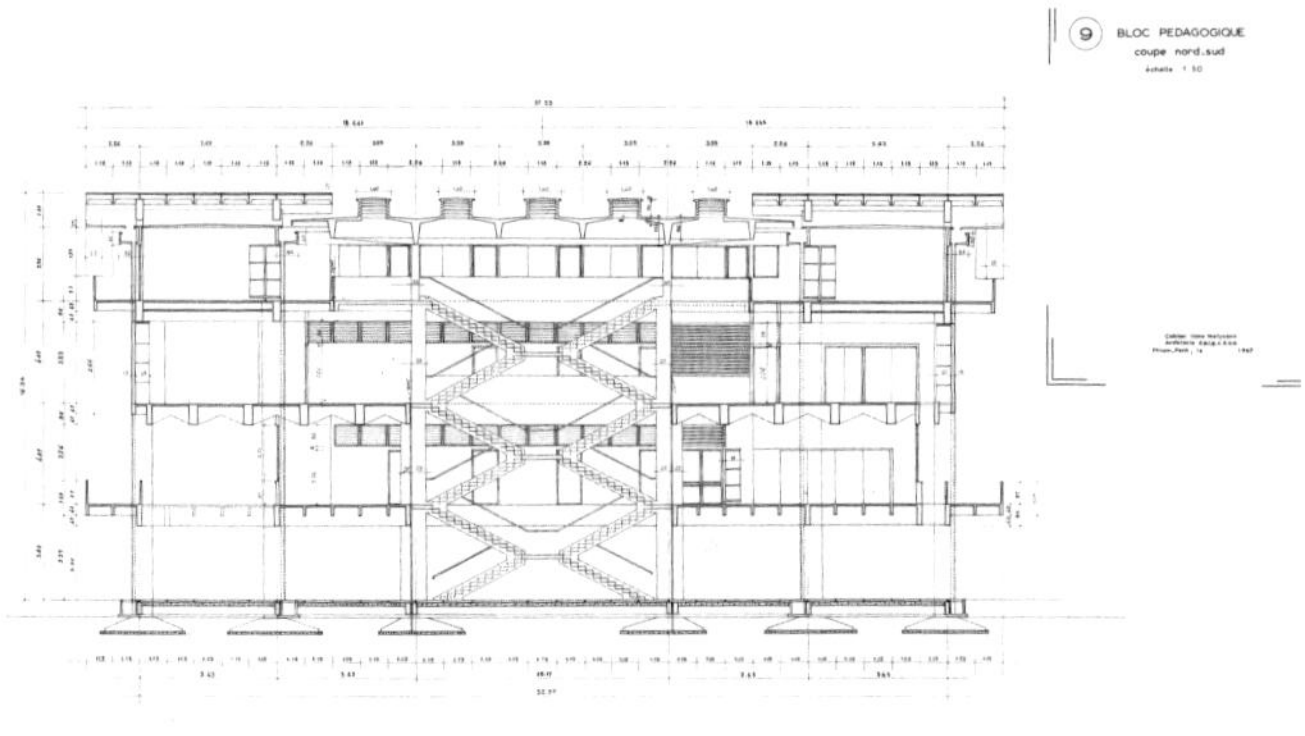

fig.29 「高等師範学校」、中央棟、アトリウム部分の断面図（一九六七）

それでは「高等師範学校」の全体計画を見てみよう。中央棟、図書館、教育研究棟という三つの建物から成り、これらを取り囲むように中庭と水庭が配置されている。施設へのメイン・アプローチは正門から中央棟へと伸びるコンクリートの空中通路で、その欄干にはナーガの彫刻が施されている。これはアンコール・ワットの参道の明らかな引用で、敷地内に設けられた水庭も古代都市の水濠と貯水池《バライ》を思わせる。空中通路は分岐し、中央棟、教育研究棟、図書館を二階レベルで連結している。その下部は日陰の回廊となって三つの建物の地上部をつなぐ fig.30,31。

四階建ての中央棟はキャンパスの中心を成す校舎である。一階は外部に開放されたピロティ空間で、南側は水庭に面している。空中廊下を通って二階(主階)に入ると、三層吹き抜けのアトリウムと劇的な大階段が目に飛び込んでくる。正方形平面、水庭、ピロティなどの特徴は一九六五年に作成された初期案と共通しており、「ナショナル・スポーツ・コンプレ

fig.30 「高等師範学校」、竣工時の鳥瞰。画面中央に中央棟、左に研究棟と円形の図書館を見る

fig.31 「高等師範学校」、空中通路

ックス」との連続性が感じられる。ナーガの彫刻がほのめかすとおり、実現した「高等師範学校」もアンコールの構成原理に従っていると言えそうである。しかし、「ナショナル・スポーツ・コンプレックス」の緊張感のある空間と比べ、「高等師範学校」はのびやかで、ゆったりとした雰囲気を醸し出している。シハヌークヴィルの作品群と同様に、気候への適応と地場材の活用が随所に見られ、これらの要素が厳格な構成を和らげているように思われる。

中央棟における気候適応の工夫を詳しく検討してみよう。何よりもまず目を引くのは正六角形の筒を並べた二重屋根の造形である。シハヌークヴィルの銀行社屋で見られた二つの屋根の間隔を広げるデザインとは対照的に、ここでは二つの屋根の隙間が狭められ、一体的な筒になっている。この筒の内側を風が通ることでアトリウムの空気が引き上げられ、建物全体の換気が促進される仕組みだ。このような二重屋根の造形はきわめて独創的で他に類を見ない。

各層はキャンティレバーで徐々に張り出し、上階が下階を覆う断面構成となっている。これは、外壁を直射日光と豪雨から保護するための操作と言える（同様の断面をスリランカでジェフリー・バワが試みていた）。ファサードでは、六角形の二重屋根、煉瓦の二重壁、有孔ブロックを積んだ多孔壁、木製のガラリ窓、薄い鉄板のブリーズ・ソレイユ、水平に伸びるベランダが巧妙に組み合わされており、これらの要素が室内に入る光・風・熱を調整する。これまでに培ってきた気候適応の手法を総動員し、複雑かつ優美な立面をつくり上げたモリヴァンのデザイン力は、改めて驚嘆に値する fig. 32,33。

次に教育研究棟のデザインを見てみよう。この建物は南北に長いL字型の二階建て校舎で、一階部分はピロティの空間になっている。二階には一般教室が整然と並び、西側に四つの階段教室が突き出している。

fig.32 「高等師範学校」、アプローチ。突き当たりに中央棟、左に図書館を見る

fig.33 「高等師範学校」、中央棟、アトリウム(二階)

fig.34 「高等師範学校」、研究棟、南西から見る。傾斜柱で支えられた階段教室が並ぶ

fig.35 「高等師範学校」、研究棟、多孔壁で覆われた渡り廊下

一般教室の屋根は北向きの高窓を組み合わせたジグザグ屋根である。階段教室は動物の脚を思わせる傾いた柱で支えられており、屋根には中央棟と同じく六角形の筒が並ぶ。西日を受ける外壁は煉瓦の二重壁で覆われており、南北壁はガラスのガラリ戸になっていて、開放すると室内に風が吹き抜ける設計だ。各教室をつなぐ長い廊下は六角形の有孔ブロックを並べた多孔壁によって覆われている。その目線の高さには、やはり六角形のフィックス・ガラスが嵌込まれ、庭の景色を切り取っている。「国立劇場」と「国立銀行シハヌークヴィル支店」でも見られたように、モリヴァン独特の方法で遮熱・防雨・通風と眺望を両立させているのである fig. 34,35。

図書館は水庭に浮かぶ小さな円筒形の建築で、直角が支配的なキャンパス計画に抑揚を与える要素と言える。屋根と外壁が一体化された逆L字型のコンクリートの構造体に二階の床が挿入され、下階は事務室、上階は図書室になっている。一九五〇年代末、モリヴァンは「国会議事堂計画」でコンクリートのフレームを放射状に並べた円錐形の構造を試みていた。円錐の頂部をカットした図書館の造形は、このアイデアのささやかな実現と言えそうである。彫りの深いコンクリートの構造体がブリーズ・ソレイユの役割を果たしている点も興味深い。

以上のように、「高等師範学校」の三つの建物では二重屋根、二重壁、多孔壁、ブリーズ・ソレイユ、ガラリ窓、水庭といった気候適応手法が駆使され、破綻なく全体のデザインのなかに統合されている。それ以前のプロジェクトで試みてきた手法を結集させ、それらを建築表現の中心に据えた「高等師範学校」は、ヴァン・モリヴァンによる気候適応の集大成と言えるだろう。

モダニズムの軌道修正

ヴァン・モリヴァンが用いた一連の気候適応手法について考察を深めたいと思う。

モリヴァンはコロニアル建築と近代建築の双方から影響を受けていた。彼が多用した庇・ベランダ・ガラリ窓といった要素はインドシナのコロニアル建築に、ブリーズ・ソレイユと二重屋根はル・コルビュジエに由来する。多孔壁に関しても、アメリカ人建築家エドワード・ダレル・ストーンが設計した「在インド・アメリカ大使館」（竣工＝一九五九）など、当時高く評価された先例が存在していた。こうして見ると、モリヴァンが採用した工夫の大半は、既に確立された手法を組み合わせ、カンボジアの状況に合わせて改良を施したものとして理解できる。つまり、モリヴァンは気候適応手法を新たに編み出した発明者ではなく、後発の応用者であった。しかし、西洋人建築家の発明を修正し、真に気候風土にふさわしい手法に改良しようとした点にこそ、建築的な意義があるように思われる。

ここで、当時のカンボジアにおいて「気候適応」という課題がいかなる意味をもっていたかを今一度問い直したいと思う。そのためには、モリヴァンが「何を」気候に適応させようとしたのかを明確にする必要がある。それは、「モダニズムの建築」に他ならない。

新興国に生まれた建築家たちは、西洋に倣って近代化を推し進めながらも、いかにして西欧列強の支配から脱却するかという屈折した課題に直面していた。植民地時代の方法を踏襲するだけでは新生国家にはふさわしくない。ゆえに、彼らは国家という枠組みを超えた「国際的な」運動である近代建築運動に便乗した。しかし西ヨーロッパ発祥のモダニズムの建築は熱帯の蒸暑気候には合わず、西洋人建築家が考案した気候適応の手法もそのままではうまくいかないものばかりだった。スリランカの建築家ジェフリー・バワは、ル・コルビュジエが設計したチャンディーガルの建築群を見て、日陰もなく風も満足に通らない空間に失望し、「もしあの建物が未来なら、私たちは過去にとどまるだろう」と述べたという[22]。

モリヴァンはル・コルビュジエに心酔していたが、それでも一定の軌道修正が必要と感じていたに違いない。彼はル・コルビュジエの近代建築五原則（ピロティ、屋上庭園、自由な平面、水平連続窓、自由な立面）に大きな影響を受け、そこに「カンボジアの熱帯気候における可能性を見た」[23]と明言している。しかし、近代建築五原則が「熱帯にふさわしい」と述べたわけではない。あくまでも「可能性を見た」のである。

こうした視点をもってモリヴァンの一連の創作を振り返ると、ル・コルビュジエの造形言語を「読み替える」という共通点が浮かび上がってくる。大地の再生産、あるいは歩車分離を主目的として提唱された「ピロティ」は、建築内外に風をもたらす通風装置として再解釈された。ガラス面を遮蔽する「ブリーズ・ソレイユ」は通風・防雨・日射遮蔽を両立する多孔壁に読み替えられ、そこに「ピクチャー・ウインドウ」が組み合わされた。「水平連続窓」はガラリ窓の連続体に置き換えられ、「パラソル」は最終的には筒状の通気管へと進化した。これらの読み替えを通じて、モリヴァンはル・コルビュジエの設計手法を発展させ、カンボジアの気候に真に適した建築をつくり出したのである。

かくして、コロニアル建築から脱すると同時に、モダニズムの軌道修正が行われた。アメリカ西海岸やブラジルの近代建築家たちの試みと同様に、この軌道修正には中心＝先進、周縁＝後進という図式を破壊し、周縁を文字どおりのフロンティアに変える野心が潜んでいたように思われる。地球環境問題が喫緊の課題とされる今日から振り返ると、モリヴァンによる一連の試みは持続可能な建築の先駆だったと断言できる。

モリヴァンの転向

晩年、ヴァン・モリヴァンは気候適応について饒舌に語った。二〇一〇年、アメリカ人建築家ビル・グリーヴスが行ったインタビューにおいて、モリヴァンは自らの建築の本質を「水、自然の光、風、構造表現」であると定義し、これらを「クメールのエコロジカルな建築に特有の要素」[24]と位置づけた。この発言はモリヴァンの思考の変遷を示している。内戦以前の彼は「伝統」を最重視し、自然の要素について言及することは少なかったからである。

「成長の限界」が指摘された一九七〇年代以降、環境配慮の視点は建築界にも徐々に浸透した。また、一九八〇年代末から一九九〇年代にかけて冷戦が終焉し、グローバリゼーションが世界を席巻すると、国家のアイデンティティを表現するという課題は相対的に重要性を失った。こうした社会変化はモリヴァンの価値観にも大きな影響を与えたと考えられる。

しかし、モリヴァンの作品を時系列で分析してみると、「国家の表現」から「気候適応」への転向は実は内戦以前から始まっていたことが窺える。第Ⅱ章で述べたとおり、屋根の造形に着目すると、彼の主眼は伝統の記号的表現から遮熱・通風・採光を重視する気候適応のデザインへと徐々に移行していた。また、本章で見てきたとおり一九六〇年代後半に完成したモリヴァンの作品では、気候適応の工夫が建築表現の中心を占めるようになっていた。

一九六五年、モリヴァンの設計活動の場は公共事業省から個人事務所に移り、公共建築以外の仕事が増え始めた。首都プノンペンではなく地方のシハヌークヴィルにおける仕事が増えたのもちょうど同じ頃である。民間の仕事、例えば住宅設計では、国家の表現よりも居住性と快適性が求められる。同様に、地方の仕事でもモニュメンタルな国家の表現はさほど重要ではなかったはずだ。公共事業省を辞し、国家的プロジェクトから離れたことがターニングポイントとなって、モリヴァンは気候適応により注力するようになったのではないだろうか。あるいは、ノロドム・シハヌークが「アンコールの栄光を取り戻した」と絶賛し、シャルル・ド・ゴールのスピーチの舞台となって世界の耳目を集めた「ナショナル・スポーツ・コンプレックス」の達成によってモリヴァンは「国家の表現」という使命を完遂し、次なるステージに向かったと言えるのかもしれない。

3 現地調達のデザイン

ポストコロニアルのジレンマ

気候適応と並び、地域主義の重要な論点である材料の問題について考察したい。ヴァン・モリヴァンは、シャルル・ド・ゴールのカンボジア来訪に合わせて建設された「元首公邸」(竣工=一九六六)を回想し、次のように述べている。

ノロドム・シハヌーク殿下が私を呼び、次のように命じました。「ド・ゴール将軍が巨大な派遣団を伴って来る。少なくとも二〇〇人を収容できるホールが必要だ。新しく離宮を造営し、そこでカンボジアの古典舞踊も見せたい」。謁見が終わったら、すぐに基礎の図面を引き始めました。その翌週には基礎の掘削工事が始まりました。フランス大統領の来訪は待ったなしですから。殿下は言いました。「ド・ゴール将軍は背がとても高いから、宮殿の浴室は小さすぎる」。しかし、必要な設備はカンボジアでは手に入りません。そこでカンボジア王立航空をチャーターして香港に飛び、シャンデリアやカーペットなど新施設に必要なものを揃えました。[25]

このエピソードは国内に近代的な材料・設備が不足し、輸入に頼らざるを得なかったカンボジアの状況をよく物語っている。

モダニズムの建築は鉄とコンクリートの普及を背景として生まれた。構造材に限らず、ガラス、合板、金物、照明器具や設備機器、仕上げの塗料に至るまで、モダニストたちは工業製品を自らのデザインの立脚点とした。さらに、第二次世界大戦後にはショベルカーやブルドーザーといった建設機械が急速に普及し、工事現場の風景を劇的に変えた。

しかし、これらの材料と技術の恩恵を受けるのは工業が発達した一部の先進国に限られていた。植民地統治下の東南アジアでは、鉄とコンクリートの近代建築を建てるためには宗主国からの技術移転と材料輸入が不可欠だった。そして、植民地が相次いで独立を果たした大戦後も先進国による「技術と材料の支配」は依然として続いた。鉄鋼業を例にとると、粗鋼生産はアメリカ、ソ連、西ヨーロッパ、日本によってほぼ独占されており、東南アジア諸国が鋼材を内製化するには一定の時間を要した[26]。他の近代的な材料や設備についても輸入に頼らざるを得ない状況は続いた。

国内の工業が未熟なため、多くの材料を輸入しないと近代的な建築を実現できない。しかし、欧米列強から輸入を続ける限り、国家の経済的な自立は果たせない。これは第二次世界大戦後に新興国の建築家が直面したポストコロニアルのジレンマである。

こうした状況下で建築家にできることは、可能な限り現地の材料を使用し、そのうえで近代的な建築表現を模索することであった。木材や石材、煉瓦などの地場材を用いた素材表現は、メキシコのルイス・バラガン、インドのバルクリシュナ・ドーシ、コロンビアのロヘリオ・サルモナ、スリランカのジェフリー・バワなど、戦後の途上国で活躍した建築家たちに共通して認められる特徴である。今日、これらの建築家の作品はインターナショナル・スタイルに抗した「地域主義」、あるいは一九八〇年代にケネス・フランプトンが理論化した「批判的地域主義」[27]の文脈で理解されることが多い。しかし彼らが地場材を多用した背景には、地域性の表現やインターナショナル・スタイルへの抵抗といったデザイン的な思惑以前に、建設コストを抑えるという現実主義と、欧米列強による経済的支配から逃れるという脱植民地主義的な視点があったのではないだろうか。以下、ヴァン・モリヴァンの作品全体を振り返りながら、この仮説の検証を試みたい。

地場材と輸入材

まずは、当時のカンボジアで生産されていた建材を概観したい。文献によれば、独立以前のカンボジアには一握りの煉瓦・タイル工場と製材所しか存在していなかった[28]。隣国ベトナムの状況はやや進んでおり、煉瓦とタイルの生産が盛んで、セメント工場も稼働していた。しかし、ベトナムにおいても鉄鋼の生産は行われていなかった。つまり、戦前のインドシナにおいて地場材を使って建設できる構造は、木造と煉瓦造に限られていた。鉄筋コンクリート造や鉄骨造といった近代構造を建設するためには材料の輸入が不可欠だったのである。

一九五三年の独立後、カンボジアの建材産業は発展を遂げた。煉瓦とタイルの工場数は一九六〇年には七〇ヵ所、一九六八年には一七〇ヵ所まで増加した。プノンペン近郊の街タクマウには焼成タイル、磁器タイル、施釉タイルを生産する大規模な国営建材工場が建設された。木材産業も同様に成長し、一九六八年には製材所の数が四七〇ヵ所を超えた[29]。

さらに、中国の資金援助によって一九六一年に国営合板工場が、一九六四年に国営セメント工場が操業を開始した。ただし、合板の生産は接着剤に問題を抱え、軌道に乗らなかったようである。セメントの品質は安定していたが、国産品だけでは需要を満たせず、タイとベトナムからの輸入品も併用される状況が続いた。一九六〇年代後半には国営ガラス工場も稼働したが、瓶や器など日用品の生産にとどまり、建材用ガラスは製造されなかった。この他、鉄加工所も一九六〇年代には存在し、釘や金物、鉄扉などを製作していたようである。ただし、鉄鋼自体の生産はなく、先進国からの輸入に依存していた。

以上をまとめると次のように言える。独立後のカンボジアでは煉瓦、タイル、木材は現地調達が可能だった。一九六〇年代半ばにはセメントと合板の国内生産も始まったが、供給量は少なく、建設現場では輸入品が併用された。鉄に関して言えば、一部の加工品を除いて、鋼材と鉄筋の輸入依存が続いた。

次に、当時のカンボジアの建設現場で使用された輸入建材について考察したい。とはいえ、建築に必要な材料はプロジェクトごとに当然異なる。そこで、以下では「国立劇場」をケーススタディとして取り上げ、ヴァン・モリヴァンの材料選定を具体的に検証してみよう。

第Ⅱ章で述べたとおり、「国立劇場」は一九五〇年代末に設計され、一九六二年に着工し、一九六七年に竣工した。本体は鉄筋コンクリート造で、その上に鉄骨造の屋根を載せた混構造である。工事の元請けはカンボジアの建設会社チュルン・ユ・ハック。さらに、日本の大林組が設計と施工の両面で協力していた。チュルン・ユ・ハックは内戦期に亡命し、その後の消息は不明である。一方、大林組のアーカイブには劇場に関する図面と文書が残されており、プロジェクトに従事した職員の証言も得られたことから、工事の状況が明らかになった。

なかでも注目すべき資料として、カンボジア政府が入札時の参考資料として発行した「仕様書」と「見積参考書」がある。フランス語で書かれており、作成日は一九五九年一月三〇日。「公共事業省の建築家」としてヴァン・モリヴァンが署名をしている。これらの文書を分析することで、モリヴァンが劇場の設計時に想定していた建材の種類と仕様を詳細に知ることができる。

文書において国産品の使用が明確に指定されている建材は煉瓦のみである。一方、輸入材については多数の記述が認められる。具体例を挙げると、屋根の鉄骨材にはヨーロッパの標準規格材が、コンクリート防水には米シェル社の「フリントコート」の同等品が指定されている。ガラスと鏡にはフランスの大手メーカーであるサン・ゴバン社の製品が選定され、塗装と音響パネルについてもフランス製の建材名が明記されている。

こうして見るとフランス製品が多い。公共事業省では独立後もフランス人が重要な地位を占め、フランス人が養成したベトナム人技師が多く勤務し、公文書はフランス語で書かれていた。つまり、公共事業省には植民地時代の体制が残存しており、それが建材の選定に影響を与えた可能性は高い。ただし、プロジェクトに関わった大林組職員のノートを見ると、屋根材、天井材、金物、衛生器具といった建材については日本製品を提案した形跡も認められる。このことから、建材選定では一定の国際的な競争や検討が行われていたと推察される。

それでは、実際の建設現場ではどのような材料が使われたのだろうか。大林組プノンペン事務所に駐在し「国立劇場」の施工指導を担当した石原真雄によれば、煉瓦はカンボジア産で、コンクリートの骨材となる砂と砂利も国内で調達されていた。一方、屋根の鉄骨材は千葉の鉄工所で製作されカンボジアに送られたという。設計時には「ヨーロッパ規格材」が指定されていたが、実際には日本製の鉄骨が使われたわけである。石原は「多くの建材を輸入に頼っていたので商社が入り込む余地があった」[30]と述懐している。実際、大林組は貿易商社の日綿實業と手を組んでこのプロジェクトに当たっていた。

石原による建設現場の描写も興味深い。

カンボジアの職人たちは、仕事は早くはないがサボらずコツコツやっていました。人数は多かったです。砂利の山を水で洗うのも手仕事、基礎も手掘りで、バケツを使ってコンクリート打設を行いました。当時、日本ではユンボやミキサー車を使っていましたが、劇場の現場では重機を使いませんでした。[31]

大規模な国家プロジェクトの建設現場であるにもかかわらず、コンクリートミキサー車もなければ、ブルドーザーもショベルカー(ユンボ)もない。これは当時の日本の建設現場と比較すると驚くべき光景だった。確かに、石原が撮影した現場の写真には建設機械が一切写っておらず、不思議な静けさが漂っている fig. 36-38。

同時代のカンボジアの建設現場をより深く理解するために、一九六〇年代半ばに大林組が手がけたもうひとつのプロジェクト、「農牧医三センター」(竣工＝一九六四)も分析してみたい。このプロジェクトは日本の「戦後準賠償」の一環として実施された開発援助であり、大林組の設計施工によって農業センター、牧畜センター、医療センターの三つの木造公共建築が建設された。

fig.36 「国立劇場」、工事現場。コンクリートの柱梁の間にレンガを積んでいる

fig.37 「国立劇場」、工事現場。屋根の鉄骨架構が見える

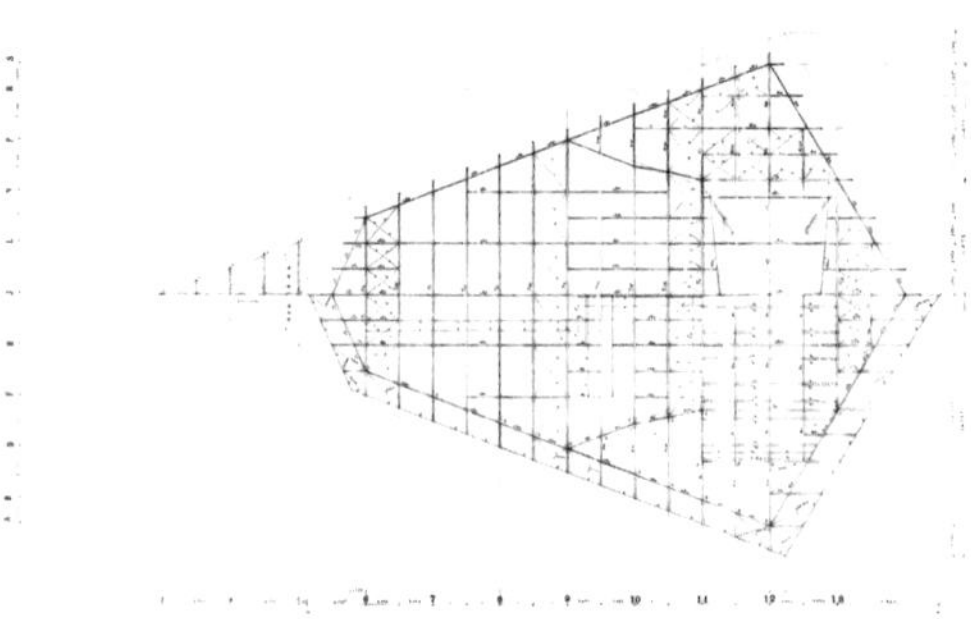

fig.38 「国立劇場」、大林組が作成した屋根の鉄骨架構図

そもそも大林組がプノンペンに事務所を構えたのはこのプロジェクトのためであり、現地に駐在した職員はその功績を認められ、ノロドム・シハヌークから勲章を授かっている。ヴァン・モリヴァンは政府高官として「農牧医三センター」を監理する立場にあり、現場も訪れていた fig.39-41。「農牧医三センター」のうち、コンポンチャムに建設された「牧畜センター」の担当者だった山崎担は、一九六三年当時の現場の状況を次のように回想している。

fig.39「農業センター」

fig.40「牧畜センター」、工事現場。基礎工事の様子

fig.41「牧畜センター」、工事現場。木造架構の建方を行っている。手前の三人は日本人大工

金物まで含め、あらゆる建材は日本製でした。カンボジア産はコンクリートの骨材と木材だけ。それ以外はすべて日本から送りました。屋根のカラースレート波板は特注で、色は煉瓦色でしたね。アスベスト板、給排水設備、衛生設備も日本から送りました。シハヌークヴィル港で揚げ、検収業務は日綿が行いました。

現場ではブルドーザーも大型トラックも使いませんでした。故障すると工程的なダメージが大きいので、重機を持ち込むのはリスクが高いと判断しました。型枠などの長物は牛車で運び、あらゆる工事を手作業で行うよう工夫しました。人海戦術ですね。[32]

「国立劇場」と「農牧医三センター」に関する大林組職員の回想から、当時のカンボジアの建設現場の様子が浮かび上がってくる。現地調達できる材料は砂・骨材・煉瓦・木材のみ。これらは近代以前から存在する、言わばプレモダンの材料であり、近代的な建材はすべて輸入に頼っていたことになる。そして、工事は人の手に依存する「人海戦術」で、建設機械は一切使われなかった。

これが、ヴァン・モリヴァンが日々直面していたカンボジアの現場の状況であった。

鉄かコンクリートか

「国立劇場」の少し前に設計された「チャトモック国際会議場」でも、モリヴァンは屋根構造に鉄骨材を採用していた。劇場や会議場のように大空間が必要となる建築で鉄骨造を選択することは、構造的に妥当な判断である。「国立劇場」と同様、「チャトモック国際会議場」で使用された鉄骨材も日綿實業を介して日本から輸入されていた。

しかし、一九六〇年代以降、モリヴァンの関心は鉄骨造から離れていき、大スパンを必要とする場合でも鉄筋コンクリート造を優先するようになった。この鉄骨造から鉄筋コンクリート造への移行が決定的に現れるのが「ナショナル・スポーツ・コンプレックス」の設計プロセスである。

「ナショナル・スポーツ・コンプレックス」の基本設計には実は二つの案が存在した。当初、カンボジア政府は国連開発計画に所属する日本人専門家、番匠谷尭二らに体育館の検討を依頼した。その結果、モリヴァン言うところの「丹下のような」鉄骨造案が作成された。しかし、この案は予算を超過したため、計画の見直しを余儀なくされた。晩年に行われたインタビューにおいて、モリヴァンは以下のように述べている。

> 番匠谷の設計は、カンボジア人には建設できません。一八ヵ月という期間で、彼の計画を完遂できる建設会社はカンボジアには見つかりません。短期間で建設を完了するためには日本人作業員を二千人以上呼び寄せる必要がありました。作業員と材料のすべてを海外に頼ることになり、人件費がとても高い。ゆえに政府は計画の見直しを求めました。[33]

そこで、モリヴァンはウラジミール・ボディアンスキーらフランス人専門家たちと協働し、土を盛って屋外競技場をつくり、鉄筋コンクリート造で体育館をつくる案を考えた。鉄骨造と比較すると、鉄筋コンクリート造は工事の専門性が低い。鉄骨造の組み立てには多くの熟練工が必要だが、型枠を組み、鉄筋を並べ、そこにコンクリートを流し込む鉄筋コンクリート造であれば現地の職人でも十分に施工可能である。型枠の材料となる木材は豊富にあり、地元の大工と船大工が作業できる。鉄筋は輸入が必要だが、コンクリートの主材料となる砂と石は国内で調達される。土は言うまでもなく、どこにでもある材料である。

最終的に、多くの材料と職人を海外に依存する鉄骨造案は却下され、「可能な限り地場の材料と労働力を使う」[34] 土とコンクリートの案が実現に至った fig.42–44。

一九六〇年代後半以降、モリヴァンは大スパンであっても鉄骨造を避け、鉄筋コンクリート造で設計するようになった。「ナショナル・スポーツ・コンプレックス」の成功によって自信をつけたモリヴァンは、他の構造を採用する必要性を感じなくなったのかもしれない。

さらに、一九六四年に操業開始した国営セメント工場の存在がコンクリートの採用を後押しした可能性も指摘できる。モリヴァンは次のように述べている。「カンボジアの建設会社と建設産業を促進することが望まれました。煉瓦工場、セメント工場、木材産業な

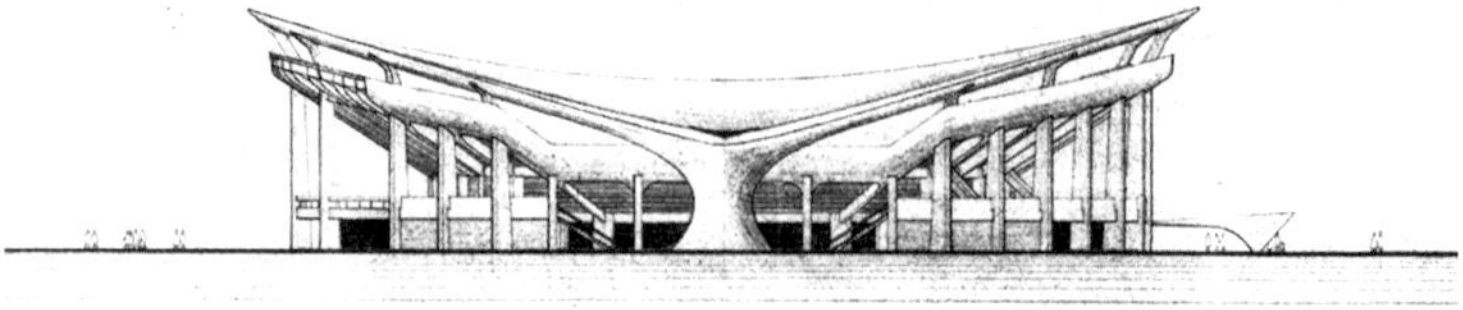

fig.42 「ナショナル・スポーツ・コンプレックス」、鉄骨造案の立面図（一九六二）

どです」[35]。政府高官だったモリヴァンは、国策として、国産材を多用できる鉄筋コンクリート造を積極的に採用したと推測される。

fig.43「ナショナル・スポーツ・コンプレックス」、工事現場。土を盛って屋外競技場がつくられている。画面手前では水泳場、奥では体育館の工事が行われている

fig.44「ナショナル・スポーツ・コンプレックス」、工事現場。体育館の鉄筋コンクリート構造の建設

新興国におけるブルータリズムの浸透

モリヴァンはコンクリートという材料の美学的側面にも自覚的だった。一九六九年、雑誌『ノコー・クメール』誌上においてバンテアイ・スレイ寺院と「ナショナル・スポーツ・コンプレックス」の写真を横に並べ、次のように論じた。

古代クメール人は対比をつくり出す名人であり、基壇の量塊には赤みがかったラテライトを、聖域には高貴な青砂岩を用いた。今日、最良の効果は打ち放しコンクリートによってもたらされる。—36

モリヴァンは型枠の跡が転写された荒々しい打ち放しコンクリートの表面に、アンコール建築の石壁に匹敵する美を見出したのである—fig.45。

fig.45 コンクリートと石の比較。『ノコー・クメール』より抜粋

打ち放しコンクリートは、二〇世紀後半に新興国で建てられた多くの公共建築に共通する特徴である。ル・コルビュジエはインドのチャンディーガルで、ルイス・カーンはバングラデシュのダッカで、レアンドロ・ロクシンはフィリピンのマニラで、打ち放しコンクリートを用いて壮大な公共建築群を実現した。南アメリカではブラジルのルシオ・コスタやオスカー・ニーマイヤーらによる新首都ブラジリアの建設が代表例であり、ベネズエラのカルロス・ラウル・ヴィリャヌエヴァも打ち放しコンクリートの表現を探求していた。さらに、一九五〇年代から七〇年代にかけて、東欧やアフリカでも数多くの公共建築が打ち放しコンクリートで建設された。

今日、これらは「ブルータリズム」という建築思潮に共鳴した建築として位置づけられている[37]。ブルータリズムは、一九五三年にイギリスの建築家アリソン&ピーター・スミッソン夫妻が提唱した概念で、生のままの素材を志向する建築スタイルを指す。ル・コルビュジエが設計したマルセイユの「ユニテ・ダビタシオン」はその最初期の事例と目されており、彼が打ち放しコンクリートを「ベトン・ブリュット」(粗野なコンクリートの意)と呼んだことが、ブルータリズムという言葉の由来である。モリヴァンは「ブルータリズム」という言葉を用いることはなかったが、「ベトン・ブリュット」から影響を受けたと明言している[38]。

しかし、モリヴァンが打ち放しコンクリートを好んだ理由はブルータリズムへの共感だけではなかった。これまで考察したとおり、当時のカンボジアで入手可能な国産材は木材、煉瓦、タイル、セメント、砂、石に限られており、金属やガラスはもちろん、塗料すらも輸入に依存していた。このような状況でも、打ち放しコンクリートならば、材料の大部分を現地で調達し地元の職人の手でつくることができる。換言すれば、打ち放しコンクリートは近代的な材料を輸入することなく近代性を表現し得る仕上げだったのである。

カンボジアと同様に、多くの建材を輸入に依存していた他の新興国においても打ち放しコンクリートは経済性と近代性を両立させる効果的な手段だったと言える。一例を挙げれば、一九七〇年代のフィリピンで多数の国家プロジェクトを手がけたレアンドロ・ロクシンも、コストの問題からコンクリート造を選択していた[39]。

剥き出しのコンクリートや煉瓦など、生のままの素材を率直に表現するブルータリズムは、材料と技術が乏しい状況下でも十分に実現可能である。しかも、それはヨーロッパに端を発する当時の「最新潮流」であった。こうしたブルータリズムの特徴は、国家の近代化を表現するというミッションを担った新興国の建築家たちにとってきわめて魅力的だったに違いない。つまり、その思想内容ではなく技術的要件こそが、ブルータリズムが世界中に伝播した理由と考えられる。これは、モリヴァンというケース・スタディから導かれるひとつの仮説である。

カンボジアの現実と理想

打ち放しコンクリートのみならず、木材、石材、煉瓦などの地場材を活用した表現も新興国の建築家たちに共通して見られる特徴である。例えば、メキシコのルイス・バラガンはタイルや木材、溶岩といった材料を駆使して独特の表現を切り開いた。スリランカのジェフリー・バワは色の濃い硬木《ハードウッド》と石を巧みに組み合わせ、冷涼感のある空間をつくり出した。地場の煉瓦を愛用し、繊細な表現を生み出したコロンビアのロヘリオ・サルモナも、こうした建築家の好例である。

ヴァン・モリヴァンもまた彼らと同じく、カンボジアの国産材を積極的に活用して独自の建築表現を追求した。木材に関して言えば、そもそも彼の卒業設計は国産木材を用いた木造柔道場の設計であり、これが後のデビュー作「仏暦二五〇〇年祭のパヴィリオン」につながった。「迎賓館」や「自邸」のように、カンボジアの特産品である硬木を内装に取り入れたプロジェクトも多い。地場の石材を用いたプロジェクトも数多く見られる。最も大胆なのは「元首官邸」であり、外壁にコンポンチャム産の赤砂岩を使用し、白く塗装されたコンクリートの構造体と鮮やかな対比をつくり出した。

国産の赤煉瓦を使用した例も枚挙にいとまがない。「自邸」から「国立劇場」まで、モリヴァンはプロジェクトの大小にかかわらず剥き出しの煉瓦を愛用した。その積み方は彼独特で、「フランドル積み」と「イギリス積み」という異なるパターンを交互に組み合わせている。目地は煉瓦表面よりも深く沈み、陰影の効果によって建物の水平性が強調される。

地場材を積極的に活用するデザインは、一九六〇年代後半の作品において特に顕著となった。先述のとおり、この時期にモリヴァンの関心は「国家の表現」から「気候適応」へと移行していた。当時のカンボジアでは、財政状況が急速に悪化し、自給自足体制の強化が喫緊の課題だった。気候適応も地場材の活用も、こうした情勢に対する建築的な応答だったと解釈できる。

モリヴァンは地場材の経済性についてしばしば語ったが、その美学的側面について言及することは少なかった。ゆえに、彼が現地調達を重視した理由は、何よりもまず、限られた予算に対応することだったと推測される。彼が様々な気候適応の工夫を凝らした背景にも、ガラスや空調設備の輸入を減らすという経済的な理由があったに違いない。つまり、モリヴァンの建築表現の根底には、手に入る技術と材料でやりくりしようとする現実主義が常に存在していた。これは、戦後の物資不足のなかで木材を使って近代性を表現しようとした日本の「木造モダニズム」にも似ている。

また、政府高官としてのモリヴァンは、自国の建設産業を促進するという強い使命感をもっていた。彼が国産材を積極的に利用した背景には、欧米列強への依存を減らし、モノカルチャー経済から脱するという理想主義的な側面もあったはずである。

翻って言えば、「カンボジアに根ざす建築」の探求は、伝統的な生活様式の継承にせよ、熱帯気候への適応にせよ、現地調達のデザインにせよ、すべて欧米列強からの経済的自立、文化的自立を目指す試みだったと解釈可能である。

建築家の設計意図にかかわらず、非西洋の近代建築に対してブルータリズムや地域主義、批判的地域主義といった西洋由来の「イズム」を当て嵌めることは、建築批評としては成立するが、きわめて西洋中心主義的であることは否めない。むしろ、これらの「イズム」の背後に潜む新興国の現実と理想こそが非西洋圏の近代建築の本質を表しているように思われる。

二一世紀になっても地域間の格差は依然として存在している。現実と理想の狭間で新たな表現を見出した建築家の創造性からは今なお学ぶことが多い。

Ⅳ

ポストコロニアルの人的ネットワーク

当時のカンボジアには建築を学べる技術学校がなく、官公庁で働くことのできる有資格のクメール人はいませんでした。フランスからカンボジアに戻った私たちには、クメール人のチームをいちから鍛え上げるという義務がありました。

ヴァン・モリヴァン、二〇一二[1]

ヴァン・モリヴァンは一九五六年から七一年までのわずか一五年間に「独立記念塔」「チャトモック国際会議場」「ナショナル・スポーツ・コンプレックス」「国立劇場」などの国家プロジェクトを牽引し、見事成功に導いた。また、プノンペンやシハヌークヴィル、キリロムの都市計画も手がけ、個人事務所での仕事も含めると一〇〇件近い作品を完成させた。質・量ともに驚異的な活躍である。

素朴な疑問が湧いてくる。モリヴァンはいかにしてこのような大仕事を遂行できたのだろうか。カンボジアに帰国した当時、彼は大学を卒業したばかりの若者で、経験も知識も少なかったはずである。また、カンボジア自体が独立まもない若い国で、産業も人材も乏しかった。こうしたポストコロニアルの状況下で、若きモリヴァンはどのようにして大作、秀作の山を築くことができたのだろうか。

建築は、建築家ひとりの構想と努力から生まれるものではない。特に大規模プロジェクトでは都市計画家、構造技師、設備技師、ランドスケープデザイナー、インテリアデザイナーなど数多くの専門家との協働が必要不可欠となる。しかし、高等教育が未成熟な新興国ではこうした専門人材の確保は容易ではない。第Ⅰ章で述べたように、独立直後のカンボジアには建築教育機関が存在せず、建築家や技師の有資格者は外国人か留学経験者に限られていた。

このような状況下では、当座の設計体制の構築という短期的な視点と、将来の専門家育成という長期的な視点の双方が必要となる。そして、ヴァン・モリヴァンは明らかにこの二つのヴィジョンをもっていた。前者に関しては、建築家、技師、都市計画家、東洋学者などの多様な専門家を国内外から積極的に集めて設計チームを構築した。その設計体制は一定ではなく、カンボジアの情勢が変化し、彼自身が建築家として成熟するに従って変わり続けた。

次に長期的な視点、すなわち専門家育成について言えば、モリヴァンは設計実務を通じて若いカンボジア人建築家を鍛えようとした。さらに一九六五年に王立芸術大学の初代学長となり、カンボジア初の建築都市計画学部を創設した。数々の国家プロジェクトを完遂した後、モリヴァンは次なるミッションとして「教育」に着手したのである。

本章では、まずはモリヴァンがフランスから帰国した一九五六年まで遡り、彼を支えた協働者たちの役割を把握し、設計体制の変遷について論じたい。そのうえでモリヴァンが設立した王立芸術大学の建学理念と教育内容を解明し、彼が目指した建築教育について考察を行う。

なお、これらの検証作業では、モリヴァンと彼の関係者に対して行われたインタビュー内容を積極的に活用していく。彼らの生の言葉を通じて、ひとりの人間としてのモリヴァンの姿も鮮明に描き出されるはずである。

1 公共事業省時代の設計体制

植民地体制の影響

留学を終え、カンボジアの公共事業省に入省したヴァン・モリヴァンは、深刻な人材不足に直面した。独立からまだ四年。政府全体がいまだ植民地体制からの移行期にあり、公共事業省もインドシナ公共事業局の組織構成を引き継いでいた。当時について、モリヴァンは「運営補助者や経理・技師・現場監督にはベトナム人が多かった」と述べており、仏領期のベトナム人官吏による統治システムが公共事業省に残存していたことを示唆している。この状況を端的に示すプロジェクトとして「独立記念塔」が挙げられる。ノロドム・シハヌークは国家プロジェクトで自国民を積極的に登用する方針をもっていたにもかかわらず、独立を象徴する「独立記念塔」の構造設計を担ったのはドゥ・ゴック・アンというベトナム人であり、工事を担当したのもベトナムの施工会社だった[2]。

植民地時代の影響は公共事業省の上層部にも残っていた。この状況を示す興味深い資料として、一九五八年に作成された「チャトモック国際会議場」の図面が挙げられる。この図面には、建築家モリヴァンの他に、ケイ・ファン・チャンとドラクールという二名の署名が確認できる。ケイ・ファン・チャンは公共事業省に勤務していた中国人技師で、自らを「技師－建築家」と称し、一九六〇年代半ばには「キャピトル・シネマ改築」（竣工＝一九六七）でもモリヴァンと協働した人物である。「チャトモック国際会議場」の構造設計は実質的に彼が担当したと考えられる。

しかし、ここで特に注目したいのは「顧問技師」として図面を承認したドラクールという人物である。これは一九一六年生まれのフランス人技師、アンドレ・ドラクールと推測される。

アンドレ・ドラクールはパリの理工科学校（エコール・ポリテクニーク）を中退し、一九四〇年に軍人としてカンボジアに渡った。日本軍との戦闘を生き延び、一九四九年に軍を離れてプノンペン公共事業局に就職。カンボジア独立後にはフランス政府公認の派遣技師となって一九六〇年まで公共事業省に勤務した。米国中央情報局（ＣＩＡ）の文書によれば、モリヴァンが帰国する直前の一九五四年の段階で、ドラクールは「公共事業局長」の職にあったようである[3]。

このドラクールが公共事業省に在籍していた期間は「チャトモック国際会議場」の設計時期と重なっている。ドラクール自身は「カンボジア政府は私を信頼し、王国におけるすべての公共事業役務の指揮権が与えられた」[4]と述べており、この発言が事実であれば、モリヴァンは彼の指揮下で設計業務を行っていたことになる。

モリヴァン自身は「ドラクールは公共事業省にいたフランス人専門家」[5]と述べるのみで、彼との関係を詳しく語ることはなかった。しかし、独立以前からカンボジアの公共事業に携わっていたドラクールは省内で一定の影響力をもっていたと推測され、モリヴァンより高位だった可能性すらある。そうであれば、一九五〇年代のモリヴァンはフランス人高官とベトナム人スタッフの間に挟まれて設計活動に従事していたことになる。モリヴァンは内戦後に「フランス人からカンボジア人への管理の移行は問題なく行われた」[6]と述べているが、実際には植民地体制の影響はいまだ色濃かったと想像される。

留学組のエリートたち

もちろん、公共事業省では留学帰りのカンボジア人エリートたちも働いていた。モリヴァンに先駆けて活動を開始した人物としては、ハノイの公共事業学校出身のウン・クラプムプカー、パリの国立土木大学で学んだプレク・チャット、パリの高等公共事業学校と国立土木大学で学んだイン・キエットの三名が挙げられる。第I章で述べたように、彼らは一九五〇年代から一九六〇年代前半にかけて交代で公共事業大臣を務めた。

モリヴァンはこれら年長の上司たちと協力してプロジェクトに取り組んでいた。例えば、「大学地区マスタープラン」の策定ではウン・クラプムプカーと、「国立劇場」ではプレク・チャットと、「独立記念塔」ではイン・キエットと協働した。プロジェクトにおける彼らの具体的な貢献は明確ではないが、三人がモリヴァンよりも高位にあったことから、主に政治的調整やプロジェクト・マネジメントを担ったと推測される。

また、一九六〇年代に入ると、公共事業省において部下としてモリヴァンを支えるカンボジア人専門家も登場した。その代表格がウム・サモットとミアン・キムリーの二人である。サモットはパリの高等装飾美術学校で室内装飾を学んだデザイナーであり、「モリヴァンの右腕」[7]と呼ばれるほどの厚い信頼を得ていた。彼は「ナショナル・スポーツ・コンプレックス」の共同設計者としてクレジットされており、インテリアデザインと現場監理の能力を発揮したと考えられる。一方、ミアン・キムリーも「ナショナル・スポーツ・コンプレックス」の設計に携わっており、フランスの雑誌『今日の建築』の記事では技師としてクレジットされている[8]。モリヴァンが公共事業省を離れた際には、彼は後任として都市計画住宅局長の職を引き継いだ。

さらに、公共事業省の外にもモリヴァンと協働したカンボジア人専門家がいた。モリヴァンと相前後して活動を開始したセン・スンテンやル・バン・ハップなどの人物である。セン・スンテンはモリヴァンよりも少し年長で、パリの高等装飾美術学校で学んだデザイナーである。第Ⅰ章で述べたとおり、モリヴァンは帰国直後に彼と共同で設計事務所を開き、個人邸のプロジェクトに取り組んでいた。両者の協働はモリヴァンが公共事業省に入省した時点で解消されたが、セン・スンテンはその後も個人として設計の仕事を続けていた。

ル・バン・ハップはモリヴァンに次いでカンボジア史上二番目の公認建築家となった人物である。一九四九年に渡仏し公共事業学校に入学したが、モリヴァンの勧めで建築に転向し、私立の高等建築学校で学位を取得。一九五九年にカンボジアに帰国すると直ちにプノンペン市都市計画住宅局長に抜擢された。彼もまたノロドム・シハヌークから重用され、「チェンラ劇場」(竣工＝一九六八)や「カンボジアナ・ホテル」(竣工＝一九六九)といった国家プロジェクトを手がけている。プノンペン市の建築家として、公共事業省とは異なる立場から首都の近代化に貢献し、今日「新クメール建築」と呼ばれるカンボジアの近代建築運動の立役者のひとりとなった。

ル・バン・ハップとモリヴァンの協働は多岐にわたる。パリでの学生時代にル・バン・ハップは「国立劇場」の設計を手伝っており、帰国後には「独立記念塔」周辺の公園整備を担当した。また、「バサック川沿岸計画」ではモリヴァンが手がけた「グレー・ビルディング」に隣接して「ホワイト・ビルディング」（竣工＝一九六四）と呼ばれる巨大集合住宅の設計を担った。

一九六〇年代には、このル・バン・ハップやウム・サモットのように留学組のエリートがひとりまたひとりと帰国し、モリヴァンを直接、間接に支えた。しかし、国家建設という大事業を行うにはまだまだカンボジア人専門家の数は不足していた。それを補ったのが次に論じる外国人専門家の存在である。

パイオニア的な外国人専門家

一九五〇年代後半の公共事業省には、先述したプレク・チャットやアンドレ・ドラクールのようにヴァン・モリヴァンよりも高位か、少なくとも同等の権力をもつ専門家が存在した。しかし、彼らは皆「技師」であり「建築家」ではなかった。ゆえに、意匠設計に関してはモリヴァンが主導権を握っていたと考えられる。この状況は若い建築家が自らの才覚を試す絶好の機会であった。しかし、裏を返せば深刻な人材不足である。数人の技師とたったひとりの建築家があらゆる公共建築を設計するのは事実上不可能であり、モリヴァンは助けを必要とした。しかし、一九五〇年代には彼の他にカンボジア人建築家は存在しなかった。つまり、好むと好まざるにかかわらず、モリヴァンは外国人の建築家に頼らざるを得なかった。こうした状況は「お雇い外国人」として海外から建築家を招聘した明治期の日本にも似ている。

ここで、独立直後のカンボジアで活躍した外国人建築家について整理したいと思う。第II章で述べたように、「閣僚評議会」の設計にはアンリ・グレムレなる建築家が参加していた。彼はフランス政府から派遣された建築家であり、モリヴァン抜きで「公共事業省舎」（竣工＝一九五八頃)の設計も行っている。一九五〇−六〇年代の公共事業省にはこのグレムレのようにフランスから派遣された建築家が常に数名駐在していたようである。戦後フランスを代表する建築理論家ベルナール・ユエもまた、一九六二年頃に公共事業省に在籍しモリヴァンの下で働いていたという。なお、ユエはルイ・アレシュのアトリエ出身で、モリヴァンとは同門であった[9]。

公共事業省の外でも、多くの外国人専門家が活躍していた。その代表的な例をいくつか紹介しよう。アールデコの傑作「中央市場」(竣工=一九三七)の設計に携わった技師ウラジミール・カンダロフはカンボジア独立後も国内で活動を続け、「ナショナル・スポーツ・コンプレックス」の構造設計にも参加している。フランス人建築家アンリ・シャテルは、インドシナ全域で活動していたモーリス・マソン事務所のスタッフとして独立以前からカンボジアで働いており、独立後には防衛省関係の設計を一手に引き受けた。他にも、官公庁や地方自治体から手広く仕事を受けたロジェ・コルヌや、多数の学校建築を手がけたアンドレ・ルロワとアンリ・モンデなど、チャンスを求めて新生国家で活動したフランス人建築家たちが存在した。

これらの建築家たちは、パイオニア精神に突き動かされ、カンボジアの近代建築運動の先駆者となった。マソンとシャテルは「国立銀行本店」(竣工=一九五三)を設計し、カンボジアで初めてインターナショナル・スタイルの建築を実現した。コルヌ、ルロワ、モンデらも一九五〇年代半ばにはモダニズムの建築言語を積極的に採用しており、彼らの実践はモリヴァンの作品に先行していた fig.1。

ヴァン・モリヴァンはこうしたパイオニア的な外国人と協働し、公共事業省の人材不足を補っていた。いくつか例を挙げよう。ヘレン・グラント・ロスらの研究によると、仏暦二五〇〇年祭の全体計画はロジェ・コルヌとモリヴァンの共同設計だった。ルロワとモンデは「大学地区マスタープラン」の策定において公共事業省に協力し、その後ルロワとモンデが「王立プノンペン大学校舎」（竣工＝一九六八）を、モリヴァンが「高等師範学校」を設計した。アンリ・シャテルは「バサック川沿岸計画」に参加し、その一部である「国立銀行職員宿舎」（竣工＝一九六三、現ロシア大使館）の設計を担当した[10]。こうして見ると、多くの助力が必要となる大規模プロジェクトにおいてモリヴァンは民間の外国人専門家に頼ったと言えそうである。

さらに、モリヴァンはフランス在住の建築家にも協力を仰いでいた。一九五九年、モリヴァンは一時期カンボジアを離れ、パリの在仏カンボジア大使館の一室を借りて「国立劇場」の実施設計を行ったという。当時、パリで建築学生をしていたル・バン・ハップは、パリに住む建築家（名前は明らかではない）とともにモリヴァンを手伝い、劇場の図面を仕上げたと証言している[11]。

fig.1 「国立銀行本店」

同様に、「ナショナル・スポーツ・コンプレックス」の実施設計ではクロード・デュシュマンとジャン＝クロード・モランというパリ在住の二人の建築家が活躍した。二人ともエコール・デ・ボザールを卒業したばかりの若い建築家で、学生時代にモリヴァンと面識を得ていた可能性が高い。彼らは「高等師範学校」の初期案の検討にも参加していた。

このように、モリヴァンは留学で築いたネットワークを駆使して、国外の専門家とも連携しながらプロジェクトに取り組んでいた。それほどまでに人手不足だったとも言える。

実務的な役割分担

ところで、ヴァン・モリヴァンは一九五〇年代の協働者については多くを語らなかった。あえて想像をたくましくするならば、その理由は、彼らとの協業がさほど創造的とは言えず、実務的な役割分担にとどまっていたからではないだろうか。

試みに、建築家と構造技師の関係に着目して、「チャトモック国際会議場」の図面を分析してみよう。現存する図面は大きく分けて二種類あり、ひとつ目は一九五七年に作成された意匠図、二つ目は一九五八年から五九年に作成された構造図である。意匠図とは、建物の計画や形態、仕上げなどを描くことを目的とした図面で、主に建築家が作成する。構造図とは、基礎や柱・梁など、仕上げの裏側に隠される構造体を描く図面で、主に技師が作成する。「チャトモック国際会議場」の場合は、意匠図にはモリヴァンのみが署名し、構造図にはモリヴァン、ケイ・ファン・チャン、アンドレ・ドラクールの三者が署名を行っている。ここから、建物の意匠についてはモリヴァンのみが責任を負っていたことが明らかである。

「チャトモック国際会議場」の意匠図と構造図を比べてみると意外なほどに似通っている。特に、ホールやホワイエなどの人目に触れる主要な空間では、意匠図で示された柱・梁の形態がそのまま構造図に描かれている。これは、二人の技師がモリヴァンの意匠設計を尊重し、忠実に構造設計を行ったことを意味している。しかし、見方を変えれば、技師たちは建築家が決めた形態に対して受動的であり、彼らの役割は基礎や柱・梁の断面算定、配筋の決定といった実務的な調整にとどまっていたと言える。建築家と技師のアイデアの掛け合いによる発展的なデザインはここには見られない fig.2,3。

同様に、「独立記念塔」の意匠図と構造図を比べてみても、建築家と技師の創造的な協働の痕跡は認められない。一九五〇年代のモリヴァンは、まずは植民地下の体制を引き継ぎ、建築を実現するだけで精一杯だったと言えるのかもしれない。

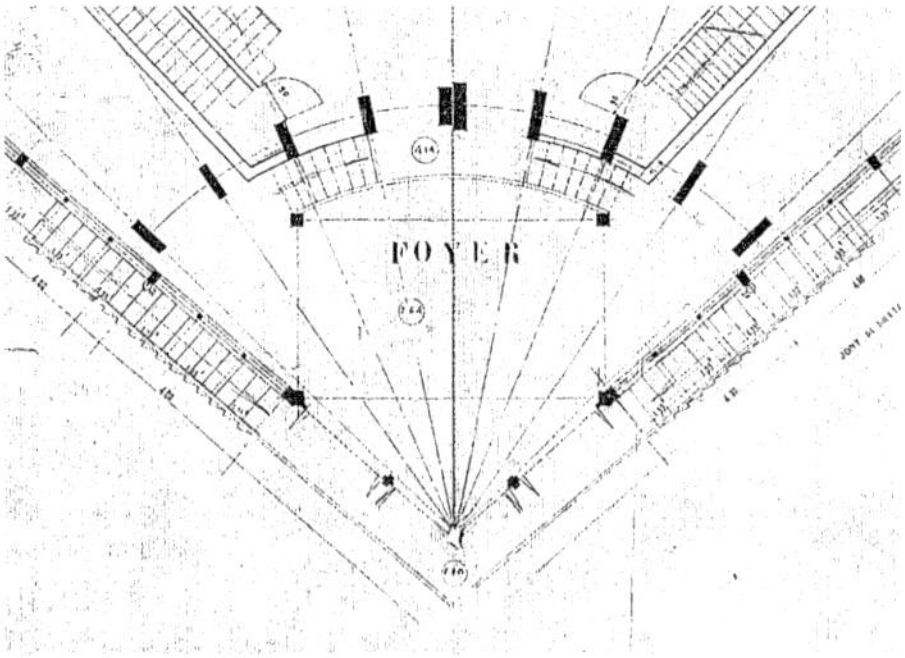

fig.2 「チャトモック国際会議場」、意匠図（二階平面図）の一部

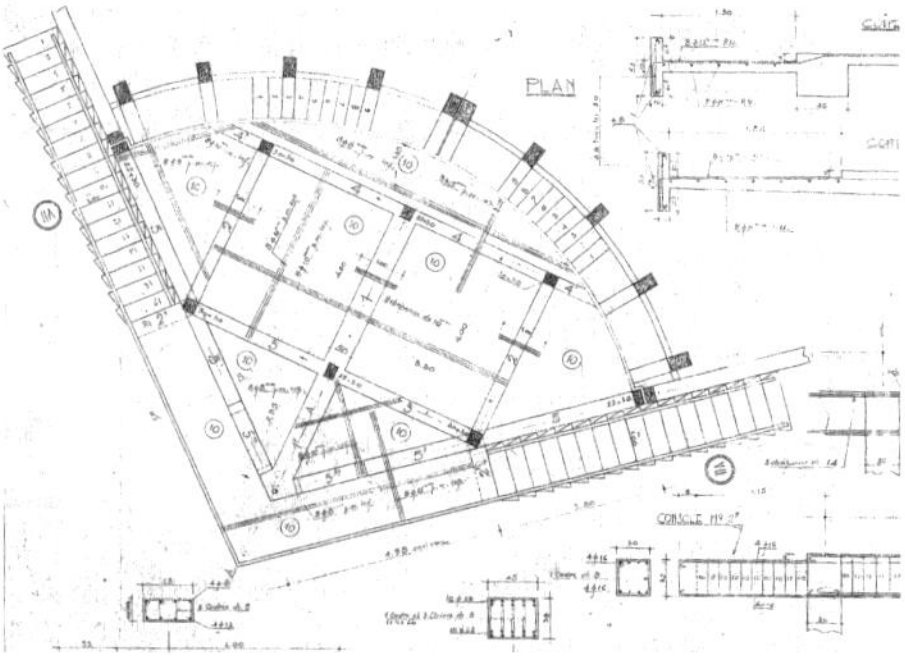

fig.3 「チャトモック国際会議場」、構造図（ホワイエ床配筋図）の一部

2

国連開発計画と大林組

国連開発計画の到来

一九五九年、ヴァン・モリヴァンの設計体制に大きな転機が訪れた。国連開発計画から外国人専門家チームが派遣され、公共事業省に加わったのである。このチームを率いたのは、ウラジミール・ボディアンスキーとジェラル・アニングの二人だった。

ボディアンスキーは一八九四年にウクライナで生まれたエンジニアで、モダニズム建築の金字塔である「クリシー人民の家」(設計＝ジャン・プルーヴェ、竣工＝一九三九)やニューヨークの「国際連合本部ビル」(竣工＝一九五二)、ル・コルビュジエの代表作「マルセイユのユニテ・ダビタシオン」の構造設計を手がけた人物である。二〇世紀の最も偉大な建築構造家のひとりと言って過言ではない。一方のジェラル・アニングは一九一九年、当時仏領のマダガスカルに生まれた都市計画家であり、一九三〇年代から四〇年代にかけてル・コルビュジエのアトリエで働き、モデュロールの発案に貢献したことでも知られている。

前章で述べたように、ボディアンスキーとアニングは一九四〇年代半ばにル・コルビュジエと協働して「建設者のアトリエ(ＡＴＢＡＴ)」を設立し、フランスの戦後復興や北アフリカの都市開発に携わっていた。モリヴァンは憧れのル・コルビュジエを身近に知る者たちと協働する機会を得たのである。

国連開発計画のチームには他にもロベール・アンスベルジェとギー・ルマルシャンという二人のフランス人と、番匠谷尭二、後藤宣夫、岡田説夫という三人の日本人がいた。日本人メンバーは全員が東京工業大学の清家清研究室出身であり、ATBATに所属し、ボディアンスキーとアニング、そしてモリヴァンの指揮下で都市計画と建築設計に取り組んだ[12]。ただし、三人の日本人は「ナショナル・スポーツ・コンプレックス」の設計時には日本のゼネコンと協働して独自案を設計しており、常にフランス人の下で働いたわけではなかったようである。

一九五九年から一九六五年までの六年間に、この国連開発計画チームは「大プノンペン計画」「シハヌークヴィル都市計画」「バサック川沿岸計画」「アンロン・ロミエト実験村」「ナショナル・スポーツ・コンプレックス」「高等師範学校」などのプロジェクトでモリヴァンと協働した。彼らの仕事は都市リサーチ、都市計画から個別の建物の設計に至るまで多岐にわたった。その成果の豊かさは前章までに述べてきたとおりである。

創造的な協働

「私の師匠は都市計画者のジェラル・アニングと卓越した技師であるウラジミール・ボディアンスキーです」[13]。モリヴァンはこのように年長のボディアンスキーとアニングに敬意を表し、彼らから影響を受けたことを公言して憚らない。「ナショナル・スポーツ・コンプレックス」の構造デザインに関して興味深いエピソードがある。モリヴァンが前例のないキャンティレバー構造の採用をためらっていると、ボディアンスキーは次のように助言したという。「予算超過に対しては、人々は少し不満を言うだけだ。しかし、デザインの失敗は君の名誉を失わせる」[14]。これを聞いたモリヴァンは決心を固めた。経験豊かな構造家ボディアンスキーは、ときに挑発的な言葉で若きモリヴァンを導いたのである。

　アニングとボディアンスキー以外の国連開発計画のメンバーもスタジアムの基本設計・実施設計・施工計画・現場監理の各段階において活躍した。モリヴァンはフランスの雑誌『今日の建築』に「創造の背後にはチームの団結心があった」[15]という一文を寄せ、彼ら全員の貢献を称えている。国連チームのメンバーは各々の専門性を活かし、モリヴァンと創造的な協働を行ったのである[fig.4,5]。

　「バサック川沿岸計画」に関して言えば、リサ・ロスの研究においてロベール・アンスベルジェが描いたスケッチが発見されており、彼がマスタープランの素案に関与したことが示されている[16]。また、松原康介の研究では後藤宣夫が検討した集合住宅のブロックプランが紹介されている[17]。さらに、ビル・グリーヴスが行ったインタビューでは、モリヴァンは

fig.4 「ナショナル・スポーツ・コンプレックス」屋外競技場での集合写真。画面中央にボディアンスキー、その右にモリヴァン。「ボディアンスキー万歳！」と横断幕が掲げられている

fig.5 模型と図面を前にして、プノンペンの都市計画案をシハヌーク（左）にプレゼンテーションするモリヴァンとアニング（右）

「グレー・ビルディング」のコンセプト設計に技師ギー・ルマルシャンが関与したことを示唆している[18]。以上から、「バサック川沿岸計画」における国連チームの貢献はマスタープラン策定から個別の建築の設計にまで及んでいたと考えられる。

当時モリヴァンは公共事業省の事務次官を務めており、同省に派遣された国連開発計画チームを管理し、統括する立場にあった。「ナショナル・スポーツ・コンプレックス」や「バサック川沿岸計画」などの大規模なプロジェクトでは、チームのリーダーとして、協働者たちにデザインを任せる部分も多かったと推測される。

ただし、彼自身もプレイヤーのひとりとして創造的な役割を果たしたことは強調しておきたい。モリヴァンの妻は「ナショナル・スポーツ・コンプレックス」のコンセプトが生まれた瞬間について次のように証言している。

ある日、ノロドム・シハヌーク殿下から電話がありました。「一八ヵ月後にプノンペンで東南アジア競技大会を開催するから、それまでにスタジアムを完成させよ」という命令です。二ヵ月半後、モリヴァンは夜中に目を覚まし、コンセプトをつぶやきました。人々はここだ、スイミングプールはあそこだ、と。私はそのとき、建築家はまずアイデアを思い描くのだと理解しました。[19]

モリヴァンは夢に見るほどスタジアムの設計に取り憑かれていた。そして、その実現を可能にしたのが国連開発計画の強力なバックアップだったのである。

大林組の貢献

同時期、ヴァン・モリヴァンは日本の建設会社である大林組とも緊密な協働を行っていた。大林組はカンボジアにおいて「国立劇場」「国会議事堂計画」「農牧医三センター」という三つのプロジェクトに携わっており、前二者の設計者はモリヴァンだった。

大林組とモリヴァンの協働がどのように始まったかは定かではない。戦後準賠償のプロジェクトである「農牧医三センター」がきっかけとなってつながった可能性もあるし、あるいは、モリヴァンが一九五六年に日本を訪れたときに顔合わせがあったのかもしれない。いずれにせよ、カンボジアにおける一連のプロジェクトは大林組にとって戦後初の海外進出であり、力が入っていた。大林組が保管する資料によれば「国会議事堂計画」には意匠担当三名、構造担当九名、設備担当三名の計一五名のスタッフが参加し、「国立劇場」には当時の設計部長である樫根英郎を筆頭に、意匠担当二名、構造担当四名、施工担当一名の合計八名が関与していた。また、「農牧医三センター」と「国立劇場」の現場を管理するために大林組プノンペン事務所には六名のスタッフが駐在していた fig.6。

fig.6 「農牧医三センター」、工事現場での集合写真。画面中央にモリヴァン。左から三人目が大林組プノンペン事務所所長の橋爪謙介

「国立劇場」における大林組の協力は多岐にわたった。一九五九年、大林組はカンボジア人の施工者チュルン・ユ・ハックに協力し、劇場の工事入札に参加。見積りと材料選定を担った。そして、落札後には実施設計にも協力した。構造設計に携わった技師・櫻町輝夫は「当初のデザインから計画は大幅に縮小され、大林組の設計部がオリジナルのデザインを尊重しつつ実施計画を行った」[20]と述べている。大林組が実施設計に関与したという職員の証言は図面からも裏付けられる。モリヴァンが一九五八年に作成した意匠図と大林組が一九六〇年代初頭に作成した構造図を比較すると、後者では建物の規模がひと回り小さい。大林組は確かに「縮小案」を設計しており、それに従って構造計算が行われたのである。

さらに、大林組は工事にも関わっていた。一九六三年から六四年に大林組プノンペン事務所に駐在した石原真雄は「日本式図面の説明係として派遣された」[21]と述べている。東京の設計部と連絡を取りつつ、彼らが作成した図面を現場で説明する役割を担ったのである。

以上をまとめると、「国立劇場」において大林組は入札時の見積りと材料選定、縮小案の検討、構造設計、実施設計、現場補助を行ったことになる。さらに、日本の商社である日綿實業を通じて材料調達にも関与していた可能性がある。

専門家チームの撤退

コンセプト段階からプロジェクトを支えた国連チームと、設計施工の両面で活躍した大林組は、質・量ともに充実した専門家集団であった。さらに、一九六〇年代前半にはウム・サモットやミアン・キムリーら海外の大学を卒業したカンボジア人も公共事業省に加わり、モリヴァンをサポートした。一九五九年から一九六四年までの五年間、モリヴァンは豊富な人材に支えられ、創造性を存分に発揮することができたのである。

しかし、状況は再び変化する。一九六四年、大林組はプノンペン事務所をたたみ、職員全員が帰国することになった。その背景にはカンボジアの政情不安があった。石原真雄は一九六三年一一月に南ベトナムで生じたクーデターと、その三週間後に起きたケネディ大統領の暗殺が契機となって「風向きが変わった」と回想している[22]。シハヌークはこれらの背後にＣＩＡの陰謀があったと信じ、アメリカからの経済援助を拒否した。続いて、プノンペンではアメリカ大使館とイギリス大使館を標的とするデモが巻き起こった。こうした国内外の情勢の変化を受けて、大林組は撤退を決めたと想像される。

ほぼ同時期に国連開発計画のメンバーの大部分もカンボジアから引き上げた。第Ⅲ章で述べたとおり、モリヴァンはパリにいるボディアンスキー、アニングらと「高等師範学校」の初期案の検討を続けたが、それが実現することはなかった。

一九六四年から六五年頃を境として、国連開発計画と大林組という二つのビッグチームとの関係は終わりを迎えた。同時期、モリヴァンは公共事業省を離れ王立芸術大学の学長に就任。以降は、個人事務所「キャビネ・ヴァン・モリヴァン」を拠点として設計活動を展開するようになった。

3 キャビネ・ヴァン・モリヴァンの仲間たち

五人のスタッフ

ヴァン・モリヴァンの個人事務所は初めは公共事業省のガレージの一角にあり、「自邸」の建設後にはその一階へと移ったという。モリヴァンのスタッフとして働いたクオン・クンニアイは以下のように事務所の様子を述懐している。

とても小さなオフィスです。当初、オフィスはガレージでした。自邸を建てる以前、彼は閣僚として公共事業省が提供する宿舎に住んでいました。モリヴァンは車を道端に停め、空いた宿舎の駐車スペースにエアコンをつけてオフィスにしていました。[23]

事務所のスタッフは少数精鋭で、正式に所属したのはウム・サモット、ヴァルター・アンベルク、クオン・クンニアイ、ホウル・フン、オー・トーイの五名のみだった。各人について紹介したい。

先述したとおり、ウム・サモットはパリの高等装飾美術学校に学び、帰国後に公共事業省に入省したインテリアデザイナーである。建築学位はもたないが、政府から建築家としての活動を認められていた[24]。彼がキャビネ・ヴァン・モリヴァンの仕事に関与したのは一九六五年以前で、公務で多忙なモリヴァンを支え、事務所のマネジメント業務を担ったと考えられる。

ヴァルター・アンベルクはスイス人の技師であり、モリヴァンの妻の弟だった。一九三九年にスイスのムルテンに生まれ、スイス連邦工科大学チューリヒ校で建築工学を学び、一九六五年に卒業。翌年の春にモリヴァンに誘われてカンボジアに渡った。彼が最初に取り組んだ仕事は「百の住宅」であり、以降、「自邸」「国立銀行シハヌークヴィル支店」「キャピトル・シネマ改築」「国営ビール工場」「高等師範学校」など、キャビネ・ヴァン・モリヴァンの主要プロジェクトの構造設計を一手に引き受けた。アンベルクはスイスから専門書を持ち込み、スイスの規準で構造設計を行ったと述懐している[25]。なお、「自邸」完成後の一時期、彼はその一室で暮らしていたという[fig. 7,8]。

クオン・クンニアイは一九四二年プノンペン近郊カンダールに生まれた。ソヴィエト連邦下のキエフ工科大学にて建築の修士課程を修め、一九六六年に帰国。公共事業省への入省を考えたが、ウム・サモットの仲介によってキャビネ・ヴァン・モリヴァンに入所した。クンニアイは当時を次のように振り返っている。

fig.7 「ヴァン・モリヴァン自邸」、工事現場のアンベルク。コンクリート打設前の屋根の上に立っている

fig.8 「ヴァン・モリヴァン自邸」、工事現場。コンクリート打設をアンベルク(画面右端)が見守っている

ソヴィエトから帰国した時、公共事業省で働こうと考えました。でも、モリヴァンは既にそこを離れていたので、彼の助手をしていたウム・サモットに相談し、履歴書を渡しました。その後、オーストラリアの首脳が来たか何かでセレモニーがあり、そこで初めてモリヴァンに会いました。彼は言いました。「履歴書は見たよ。君は素晴らしい学生だったのだね。でも、それは忘れなさい。今から私が仕事の仕方を教えるから。学歴は忘れて、私の個人事務所に来なさい」。私が「いつからですか」と尋ねると、「今晩から！」と言われました。このようにして私はモリヴァンに出会ったのです。[26]

クオン・クンニアイはウム・サモットと入れ替わるように事務所のスタッフとなり、「自邸」「国立銀行シハヌークヴィル支店」「キャピトル・シネマ改築」「国営ビール工場」などの設計に携わった。さらに、公務で忙しいモリヴァンの代役としてマネジメント業務も担当し、言わば「番頭」として活躍した。個人事務所の仕事が本格化した一九六〇年代後半にモリヴァンを支えた最重要人物と言える。

ホウル・フンはオハイオ州立ケント大学で建築を学んだカンボジア人である。彼も最初は公共事業省で働いたが、一九六五年頃にモリヴァンに請われて事務所のスタッフになった。彼が参加したプロジェクトは「国立銀行シハヌークヴィル支店」のみであり、その完成後には事務所を辞めて国営建材工場の代表を務めた。クオン・クンニアイはその経緯を次のように述懐している。

ホウル・フンが国営建材会社の代表に指名されると、モリヴァンは「事務所を辞めろ」と言いました。国営建材会社はタクマウにある、セラミック製品などの建材をつくる工場です。私たちのプロジェクトでもそこの材料を使っていましたので、彼が代表になると利益相反になってしまう。だからモリヴァンは「事務所を辞めろ」と言ったのです。—27

五人目のオー・トーイは最後のフルタイム・スタッフである。彼は海外留学の経験はなく、一九六四年にプノンペンに創立されたクメール・ソヴィエト友好工業大学で教育を受けていた。卒業後、一九六〇年代末にキャビネ・ヴァン・モリヴァンに入所したトーイは、「高等師範学校」の工事監理を担当した。しかし、建設途中でノロドム・シハヌークに対するクーデターが発生し、モリヴァンは亡命を余儀なくされた。クンニアイによると、トーイはその後も手紙や電話を通じてモリヴァンと連絡を取り合い、工事監理を完了させたようである。

プロジェクト契約

キャビネ・ヴァン・モリヴァンは、抱えていた業務量に比べて人員が明らかに不足していた。事務所には常勤のドラフトマンが二名おり、忙しいときにはさらに数名が手伝いに来ていたというが、それでも人手は不十分だった。

この人材不足を、モリヴァンは事務所外の専門家をプロジェクト契約で雇うことによって補った。例えばシハヌークヴィルのプロジェクトでは、公共事業省時代の部下であるミアン・キムリーに頼った。一九六〇年代後半、キムリーはシハヌークヴィルの港湾局長の職に就いており、現場監理を任すのに都合が良かったのである。

また、プロジェクト契約で設計を手伝う者もいた。クオン・クンニアイは次のように証言している。

事務所の仕事が増え、ホウル・フンと私が多忙をきわめたため、モリヴァンはルネ・デュモンに一時的な助けを求めました。デュモンは彼の自宅で設計を行い、仕事の段階ごとにモリヴァンに図面を見せました。—28

ルネ・デュモンは一九五五年にカンボジアに渡り、フランス極東学院で働いていた建築家である。エコール・デ・ボザール出身で、モリヴァンとはルーヴル美術学院で一緒に東洋美術を学んだ仲だった。モリヴァンは「百の住宅」の設計においてこの古くからの友人の力を借りた。

この他にも幾人かの外国人がモリヴァンを助けたようである。「モリヴァンはコンサルティングが必要になったら仲の良い外国人専門家を招き、酒を飲んだり、食事をしたりしながらプロジェクトについて話し合った」—29とクンニアイは述懐している。こうした「友人」のひとりに国連開発計画の派遣技師としてカンボジアに残っていたギー・ルマルシャンがいた。

以上をまとめると、ヴァン・モリヴァンの個人事務所の体制は次のように整理できる。カンボジア人スタッフは設計業務だけでなく事務所の運営管理も補佐した。一方、外国人の関与は設計業務に限られ、義弟アンベルクを除けばプロジェクトごとの契約者や非公式の助言者としての立場だった。多くの外国人が重要な役割を占めた公共事業省時代とは対照的に、個人事務所では若いカンボジア人建築家が中心となっていたのである。

大臣と建築家の両立

キャビネ・ヴァン・モリヴァンでは、スタッフ全員が王立芸術大学で教鞭を執っていた。ウム・サモットは一九六五年に、クオン・クンニアイは一九六八年に建築都市計画学部の学部長を任されており、校務だけでも相当に忙しかったはずである。

もちろん、ヴァン・モリヴァンも多忙をきわめていた。一九六〇年代前半は公共事業省を主導し、一九六五年には王立芸術大学の初代学長に就任。さらに一九六七年には教育大臣に任命された。モリヴァンは大臣任命について事前に伝えられておらず、ラジオでノロドム・シハヌークが話すのを聞いて自らの着任を初めて知ったという[30]。

それでは、モリヴァンと彼のスタッフたちはどのように公務と建築設計を両立したのであろうか。クンニアイは次のように述べている。

> モリヴァンは王立芸術大学の学長を務めていたので、夜に設計をしていました。芸大の仕事は四時頃に終わったので、夜の七時から深夜の一時半頃まで働きました。彼は後に教育大臣になりましたが、それでも毎晩事務所に戻って仕事をしていました。大臣としての役務を終えたら、テニスをして、夕食をとって、七時頃に事務所に来て働いたのです。毎週末には現場監理に行きました。当時はシハヌークヴィルで醸造所と国立銀行の工事がありました。工事の重要な局面ではモリヴァンも一緒に現場に行きました。[31]

平日の日中は公務にあて、夜と週末に建築設計と工事監理をする。休みなく働いていたわけである。モリヴァンは閣僚会議の最中に設計案をスケッチすることもあったという。クンニアイは「夜に事務所に戻ったらスケッチを見せてくれました」[32]と回想している。大臣という国家の重職を任されるようになってもモリヴァンは建築に力を注ぎ続けたのだ。彼のスタッフたちも同じように激務だったが充実していた。クンニアイは「モリヴァンと働くのはとてもおもしろかった」と述べ、アンベルクは「彼との協働は素晴らしい体験だった」と振り返っている。

もうひとつ興味深いエピソードがある。モリヴァンは公務と個人の仕事を両立する際に、利益相反を避けるようスタッフたちに厳命していた。この点について、クンニアイは以下のように証言している。

私は王立芸大と事務所の両方から給料をもらっていました。でも、教育大臣に就任するとモリヴァンは公共建築の仕事を避けるようになり、事務所は貧乏になりました。「政府の中心にいる以上、自分の事務所に公金を払うことはできない」と彼は考えたのです。利益相反を嫌ったということですね。だから給料は減ってしまいました。モリヴァン自身も貧乏でしたね。「建設会社から賄賂を受け取ってはいけない」とも言われました。「潔白でいろ」と。「建築家は独立しているべきだ」と彼は言いました。シハヌークヴィルに敷地調査に行くと、建設会社が高級ホテルを勧めてくれたり、ディナーでもどうですか、と誘ってくれたりしました。でも、モリヴァンの答えはいつも「ノー」でした。[33]

利益相反を嫌い、賄賂を受け取らない。クンニアイは「当時、賄賂を拒否したのはモリヴァンと私くらいではないだろうか」と冗談めかして語り、アンベルクも「建設会社から金銭の入った封筒を渡されたが、受け取れないと断った」[34]と述懐している。

人民社会主義共同体《サンクム・リアハ・ニヨム》の一党独裁下では、官民を問わず賄賂が横行し、常態化していた。カンボジア現代史を著したミルトン・オズボーンは、「不正、汚職問題はごく当たり前だった」[35]と述べ、賄賂社会が生み出した歪みがシハヌークの支持を翳らせたと指摘している。モリヴァンのような人物はとても珍しかったのである。

このエピソードはモリヴァンの高潔さを示すと同時に、建築家としてのプライドの高さをも物語っている。政府の御用聞きに堕することなく、誰かに便宜を図ることもなく、自らが信じる建築の道を貫く。そのためには「独立した建築家」であることが不可欠だった。「独立した建築家」であることのこだわりは、政府の中枢にあっても、彼の最大の関心が「建築」であり続けたことを示唆している。

チームワークによる設計

それでは、キャビネ・ヴァン・モリヴァンではどのように建築の設計が行われていたのだろうか。クオン・クンニアイの回想に再び耳を傾けてみよう。

民間の顧客と新たに契約を結ぶと、モリヴァンはインハウスの建築家、つまりホウル・フンか私に仕事を割り振りました。私たちはプロジェクトのコンセプトづくりに着手し、モリヴァン自身も独自にコンセプトを考えました。その後、打合せでそれぞれのコンセプトについて議論し、どの案を進めるか、モリヴァンが決断しました。ときには二つのコンセプトを混ぜ合わせ、新しいコンセプトをつくることもありましたね。その後、私たちはデザインを練り上げていき、折に触れてモリヴァンに助言を求めました。[36]

モリヴァンはスタッフとの対話を重視しチームワークで設計を行っていた。具体例を挙げよう。「国立銀行シハヌークヴィル支店」では、大小のボリュームを並べた全体の造形はモリヴァンのアイデアで、小舟を並べたような二重屋根はクオン・クンニアイの案だった。一方、「自邸」の設計では、クンニアイは屋根を三つに分割する案をつくったが却下され、モリヴァンが自ら考えた双曲放物面の屋根の案が採用されたという。

こうしたチームワークについて、クンニアイは次のように述懐している。

モリヴァンと仕事をするのはとても楽しかったです。彼は自らのアイデアを押し付けるのではなく、私たちのアイデアを理解しようと努力し、それを発展するよう導いてくれました。それは先生と生徒の関係に似ており、ボスと従業員の関係ではありませんでした。彼は、私たちは彼のドラフトマンではないと言いました。「プロの建築家になるよう訓練するのだ」と言ったのです。[37]

モリヴァンは事務所での設計活動を通じて、カンボジアの若い建築家を鍛えようとしていたのだ。

実務を通じた人材育成の成果は、その後のスタッフの経歴をトレースすることによって確認できる。モリヴァンの「右腕」と呼ばれたウム・サモットは王立芸大の建築都市計画学部の初代学部長となり、一九六八年にはシハヌークに引き立てられてケップとボコールの市長に就任した。公共事業省時代の部下ミアン・キムリーはモリヴァンの後継者として都市計画住宅局長を務めた後、シハヌークヴィルの港湾局長となった。キャビネ・ヴァン・モリヴァンで働いたホウル・フンは国営建材会社のディレクターとなり、クオン・クンニアイはサモットの後任として王立芸大の建築都市計画学部長を務めた。彼らは皆、官公庁や教育機関で重要な地位を占め、カンボジアの都市・建築の近代化の一翼を担ったのである。

ところで、モリヴァンが事務所でスタッフ教育に注力し始めた時期は、彼が王立芸術大学の学長に就任し、カンボジア初の建築教育を開始した時期と一致している。カンボジアが国際社会から孤立し始めた一九六〇年代後半、人材育成はモリヴァンの最重要課題になっていた。次節では王立芸術大学における教育に焦点を当て、モリヴァンによる人材育成をさらに詳しく考察してゆく。

4 王立芸術大学と建築教育

王立芸術大学の創設

一九六五年一月、王立技術大学、王立芸術大学、タケオ＝カンポット王立大学、コンポンチャム王立大学の四大学の開設と、王立クメール大学の改組を定める勅令が公布された。各大学の学長にはフランス留学経験がある政府高官が選ばれ、ヴァン・モリヴァンは王立芸術大学の初代学長に任命された。

モリヴァンは大学設立の経緯について次のように回想している。

> 一九六〇年代のある日、シハヌーク殿下に呼ばれました。私を含め、フランスで教育を受けたクメール人の技師や医師など数名が王宮に集められ、会議が開かれました。殿下は「インドネシアから帰国したばかりだ」と告げ、次のように語りました。「彼らも独立したばかりだが、多くの大学がある。なぜ我が国にはないのでしょうか。それこそが未来なのに！」。そして殿下は私に向かって、「モリヴァン、君がプノンペンに王立大学をつくるのだ」と命じました。私は小さなイタリア車を賜り、大学の評議会を創設するために学生や教師、学者を探して奔走しました。[38]

仏領期のカンボジアでは、高等教育機関は王立行政学校、医学学校、パーリ語高等学校に限られていた。独立後、新政府は教育拡充に着手し、一九五四年に仏教大学を、一九六〇年に王立クメール大学（現在の王立プノンペン大学）を設立。さらに、一九六四年にはソ連の援助を受けてクメール・ソヴィエト友好工業大学を開校した[39]。しかし、これらの大学の規模と内容は依然として限定的だった。シハヌークはインドネシア訪問中に高等教育のさらなる拡張が必要だと確信し、帰国後直ちにその実行を命じたわけである。

言わばシハヌークの思いつきから始まった新大学設立計画に、モリヴァンは精力的に取り組んだ。政府高官として慢性的な人材不足に直面していた彼は、高等教育の必要性を痛感していたに違いない。教育を海外に依存する限り、安定した人材確保は見込めない。王立芸術大学の創設という新しいミッションはこの状況を変える絶好のチャンスだった。

まず、モリヴァンは既存の教育機関の再編成に着手した。ジョルジュ・グロリエが創設した美術学校を造形美術学部に改組し、一九四六年に設立された国立音楽学校を音楽学部として位置づけた。さらに、王立舞踊学校と王立演劇学校を統合して舞台芸術学部をつくり、その初代学部長にフランス留学時代の旧友であり国立劇団の創始者でもあるハン・トゥンハックを指名した。その上で、モリヴァンは当時のカンボジアにおいてまったく新しい学部である考古学部と建築都市計画学部を新設し、全五学部からなる王立芸術大学を生み出した。

一九六五年五月、モリヴァンはシハヌークが監修する月刊誌『カンブジャ』に「カンボジア芸術に吹き込まれる新しい命」という文章を寄稿し、王立芸術大学の建学理念について詳しく論じた。このエッセイの冒頭は次のように始まる。

近年、国家元首ノロドム・シハヌーク殿下の熱烈な後押しにより、カンボジアの伝統芸術と工芸の復興に向けた一歩が踏み出された。演劇、舞踊、造形美術、建築、考古学の各分野における教育指導を改善し、調整するための抜本的な構造改革が始まったのである。

その必要性は高まっていた。なぜなら、過去数十年間、クメールの芸術家や職人たちは伝統芸術の形式を更新し、独創的な作品を生み出す力をほとんど発揮できずにいたからである。この停滞は、偉大なクメール古典芸術に対するコンプレックスに起因すると考えられる。クメールの芸術家と職人たちは、一二世紀につくられた傑作の表面的な模倣に終始してしまったのだ。

ここにはアンコール期を「栄光の時代」、その後を「衰退の時代」とするシハヌーク時代の公定史観がはっきりと表れている。続いて、モリヴァンはジョルジュ・グロリエが創設した美術学校について次のように批判を加える。

一九一八年にこの凋落を食い止める試みが行われた。彫刻家の芸術的本能と感受性を復興させるという使命を帯びて美術学校が設立されたのだ。しかし、現代の芸術創造に必要な新しい血を注入できなかったため、教育水準は徐々に低下し、十分な刺激を与えることはできなかった。[41]

ここで言及されている「新しい血」とは明らかに「近代性」を指している。植民地時代の芸術復興の試みは、近代を軽視し、過度に伝統回帰に傾いたために失敗に終わった。このように過去を整理したうえで、モリヴァンは王立芸術大学の教育理念を以下のように提示する。

ひとたび古典の原理を受胎すれば、学生たちは新しい方向を切り開くことができる。この信念に基づき、クメール古典芸術の確固たる基礎を与えることに教育の重点を置く。過去の芸術を吸収し、近代の思想と技術に精通した若き芸術家たちは、十分な備えをもち、精神が解放され、独創的な作品を生み出すための霊感を得るだろう。そして、カンボジアの霊感に満ちた彼らの作品は、近代的な国民芸術の創造に寄与するはずだ。[42]

「クメール古典芸術」を基礎とし、「近代の思想と技術」に精通し、「近代的な国民芸術の創造に寄与する」。これは建築家としてのモリヴァンに課せられた「伝統と近代の統合」という国家的要請そのものである。興味深いことに、ここまでのエッセイの内容は、モリヴァンが学生時代にパリで執筆した「クメール文化についての試論」の内容と合致している。つまり、彼の設計思想と教育思想の根底には学生時代の「試論」があり、両者に共通する目標が「伝統と近代の統合」だったと解釈できる。

第Ⅱ章で述べたように、建築家としてのモリヴァンは、この目標を達成するために「伝統の近代化」と「近代のクメール化」という二つの方向性を追求した。そして、彼は教育者になっても同様のアプローチを繰り返した。その一例として、舞台芸術に関するモリヴァンの考えを紹介したい。彼は舞台芸術学部の重要な先例として、王宮が庇護してきた伝統舞踊とハン・トゥンハックが創設した国立劇団の二つを挙げている。そして、伝統舞踊については、古典の形式を維持しつつ、舞台装置や照明などの近代技術を積極的に導入してきた点を称賛する。これは「伝統の近代化」の好例である。一方、国立劇団については、シェイクスピアやモリエールの作品を翻訳しカンボジアの舞台に適応させた点を評価しており、これはまさしく「近代のクメール化」と言える。モリヴァンは自らの建築の創作と同じように、王立芸術大学においても「伝統の近代化」と「近代のクメール化」を同時進行させ、その狭間に「近代的な国民芸術」の生成を企てたのである。

四つの校訓

王立芸術大学が開校した正確な時期は明らかではないが、既存の学校を再編した造形美術学部、音楽学部、舞台芸術学部の三学部が先行して活動を開始した。そして、一九六五年一〇月に考古学部と建築都市計画学部が第一期生を受け入れ、大学全体が本格的に始動した。翌年八月、『カンブジャ』誌に「王立芸術大学」という記事が掲載され、開校後の教育状況が報告されている。筆者は不明だが、設立の経緯や理念に関する記述が「カンボジア芸術に吹き込まれる新しい命」と似通っていることから、学長であるモリヴァン自身が執筆した可能性が高い。この記事で示される教育方針を引用したい。

大学の五学部は、研究と近代的応用を通じて、多様な芸術形態を普及させ、復興させる枠組みとして構想された。学生たちは、まず自国の芸術に関する十分な知識を身に付け、そのうえで普遍的な芸術に触れ、個人的な表現の可能性を解き放つ。これが教育の原則である。大学は、演劇であれ伝統工芸であれ、古典芸術と新しい方法を組み合わせることで、芸術家たちが自らの個性を伸ばすことを奨励する。これらを念頭において、きわめて独特な四つの校訓が定められた。

指導　理論的なだけではなく、何よりも実践的であれ。学生は公衆と密接な関係を築くべきである。授業だけではなく、自らの仕事の質を体感させてくれる客観的な観衆の前に立つことで、職業について学ぶ。

研究　伝統芸術の復興にはその起源に関する深い知識が必要である。このために、各学部に付属する研究記録センターが設立され、伝統芸術に関する大規模な調査を実施する。その成果は教員と学生の双方によって絶えず参照される。また、これ自体が学生参加の一例である。考古学部の学生は職業上必要となる様々な技術を現場で学び、実務作業に関する報告書を作成する。

普及

人々の関心を喚起し、未来の芸術家たちを刺激するために、遠方を訪れる劇団巡業とラジオやテレビでの放映を企画した。同様の意図をもって、近い将来には伝統絵画の展覧会や音楽公演の開催を予定しており、伝統芸術の諸形式に関する記事と意見を集約する参考書の出版も計画している。

文化運動

学生は活発な文化運動の基盤となる。芸術に新しい刺激を与え、議論を巻き起こし、研究グループを立ち上げることが求められる。異なる考えの対立から表現方法が生まれ、際立った個性が形成され、創作として表れる。大学が教える芸術の多様性は芸術家たちの財産となる。自らの専門に関する深い知識を身に付けた後に、個人の創造的問題を、芸術全体のより広範な概念に適用することが可能となる。——[43]

「自国の芸術に関する十分な知識」を基礎とし、「古典芸術と新しい方法を組み合わせる」という原則は、前年のエッセイ「カンボジア芸術に吹き込まれる新しい命」で示された内容と同じである。しかし、続いて提示される指導・研究・普及・文化運動の四つの校訓はより具体的かつ詳細だ。このうち前三者は相互に関係している。「指導」は実践を重視し、公共の場での発表は公衆の啓蒙すなわち「普及」につながる。「研究」は考古学部生の実践的な教育を兼ね、その成果は他学部に還元されて「指導」のリソースとなる。つまり、指導・研究・普及の三者は「実践的教育」を通じて結びついている。

成熟した国家では、十分な数の専門家が存在するため、学生が実践を担う必要性は低い。しかし、専門家が少ない若い国家では学生といえども貴重な戦力である。日本でも、戦後復興期には大学研究室が公共建築の設計を手がけていたことが思い起こされる。王立芸術大学の学生にも、同様の実践的な活動が期待されていた。音楽専攻の学生が公式の祝典やパレードを指揮し、舞台芸術を学ぶ学生が地域巡業を行い、建築学生が公共事業に携わるといった具合である。

一方、第四の「文化運動」は学生の自発性を促す校訓であり、分野を横断した学生同士の交流が特に重視されている。これと関連して、モリヴァンは内戦後に以下のような発言をしている。

パリのボザールで学んでいた頃、私は他学部の学生と頻繁に交流しました。絵画、彫刻、室内装飾などの学部にいる学生に加え、ルーヴル美術学院、舞台芸術学校、音楽学校の学生たちとも時間をともにしました。結局のところ、これらの分野はすべて関係しています。こうした環境下で、学生たちは自らの専門分野だけでなく、友人が取り組む分野のことも学ぶのです。劇や音楽のパフォーマンスに手伝いとして呼ばれたり、画家や彫刻家の展覧会に連れて行かれたり、芸術運動に関する意見交換をしたり、といったように。そこで、我が国に王立芸術大学を創立するという機会を得た際に、多様な芸術家たちがアイデアを交換するためにはどうすればいいか、孤立したグループに分かれないためにはどうすればいいいか考えました。[44]

モリヴァンは自身の留学体験をカンボジアで再現しようと企てた。「文化運動」という校訓はその表れである。特に、考古学部と建築都市計画学部の新設は、モリヴァンの個人史と密接に関係している。これは、エコール・デ・ボザールで建築を学び、ルーヴル美術学院でクメール古典芸術を学んだという自らの経験を、同一キャンパス内で再構築する試みだったと解釈できる｜fig.9。

fig.9 王立芸術大学学長時代のモリヴァン

考古学は通常、歴史学や人類学の一分野とされるが、モリヴァンはこれを芸術大学に組み込み、他の芸術分野との交流を促した。考古学部は「クメール古典芸術を基礎とする」という教育理念を具現化するための要石だったのである。その指導陣には、カンボジア国立博物館館長のマドレーヌ・ジトーやアンコール保存官のベルナール＝フィリップ・グロリエなど、第一級の東洋学者が名を連ねた。

総力戦としての建築教育

建築都市計画学部に議論の焦点を移そう。初めに当時の教師陣を整理したい。

まず、モリヴァンは信頼のおけるカンボジア人を学部長に抜擢した。「モリヴァンの右腕」と呼ばれたウム・サモットは一九六五年から一九六七年にかけて初代学部長を務めた。個人事務所でモリヴァンを支えたクオン・クンニアイは一九六六年にカリキュラム・ディレクターに就任し、一九六八年から七五年まで二代目学部長を務めた。このように、モリヴァンは設計実務で頼りにしていた二人に学部運営を委ねたのである。

次に、モリヴァンはエコール・デ・ボザール出身者を常勤の教授として起用した。クンニアイは次のように述べている。

王立芸術大学で教えた主要な外国人建築家にルネ・デュモンとギー・ナフィリャンの二人がいました。パリのエコール・デ・ボザールにおけるモリヴァンの友人たちです。彼らはカンボジアに渡り、フランス極東学院でベルナール＝フィリップ・グロリエとともにアンコール遺跡保存の仕事に携わっていました。一九六五年、シハヌーク殿下から王立芸術大学の創設を命じられたモリヴァンは、この二人の建築家を招聘し、建築都市計画学部の指導に当たらせました。彼らは一九七五年まで王立芸術大学で働きました。—45

ルネ・デュモンとギー・ナフィリャンはエコール・デ・ボザールで建築を、ルーヴル美術学院で東洋美術を学んだ建築家である。近代建築を理解し、クメールの古典芸術にも造詣が深い彼らは、王立芸術大学の教育理念にふさわしい教授だったと言える。

また、パリのボザールに在籍中の建築家の卵も王立芸術大学の教育に携わっていた。当時のフランスには兵役に代わる文民役務制度があり、そこには旧植民地における教育活動が含まれていた。この制度を活用して、ジャン＝マリー・シャルパンティエとシャルル・ゴールドブルムという二人の若者がカンボジアに赴き、建築都市計画学部で教鞭を執った。シャルパンティエは一九六七年から六八年にかけてギー・ナフィリャンの助手を務め、ゴールドブルムは一九六九年から七一年まで都市論と都市計画の座学を担当した。

さらに、その他の教員に関して、クンニアイは次のように述べている。

これら常勤の外国人専門家に加えて、省庁に勤務する様々な分野の専門家を王立芸術大学に招聘し、パートタイムで指導をしてもらいました。国連専門家として公共事業省に勤務していたギー・ルマルシャンはそのひとりです。彼は構造を教えるために王立芸大に招かれました。──46

建築都市計画学部では各省庁の専門家を非常勤講師として招聘し、教員不足を補っていたのである。同様に、キャビネ・ヴァン・モリヴァンのスタッフたちも教育に駆り出された。ヴァルター・アンベルクは非常勤で数学を教えていたと回想している。一九七一年の教員リストにはウム・サモット、クオン・クンニアイ、ホウル・フン、オー・トーイの名が並んでおり、モリヴァンの歴代事務所スタッフが勢揃いしていたことがわかる。

前節で述べたように、常勤教授のルネ・デュモンもまた、キャビネ・ヴァン・モリヴァンの仕事を手伝っていた。また、ギー・ナフィリャンも、実現はしなかったが、「シェムリアップの軍学校計画」(設計＝一九六八)でモリヴァンに協力していた。当時のカンボジアでは専門家の絶対数が不足しており、モリヴァンはこの問題を解決する現実的な手段として、信頼できる実務協働者に教育を任せたと言えるだろう。

さらに、建築都市計画学部は海外留学から戻った若手建築家を次々と取り込んでいった。アメリカのフロリダ大学とプラット・インスティテュートで学んだウック・サメットや、モリヴァンと同じくボザールでルイ・アレシュに師事したウオン・サダム、ブルガリアのソフィア大学で学んだタン・クドンピ（彼はロック歌手としても活動していた）、オーストラリアのアデレード大学で学んだチュム・スンフォンなどがその例である。彼らは一九六〇年代後半にカンボジアに帰国し、公共事業省やプノンペン市都市計画住宅局で働く傍ら、非常勤講師として大学教育に貢献した。

以上をまとめると次のように言える。建築都市計画学部ではモリヴァンが公私ともに信頼するカンボジア人専門家が学部運営の責任を負い、二人のフランス人建築家が常勤教授として設計教育の中枢を担った。さらに、官公庁やキャビネ・ヴァン・モリヴァンで働く実務家を非常勤講師として招き、文民役務に就くフランス人建築学生を期限付き教員として動員することによって教員不足を補った。王立芸術大学の建築教育は、利用可能な人的ネットワークを駆使した総力戦だったのである。

建築都市計画学部

それでは、建築都市計画学部の教育内容を検証していこう。高校を卒業して大学入学資格を得た若者たちは、まずは一年間の準備コースに入学した。クオン・クンニアイは次のように述べている。

一九六五年から七五年にかけて毎年約三〇名の学生を募集しました。当時のカンボジアの高校には歴史と芸術に関する授業がなく、ドローイング、彫刻、絵画といった造形美術の授業もまったくありませんでした。ゆえに、建築都市計画学部と造形美術学部の室内装飾部門に共通する一年間の準備コースを設けて、そこで芸術に関する知識と技術を与えました。高校を卒業した若い学生たちは、準備コースに入るために試験を受ける必要があり、入試は建築都市計画学部の責任下で行われました。そして、その一年後には建築都市計画学部か造形美術学部に入るための試験が行われました。[47]

建築都市計画学部に入学した学生には五年間のプログラムが待っていた。最初の二年間は初級コースと呼ばれ、数学、幾何学、建築理論、クメール芸術史、建築史、構法、材料力学などの基礎科目と設計演習を学ぶ。次の二年間は二級コースと呼ばれ、初級の科目群に加えてコンクリート工学、都市計画、建築法規などの専門科目が教えられた。そして最終年度では半年間の実務研修と、もう半年間の卒業設計に取り組んだ[48]。

このカリキュラムはモリヴァンがパリで受けた教育によく似ている。学部入学以前に設けられた「準備コース」はエコール・デ・ボザールの入学志願者《アスピラン》の制度と類似しており、入学後の教育課程が初級・二級の二つに分かれている点や、卒業設計の着手条件として実務研修を義務付ける点もボザールと同じである。こうした教育カリキュラムの全体は、モリヴァンと二人のフランス人教授が中心となって構想したと考えられる。クンニアイは述べる。

> フランス人建築家ルネ・デュモンとギー・ナフィリャンが主要な教授であり、彼らは二人ともエコール・デ・ボザール出身でした。それゆえ、パリのエコール・デ・ボザールのカリキュラムを模倣する傾向があったのは仕方のないことでしょう。[49]

カリキュラムのみならず、教育内容にもエコール・デ・ボザールの影響があった。例えば、準備コースと初級コースではアンコール・ワットなどの古代遺跡を描く課題が与えられたが、これはボザールの伝統である要素分析課題とよく似ている。西洋建築の代わりにアンコール建築を学ぶという違いはあれども、古典を重視するという教育方針自体にそもそもボザールの影響があったと解釈することも可能だ[fig.10,11]。

次に設計演習の内容を見てみよう。一九七一年に作成された学部案内の資料によれば、初級コースでは「公園のキオスク」「小さな近代美術館」「公園の噴水」「観光案内所」といった設計課題が、二級コースでは「六〇室のホテル」「水泳センター」「学生寮」「集合住宅」「住宅団地」といった課題が与えられた[50]。学年が進むにつれて徐々に複雑で規模が大きな課題が与えられるのは今日の設計教育と同じである。

学生たちの成果図面は総じてクオリティが高い。彼らのデザインにはモダニズムの影響が顕著であり、計画全体は幾何学的な構成に基づき、機能的にまとめられている。

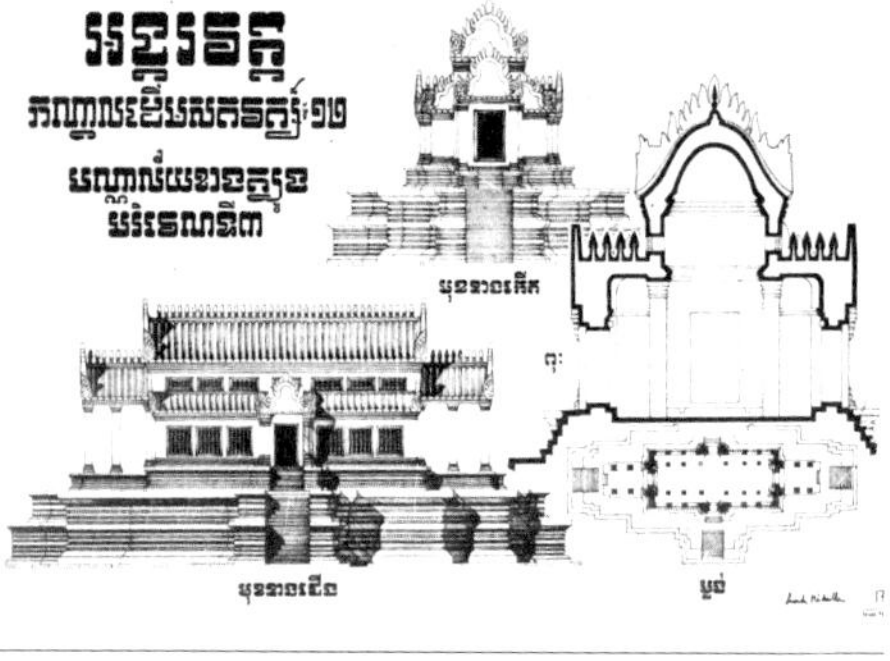

fig.10 王立芸術大学の学生課題。アンコール・ワットの図書館のドローイング

fig.11 王立芸術大学の学生課題。コー・ケー遺跡の彫刻のドローイング

コロニアル建築を思わせるベランダや、ル・コルビュジエを彷彿とさせるピロティが多用されている点も特徴的だ。同時に、切妻屋根や折板屋根、水庭などの要素を用いて「カンボジアらしさ」が表現されている点も注目に値する。ここには、モリヴァンやル・バン・ハップらカンボジア人建築家たちが推進した、「伝統と近代の統合」を目指す「新クメール建築」からの影響が明らかである fig.12,13。

学長であるモリヴァンはこうした教育プログラムの全体を承認する立場にあった。ただし、学部の教育はモリヴァンのワンマンでもなければフランス一辺倒でもなかった。ソ連で学んだクオン・クンニアイを筆頭に、アメリカ、オーストラリア、シンガポール、ブルガリア、スイス、カナダなど、様々な国で学んだ教員が集まっていたからである。クンニアイは、これらの教員との議論を通じて、カンボジアにふさわしい独自のカリキュラムをつくり上げたと述懐している。一九六九年に着任したシャルル・ゴールド

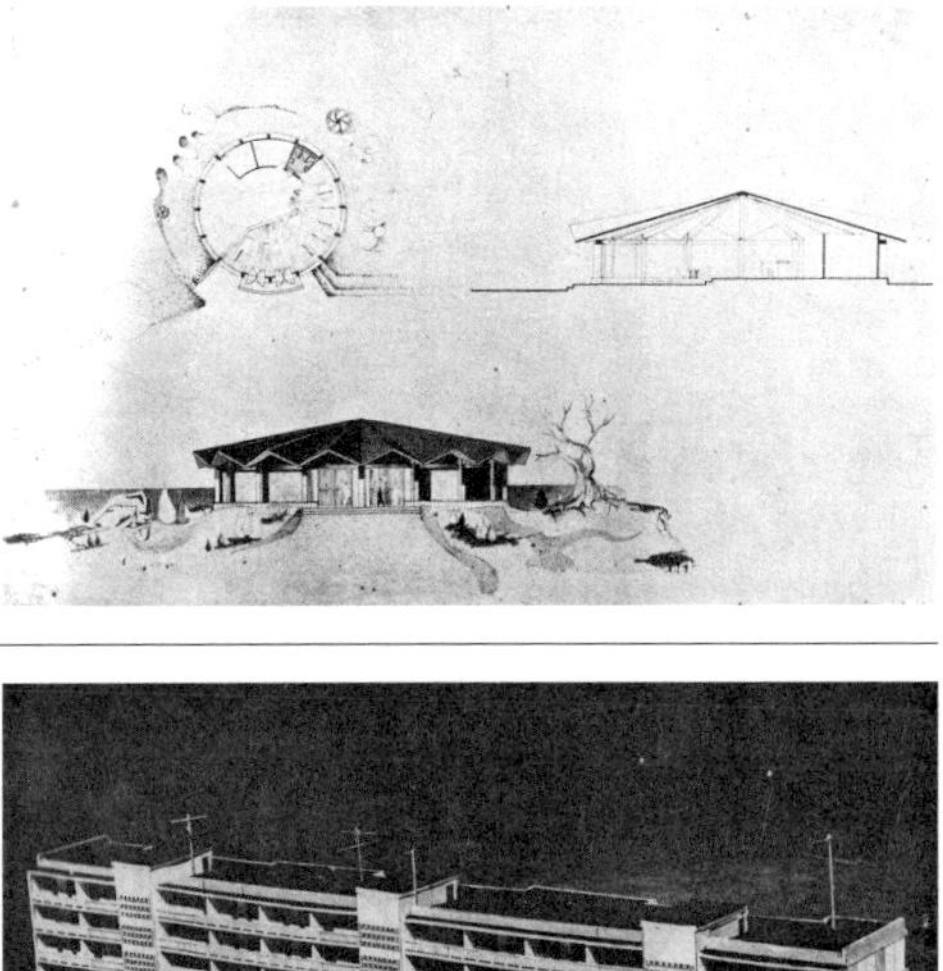

fig.12 王立芸術大学の学生課題。「観光案内所」のドローイング

fig.13 王立芸術大学の学生課題。「集合住宅」の模型写真

ブルムは「自身の講義に関して他者からの干渉はなかった」と述べ、当時の学部教育について次のように振り返っている。

学部における建築教育は、後に「新クメール建築」と名付けられたヴァン・モリヴァンのヴィジョンから多くの点で影響を受けていました。例えば、ボザールの伝統であるギリシャ・ローマ建築の分析研究はアンコール建築の研究へと転換されました。さらに、建築と都市デザインの指導には近代建築運動のコンセプトが統合されました。だから、カンボジアの建築・都市計画教育にはオリジナリティがありました。指導面の困難はありましたが、新しい国際的な潮流を扱おうとしていたのです。もうひとつの特徴はレファレンスとコンセプトの多様性です。これは学部の指導教員を確保するためにカンボジアが海外援助のパートナーシップを頼りにしたことに関係しています。[51]

モリヴァンは初代学長として、そしてカンボジアを代表する建築家として、建築教育全体に大きな影響を及ぼしたことは想像に難くない。しかし、彼自身は直接教鞭を執ることはなく、指導内容は各教員の裁量に任せた。こうして、国際色豊かな教師陣の個性が活かされたのである。

建築都市計画学部のもうひとつの特色として、その名が示すとおり都市計画《アーバニズム》に関する教育があった。常勤教授のひとりであるギー・ナフィリャンはエコール・デ・ボザールで建築を学び、ルーヴル美術学院で東洋美術を学んだうえ、パリ大学都市研究所において都市計画家《アーバニスト》の学位を取得していた。また、一九六〇年代末に学部教育に加わったウオン・サダム、モル・プルック、シャルル・ゴールドブルムの三人もパリ大学都市研究所で学んでいた。当時、同研究所はフランス随一の都市研究機関であり、都市社会学や都市地理学の知見に基づく新しい教育を展開していた。ゴールドブルムは、こうした新しい傾向を学部教育に取り入れることにモリヴァンは積極的だったと証言している。

> ヴァン・モリヴァンは教育大臣として未来の建築家と計画家を育成することに特別な関心を寄せていました。彼は明らかに、学問的にも実務的にも国際的な水準を満たしたいと考えていました。都市計画学と都市社会学を建築教育のカリキュラムに統合することは、私の担当講義がその一例ですが、当時としては実に画期的でした。近代化という目的と、その開発がもたらす社会的な側面を結びつけるという新しい考え方に対して、彼はオープンだったと言えます。—[52]

ゴールドブルムは自身が担当した都市論の講義において、都市計画に関してはロベール・オゼールを、都市社会学に関してはアンリ・ルフェーヴルやポール＝アンリ・ションバール・ド・ローヴエを参照したと述懐している。これらは一九五〇年代から六〇年代に発表されたばかりの新しい学説だった。彼は人民社会主義共同体《サンクム・リアハ・ニヨム》が推進してきた「公共建築と都市美の時代」は終わりを迎え、都市人口の増加に伴う住宅不足や貧困に取り組む必要があると考えていた。ゆえに、これら最新の知見を学生たちと共有したのである。ギー・ナフィリャンやウオン・サダムらの具体的な指導内容は不明だが、彼らもゴールドブルムと同様に、都市研究所での経験をもとに教育を展開したと想像される。

以上をまとめると、建築都市計画学部の教育はエコール・デ・ボザールのカリキュラムと近代建築運動の方法を基盤とし、そこに先進的な都市教育を組み合わせたものだったと結論される。ただし、基礎教育ではクメール古典建築を重視し、設計演習では新クメール建築の先例を参照するなど、カンボジア独自の特色が見られた。このカリキュラムは「伝統と近代の統合」を目指し、「実践的教育」を重視する大学の理念と合致していたと言えるだろう。

建築教育の中断

「ヴァン・モリヴァンの下で将来を約束されたかに見えた建築都市計画学部は一九七〇年三月のロン・ノルのクーデターによって中断を余儀なくされました」[53]。これはシャルル・ゴールドブルムの回想である。一九七〇年三月一八日、ロン・ノル将軍がノロドム・シハヌークを追放し、王制を廃止した。国名はカンボジア王国から「クメール共和国」に変更され、王立芸術大学も「芸術大学」に改名された。王党派のヴァン・モリヴァンは更迭され、政治的な影響力を失った。クーデター後も建築都市計画学部は活動を続けたが、入学者・進学者ともに減少し、フランスからの教員派遣は止まった。ゴールドブルムはこの間の大学を「きわめて限定的に機能していた」と描写している。

こうした状況下においても、一九七一年八月に第一期生六名が卒業設計を完成させ、カンボジア国内で初めてとなる建築学位を取得した。そして、彼らの成果は同年一〇月に一般誌『新しいカンボジア』に掲載された[54]。以下、この記事に基づいて、カンボジア初の卒業設計の内容を概観しよう。

六名の学生は「芸術大学」というテーマに共通して取り組み、キャンパスのマスタープランを合作し、そのうえで各自がひとつずつの建物を設計した。政変後、カンボジアは東南アジア教育大臣機構（SEAMEO）に加盟し、国際的枠組みのなかで考古学と美術の応用研究センターを設立することを検討していた。母校を対象とする卒業設計はこのセンター計画と連動しており、「実践的教育」という教育方針に沿ったものだったと言える。

学生たちは当時の都市状況を精緻に分析し、プノンペン市西部のバンコック湖畔を新しい芸術大学の敷地として選定している。そのうえで、キャンパス全体に親水空間を配し、歩車分離を徹底し、空中通路で建物をつなぐマスタープランを立案した。これは近代都市計画の理論に忠実であり、モリヴァンが設計した「高等師範学校」にも似ている fig.14。

個別の作品も力作である。例えば、チュー・リアンという学生が設計した「会議場」は八〇〇人収容のホールであり、ダイナミックなコンクリートの折板屋根が大空間を覆っている。切妻が連続する屋根の造形はモリヴァンの「チャトモック国際会議場」や「元首官邸」の屋根にも似ており、コンクリート構造への深い理解を示している。一方、ウン・チャン・ナムが設計した「学長

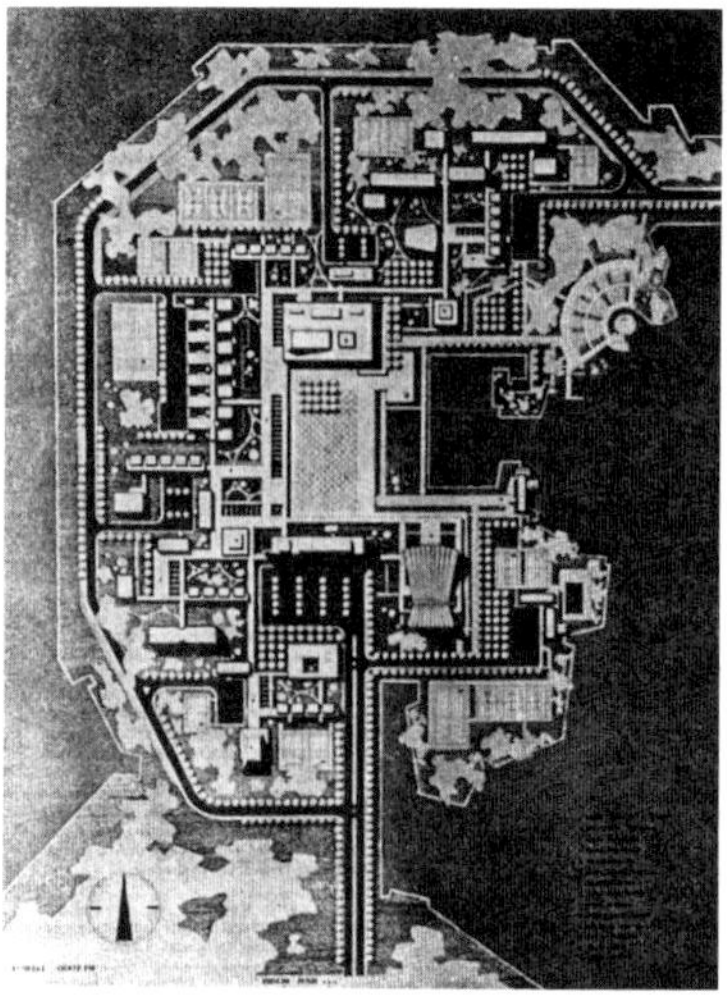

fig.14 卒業設計「芸術大学」、マスタープラン

館」は端正なオフィスビルであり、ピロティやブリーズ・ソレイユなどのル・コルビュジエ的な建築言語が駆使され、熱帯気候への配慮が認められる。ロス・ボラットが設計した「舞台芸術学部棟」では小ホール、スタジオ、映写室、録音室などの機能が巧みに配置されており、幾何学的な造形の全体はやはりル・コルビュジエからの影響を感じさせる［fig. 15–17］。

　こうした卒業設計の成果には建築都市計画学部の教育成果が遺憾なく発揮されていると

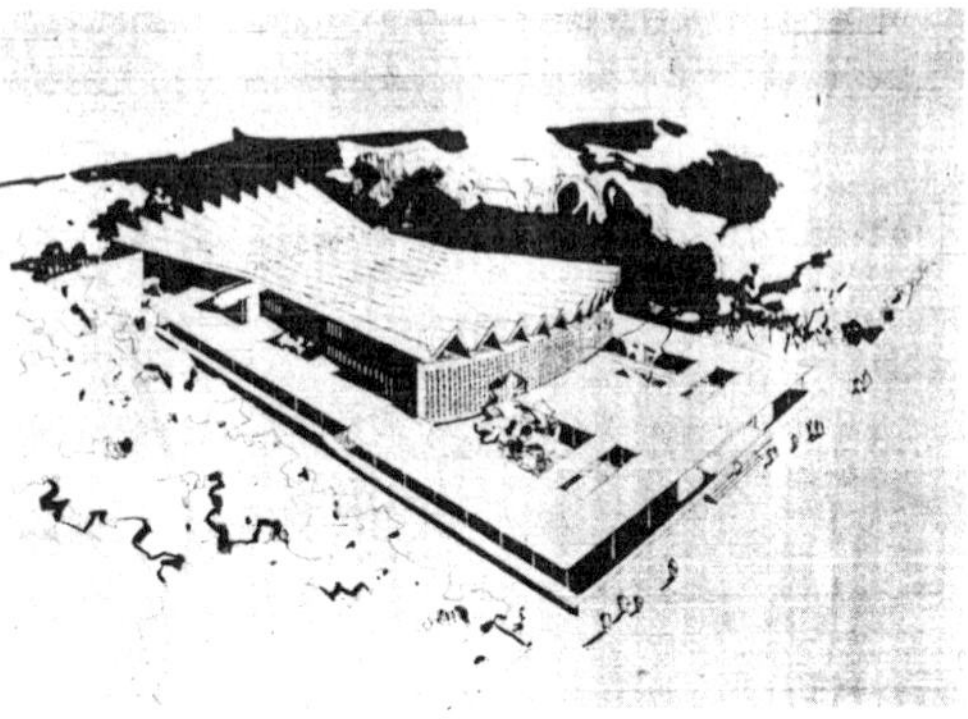

fig.15　卒業設計「芸術大学」、「会議場」の透視図

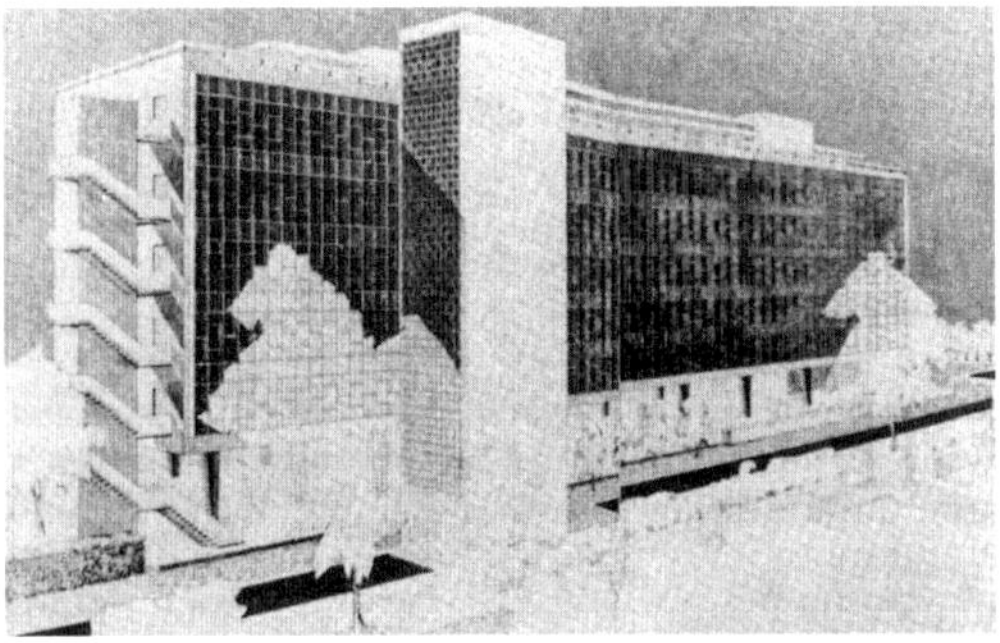

fig.16　卒業設計「芸術大学」、「学長館」の透視図

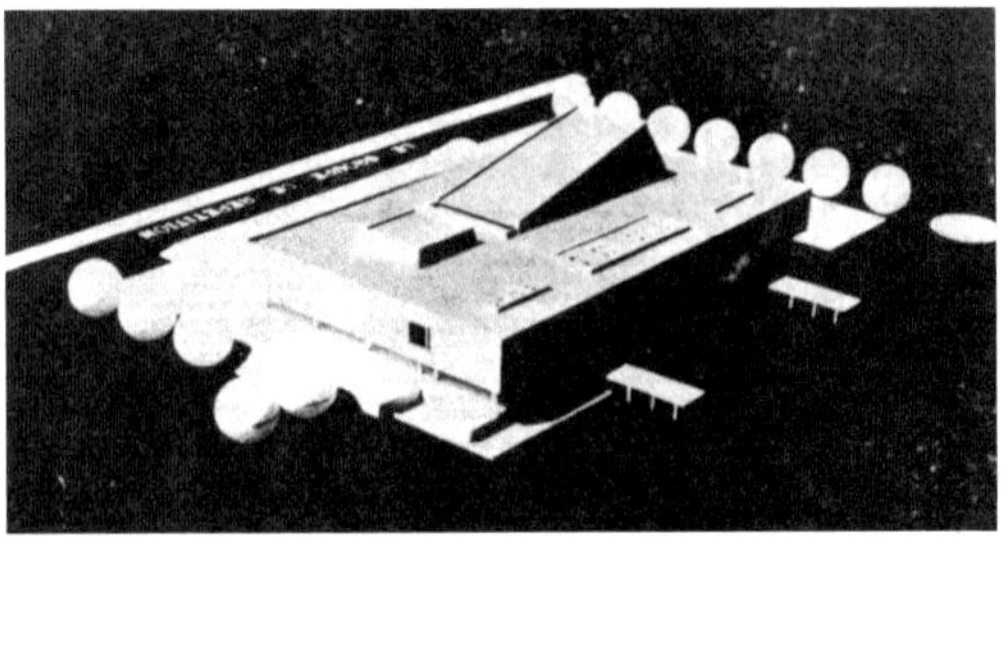

fig.17　卒業設計「芸術大学」、「舞台芸術学部棟」の模型写真

言えよう。また、その内容から察するに、政変前後で大学の指導方針に大きな変化はなかったようである。ただし、思想的な含意となると話は別である。雑誌に掲載された卒業設計の解説には、「伝統と近代の統合」や「国民芸術の創造」といった大学の理念を示す言葉は一切見受けられない。また、考古学の研究センター計画に関連するプロジェクトであるにもかかわらず、アンコール建築への言及が皆無である。この点は、ロン・ノル政権下でもアンコール期を「栄光の時代」とする歴史観が継続していたことを考慮するといささか奇異に感じられる。憶測の域を出ないが、シハヌーク時代を想起させるヴァン・モリヴァンの言説が意図的に排除された結果なのかもしれない。代わって登場するのは「民主化」「革命」「一九七〇年三月の歴史的出来事」といった、王政を打倒したロン・ノル政権の価値観を反映する言葉である。

モリヴァンは一九七一年八月にスイスに亡命し、おそらく卒業設計の完成を見届けることができなかった。その後、クメール共和国とクメール・ルージュの戦いは激しさを増し、多くの学生と外国人教員がカンボジアを離れ、大学教育全体が機能不全に陥った。第一期生のひとりであるロス・ボラットは、卒業直後の一九七一年一〇月、パリの設計事務所で働くためにフランスに向かった。彼の渡仏の背景には、クーデター以降政情不安になったカンボジアを離れるという意図があった。ボラットはこう述べている。

一九七〇年初頭から、国の政治的・経済的な状況は悪化の一途をたどりました。一部の政治家とカンボジアに駐在する各国の大使館員たちは、一定数の学生と公務員をカンボジア国外に待機させることを決めました。私はこのようにして生き延びる機会を得た人間のひとりでした。

芸術大学は細々と活動を維持した。政変後も建築都市計画学部の学部長を続けたクオン・クンニアイは次のように述べている。

私たちは建築学位の取得後に二つの大学院コースを計画していました。都市計画に関する二年間のプログラムと、遺跡保存のための二年間のプログラムです。しかし、この計画はカンボジア内戦により頓挫しました。[56]

クンニアイは初めての卒業生を送り出した後の一九七二年から七三年にかけて、ロンドン大学開発計画学院（ＤＰＵ）に短期留学している。熱帯建築の権威であるオットー・ケーニヒスベルガーが院長を務め、気候学的なアプローチで研究教育を行っていた機関である。彼はそこで教員養成コースを履修し、学部のカリキュラムを改善するための研究を行った。学部長クオン・クンニアイのイギリス留学は、フランスの影響が色濃い王立芸術大学の建築教育に変革をもたらす可能性を秘めていた。しかし、彼が留学を終えた二年後にはクメール・ルージュがプノンペンに侵攻し、樹立後わずか五年でクメール共和国が瓦解した。新たに誕生した「民主カンプチア」は極端な農本主義を掲げ、知識を否定し、すべての大学を廃止した。建築教育を発展させるためのすべての試みは、ここで一旦潰えたのである。

5 建築の脱植民地化

人的ネットワークの変遷

本章では、設計体制と人材育成という二つの観点からヴァン・モリヴァンの活動について検証してきた。ここで、今までの議論を整理してみたいと思う。

モリヴァンが建築家として活動を始めた一九五六年の段階では、カンボジアには一握りの専門家しかいなかった。しかも、彼らは何らかのかたちで旧植民地体制と結びついていた。公共事業省では独立以前にカンボジアに渡ったフランス人技師が影響力を保っており、その下で働く技術者と事務員の多くはベトナム人だった。つまり、省内には仏領インドシナ時代の統治構造が残存していた。また、公共事業省の外部で活動する建築家や技師のほとんどもフランス人か、フランスで教育を受けた者たちだった。モリヴァンを含むカンボジア人のエリート技官たちがフランス連合時代の留学経験者であり、仏領下の教育制度の産物だったことも忘れてはならない。一九五〇年代のモリヴァンは、好むと好まざるとにかかわらず植民地体制を継承せざるを得ず、旧宗主国の影響下で設計を開始したのである。

一九六〇年代初頭、国連開発計画と大林組から支援を受けることによって、こうした状況に変化が訪れた。これら二つの海外専門家チームは大規模な国家プロジェクトの遂行を助け、モリヴァンの創作にも大きな影響を与えた。国連から派遣されてきた専門家の多くはフランス人だったが、彼らは途上国の技術支援という国際協調のミッションを帯びており、植民地時代にカンボジアに渡った者たちとは質が異なっていた。日本の大林組も、そもそもは戦後準賠償による開発援助のために送られた専門家集団だった。彼らとの協働は諸外国から巧みに援助を受けるシハヌークの外交戦略の賜物だったと言える。

しかし、こうした国際的な支援は束の間の存在であり、国内外の情勢が悪化した一九六〇年代中頃に終わりを迎えた。同じタイミングで、モリヴァンは公共事業省を離れて王立芸術大学の初代学長に就任し、建築家としての拠点を個人事務所に移した。以降、モリヴァンは外国人専門家への依存を減らし、現地人材を中心とする持続的な設計体制の構築を目指した。留学帰りのカンボジア人建築家がキャビネ・ヴァン・モリヴァンで活躍したのはその表れである。そして、王立芸術大学に建築都市計画学部を設立し、カンボジア国内における建築家の育成を開始した。

以上をまとめると、モリヴァンを取り巻く人的ネットワークは植民地体制の継承（一九五〇年代後半）に始まり、開発援助の活用（一九六〇年代前半）を経由して、現地人材の育成（一九六〇年代後半）へと移り変わったと言える。

こうした人的ネットワークの各段階は、第二次世界大戦後に独立を果たした他のアジア諸国にも認められる。第一の「植民地体制の継承」に関して言えば、マレーシアとシンガポールとミャンマーではイギリス人建築家が、南ベトナムとラオスではフランス人建築家が独立後もしばらく活動を続け、公共事業を担った。第二の「開発援助の活用」に関して言えば、冷戦下の東西両陣営は東南アジアに拠点を築くことに関心を抱き、新植民地主義とも呼ばれる状況が生まれていた。その結果、フィリピンや南ベトナムにはアメリカが、ミャンマーや北ベトナムにはソ連が経済的・技術的な支援を行い、多くの近代建築が建てられた。なお、インドネシアのように、カンボジアと同じく中立の姿勢を示し、東西双方から幅広い技術支援を受ける国もあった。第三の「現地人材の育成」に関して言えば、ベトナムやフィリピンなど植民地時代に建築教育が開始された国々では独立以前、あるいは独立後の早い段階で自国民の建築家たちが活躍を始めた。一方、独立後に本格的な建築教育を開始したシンガポールとミャンマーでは、カンボジアと同様に一九六〇年代半ば以降に徐々に専門家の現地化が進んだ。このように他国と比較すると、モリヴァンを取り巻く人的ネットワークの変遷は、ポストコロニアル期に特有の現象として理解できる。

創作の三段階

人的ネットワークの三段階は、ヴァン・モリヴァンの創作とも密接に結びついていた。第Ⅱ章で述べたとおり、一九五〇年代に計画された「独立記念塔」や「チャトモック国際会議場」などの初期作品群にはコロニアル建築と通底する折衷的なデザインが認められる。また、旧宗主国であるフランスからの材料輸入を前提として実施設計が行われ、気候適応の手法もコロニアル建築のそれと似ていた。この時期のモリヴァンは、デザインの観点でも、多かれ少なかれ植民地時代を継承していたと言えるだろう。

しかし、一九六〇年代に入るとモリヴァンの関心は折衷的なデザインから原理的・構成的な伝統解釈へと移行し、意匠と構造と機能が高度に統合された建築を次々と生み出した。これを可能にしたのが海外専門家チームの技術支援だった。ボディアンスキーとの協働を通じてブルータルな建築表現を会得したのも同時期である。海外の有能な人材との協働がトリガーとなってモリヴァンの創作は深みを増し、国際的に評価されるレベルに達した。一九六四年に完成した「ナショナル・スポーツ・コンプレックス」はその最高峰であった。

国内外の情勢が悪化した一九六五年以降、モリヴァンはカンボジア人の若手建築家を起用し、現地人材の育成に力を注いだ。このような現地志向は「国立銀行シハヌークヴィル支店」や「高等師範学校」などの同時期に設計された作品にも表れている。高度な技術や輸入材に頼らず、レンガや有孔ブロックなどの地場材料を駆使し、遮熱や通風に独特の工夫を凝らす。モリヴァンの主題は「国家の表現」から「気候適応」と「地場材料の活用」へと移り変わり、現地のポテンシャルを最大限活かすことが目指されたのである。

このように設計体制の変遷が作品の質や内容と連動しているという事実はとても興味深い。これを一般化すると、新興国の建築家が直面する核心的な課題は、人的ネットワークの構築だったと言えそうである。デザインの限界は、それに取り組むチーム全体の力量に規定される。したがって、人材が慢性的に不足する新興国では人と人をつなげる力がきわめて重要となる。そして、自国民を国内で教育し、彼らが成熟した専門家となり、次世代の教育を担うというサイクルが完成したとき、初めて文化的な自立が確立されるのである。

建築の脱植民地化

カンボジア人初の建築家となって職能を開拓し（個の自立）、新生国家のアイデンティティを表現し（歴史的な自立）、熱帯気候にふさわしい建築を模索し（地域的な自立）、地場材料を活用し（物質的な自立）、現地人材の育成を進める（人的な自立）。これらの活動は相互に関係しながら、国民国家の自立という高次の目的に向かって進められた。換言すれば、モリヴァンの内戦以前の活動全体は、建築の脱植民地化プロセスそのものであった。その際、「植民地体制の継承」から「開発援助の活用」を経て「現地人材の育成」に至るという人的ネットワークの変遷が特に重要なファクターとして浮かび上がる。これが本章の考察から得られるひとつの結論である。

本書ではこれまでヴァン・モリヴァンの幅広い人的交流を描いてきた。カンボジア人の留学仲間たち、エコール・デ・ボザールの建築学生たち、フランス極東学院の東洋学者たち、ノロドム・シハヌークやペン・ヌートといった権力者たち。パイオニア的な外国人専門家や、開発援助でカンボジアに赴いた専門家たち。そして、カンボジアの若者たち。モリヴァンは、その都度の状況に応じて人々を結びつけ、喫緊の課題に取り組んだ。「新しい創造を行うためには完全に隔離された状態で活動してはならず、利用できる要素であれば何であれ使おうとすべきである」[57]。これはモリヴァンが学生時代に著した「クメール文化についての試論」の一節である。彼はこの言葉のとおりに行動し、多様な協働者との連携を実践したのである。

今日の言葉を使えば、モリヴァンは「領域横断的」だったと言えるだろう。しかし、独立直後のカンボジアでは制度も産業も未成熟であり、領域の境界が曖昧だったと言うほうが正しい。取り組むべき国家的課題は多岐にわたる。しかし、そのための専門分野は確立されていない。ゆえに、モリヴァンは個人のなかに幅広いネットワークを内包する必要があった。未分化の建築界において、才覚と人脈を駆使して国内外の知恵と資源をかき集め、建築の脱植民地化を進める。これこそが、内戦以前のヴァン・モリヴァンの核心であったように思われる。

本章の締めくくりとして、こうした歴史的考察が現代の建築家にとってどのような意味をもつか付言したい。制度や産業、学問分野は、確立すると同時に陳腐化を始める。非生産的な慣習が生まれ、分業が進めば進むほどにヴィジョンは曇ってしまう。これは現在世界中で見られる問題であり、先進国も、日本も、その例外ではない。硬直したシステムは閉塞感を生み、創造性を阻害し、新たな挑戦を摘み取ってしまう。このようなときこそ、使えるものはしたたかに使い、世界と自らの場所に等しく目を配り、領域を軽々と横断するモリヴァンのような越境者が再び必要となるのではないだろうか。人と人をつなげてゆく建築家は、越境者たる可能性を秘める。手始めは、彼のように使命感を抱くことであろう。

V

内戦、亡命、再建

一九七一－二〇一七

カンボジアは第二次インドシナ戦争に足を踏み入れました。王立芸術大学のキャンパスは即席の軍事キャンプへと変貌し、建築学生たちは大学の中庭で自衛訓練や軍事演習に従事しました。ほどなくしてヴァン・モリヴァンは大臣の職を解かれ、一種の「自宅監視」状態に置かれました。政治的な圧力が増し、ロン・ノル政権下では彼の安全は不確かなものとなりました。ゆえに、彼は妻の母国であるスイスに亡命しました。あれはひとつの時代の終わりで、まもなくクメール・ルージュの時代が始まろうとしていました。

シャルル・ゴールドブルム、二〇一六［1］

ヴァン・モリヴァンの目覚ましい活躍には突然の休止符が打たれた。一九七〇年、クーデターによりシハヌークが失脚し、カンボジア内戦が勃発。翌年、モリヴァンは亡命を余儀なくされた。大量虐殺を引き起こしたクメール・ルージュ独裁政府の樹立はその四年後のことである。亡命後のモリヴァンは一時期スイスで設計活動に従事し、一九七九年以降は国連機関に参加して途上国支援に身を投じた。だが、国連専門家としてアフリカとアジア諸国を転々とするなかでも祖国への思いが失われることはなかった。カンボジア和平締結後の一九九三年、暫定国民政府統治下のカンボジアに帰国したモリヴァンは、国務大臣に返り咲き戦後復興に尽力することになる。

こうした内戦以後のヴァン・モリヴァンの活動はこれまであまり注目されることがなかった。国家的建築家として活躍した一九五〇代から六〇年代とは異なり、一九七〇年代以降のモリヴァンは作家的活動がほぼ皆無だったため、作品重視の傾向が強い近代建築史学の対象になりにくかったからだろう。しかし、モリヴァンは困難な状況下でも、作品を生み出せなくとも、建築を追い求めていた。

本章では、ヴァン・モリヴァンの亡命以降の軌跡をたどることによって、作品研究を超えた建築家研究への一歩を踏み出したい。これは「建築家＝作品創造者」という固定観念に一石を投じる試みであり、また、戦前・戦後の断絶が強調されがちなカンボジア近代史において内戦の前後を連続的に捉える取り組みでもある。内戦は建築家モリヴァンの何を変え、何を変えなかったか。作品主義から脱却し、独立国家建設という一九五〇年代から六〇年代カンボジアの特殊な文脈から距離を置くことによって、モリヴァンが生涯貫いた建築思想を探究し、その意義をより広範な歴史的・文化的文脈のなかで考察することが本章の目的である。

1 ヴァン・モリヴァンの亡命

ヴァン・モリヴァンの作品だけを眺めていると、一九五〇年代から六〇年代のカンボジアは国家建設と近代化に彩られた栄光の時代に映る。しかし、その輝きは後に訪れる内戦の悲劇――ポル・ポト政権下で全国民の約四分の一が命を失った――との対比で誇張される傾向があることは否めない。

当時のカンボジアは決してバラ色ではなかった。一九六四年にベトナム戦争が激化し、カンボジアの中立政策は崩壊した。経済は停滞し、縁故主義と汚職が蔓延り、地方では農民と共産主義勢力が結束して暴動が頻発していた。都市富裕層と農村貧困層の格差は広がる一方で、この状況がノロドム・シハヌークに対するクーデターの一因となり、また、極端な農本主義者であるポル・ポト派の台頭へとつながった。

こうした内戦以前の社会状況を理解せずに、内戦以後のモリヴァンの活動の意義を把握することは難しい。そこで、亡命期のモリヴァンの活動について議論をする前に、シハヌーク時代の都市・建築状況を批判的に検証することを試みたい。

書き割り的な都市

ノロドム・シハヌークは大の映画愛好家だった。彼は脚本を書き、自らが監督兼俳優となって映画製作も行った。一九六七年と一九六九年には「国立劇場」でプノンペン国際映画祭を開催し、彼の映画は当然のようにグランプリを獲得した。東南アジア史の研究者ミルトン・オズボーンは、『シハヌーク：悲劇のカンボジア現代史』のなかで、シハヌークの映画は現実に存在する汚濁や貧困から目をそらし、カンボジアを「おとぎの国」として描いたと痛烈に批判している[2]。

シハヌークの描くカンボジアが「おとぎの国」だとすれば、ヴァン・モリヴァンの建築作品はその舞台装置だったと言える。一例として、シハヌークが監督した『カンボジア一九六五』(一九六五)というドキュメンタリー映画を見てみよう。

冒頭のシーンは緑豊かな公園に聳え立つ「独立記念塔」である。次に、空からプノンペンの街並みが映し出され、「閣僚評議会」「財務省舎」、竣工間近の「国立劇場」と、モリヴァンの作品が次々と登場して近代都市の印象が醸し出される。突然場面が切り替わり、「ナショナル・スポーツ・コンプレックス」の落成式が始まる。壮大なパレードとマスゲーム。プールに飛び込むアスリート。最後には花火が上がり、それを静かに眺めるシハヌークの姿。再び場面が変わって、今度は農村で熱狂的に歓迎されるシハヌークが映し出される。カメラはバッタンバン、コンポンチャム、シェムリアップと地方を巡り、カンボジア全土の発展を描き出してゆく。近代的な道路、鉄道、港湾、空港。清潔な学校と病院。美しい公園、ビーチ、ホテル。もちろん壮麗なアンコール・ワットも登場する。「シェムリアップ空港ターミナルビル」「国営ビール工場」「ジュート工場」「サンクム・リアハ・ニヨム展示場」など、モリヴァンの作品が随所に映り込んでいる。

一九六〇年代、カンボジアに海外要人が訪れると、ノロドム・シハヌークはこれらの場所を自ら案内した。「チャトモック国際会議場」か「国立劇場」で伝統舞踊を見学し、「ナショナル・スポーツ・コンプレックス」でスピーチをして、「サンクム・リアハ・ニヨム展示場」でカンボジアの発展を解説するのがお決まりのコースだった[3]。要人がアンコール・ワットを訪れる際にはライトアップの演出が行われたが、その照明設計もモリヴァンが手がけた[4]。モリヴァンの仕事はカンボジアの発展を宣伝するプロパガンダと密接に結びついていたのである。

こうした外交ツアーに参加している限り、国賓たちが都市の汚濁や暗部に触れることはなかった。しかし、現実には急激な人口増加によって首都郊外にはスラムとも呼べる状況が広がっていた。あばら家が並び、道路は舗装されておらず、上下水道もない。外国人のジャーナリストがこうした状況について書くと、カンボジアへの入国を禁止されたという[5]。シハヌークは、「都市は裕福で、農民は幸せ」という印象を国際社会に植え付けようと躍起になっていた。

エカチェリーナ二世のクリミア行幸の際、側近のグリゴリー・ポチョムキンが行く先々にハリボテの街を用意したという逸話がある。一九六〇年代のプノンペンにはポチョムキン的な側面があったことは否めない。都市は「国家の近代化」というシハヌークの映画の一幕であり、モリヴァンの建築にはその書き割りとしての役割が与えられていたのである。

王国の落日

ヴァン・モリヴァン自身は都市が抱える実際的な問題にも気が付いていた。シャルル・ゴールドブルムは次のように証言している。

私がカンボジアを訪れた一九六〇年代末、都市の状況はめまぐるしく変化していました。人口増加による都市の貧困、住宅不足、土地投機の激化が見られ、第二次インドシナ戦争からの影響もありました。プノンペンでは、シハヌークの人民社会主義共同体《サンクム・リアハ・ニヨム》体制を象徴する公共建築と都市美の時代が終わろうとしていました。一九七〇年代初頭にカンボジアが戦争に直接関与したことによって、状況はさらに悪化しました。安全な土地が少なくなり、プノンペンに難民が流入し、インフォーマルな居住地が拡大しました。ヴァン・モリヴァンはこうした変化に早くから気が付いていました。―[6]

モリヴァンは一九世紀的な「都市美《シティ・ビューティフル》」に満足せず、都市の現実的な課題に気が付き、それを解決したいと考えていたのである。しかし、シハヌークはそれには無関心だった。一九六〇年代後半のモリヴァンは政府の公共事業から外れ、都市問題に取り組む機会は与えられなかった。ゆえに、教育を通じて次世代に思いを託すしかなかった。

　そのフラストレーションもあったのかもしれない。王立芸術大学学長に就任したばかりの一九六五年三月頃、モリヴァンは建築家としての「新たな展開」を求め、国連開発計画に参加したいと考えていた。以下に、モリヴァンがウラジミール・ボディアンスキーに宛てた手紙の一部を引用する。

二つのお願いがあります。これを聞けば、私の置かれた状況をはっきり理解されるものと思います。一、セリから長い手紙を受け取りました。彼は、あなたのためにマダガスカルでのミッションを計画中とのことでした。そのミッションに私も参加できませんか。あなたのチームで働くことができればとてもうれしいです。二、まずはジュネーブにいるあなたの友人に私を推薦していただけませんか。最低限の条件で今年の六月から働きたいのです。私にはもはや野心はありません。自らの身辺を少し整理する必要があり、職業の新たな展開を求めています。[7]

この手紙のなかに登場する「セリ」は、マダガスカルの国連機関で働いていたベルギー人、ワルター・ド・セリ・ロンシャン男爵のことである。一九六〇年代初頭にセリ・ロンシャンは国連のカンボジア地域代表を務めており、モリヴァンとは知己であった。この手紙を受け取ったボディアンスキーは直ちにニューヨーク国連本部の友人に連絡し、また、セリ・ロンシャンには「モリーをマダガスカルに連れて行けたら本当に素晴らしい」[8]と書き送っている。しかし、その後モリヴァンとボディアンスキーのやり取りは途絶えた。モリヴァンはカンボジアにとどまり、王立芸術大学の学長として、さらには教育大臣として政府に仕え続けた。

その間、カンボジアの状況は悪化の一途をたどった。アメリカとの断交がきっかけとなり、カンボジアの経済は危機的に停滞。一九六七年にはバッタンバンで農民が蜂起し（サムロートの反乱）、以後、地方において農民と共産党勢力の暴動が常態化した。プノンペンでも政府への不信が広がり、学生を中心に左翼への同調者が増加した。教育大臣を務めていたモリヴァンも批判にさらされ、新聞に風刺画が描かれることもあった[fig. 1]。

ベトナム戦争の影響も深刻化していた。ベトナム軍は国境を越えて軍事行動を展開し、カンボジア人との軋轢が沸点に達した。アメリカもまた、ベトナム軍の補給線を断つためにカンボジア領内への苛烈な空爆を開始した。国内は荒れ果てたが、ノロドム・シハヌークには打つ手がなかった。国家歳入の増加を狙ってモリヴァンが設計した「ヨットクラブ」（竣工＝一九六四）を改装し、公営カジノを開いたが、人心を惑わせてしまい、「逆に社会的な損失は大きなものだった」[9]という。シハヌークは迷走し、一九六九年末頃には政治的影響力をほとんど失っていた。

カンボジア脱出

政府内に不穏な空気が漂っていた一九七〇年初頭、モリヴァンは公務でアフリカのニジェール共和国に赴いた。前年にプノンペンを訪れたニジェール政府団から要請を受け、都市計画の専門家として首都ニアメーを視察するという仕事である。この任務を終えた後、外遊中のシハヌークと面会するためにモリヴァンはパリに向かった。

fig.1 政治誌『ル・サンクム』誌に掲載された風刺画。学生たちに貼り付けられたビラを払いのけながら、モリヴァンが「私はおまえたちのサンドウィッチマンじゃない！」と怒る。ビラには「コミュニズム万歳」「反動勢力を打倒せよ」「毛思想を学ばせろ」などの左翼学生のスローガンが書かれている

クーデターの頃です。私はアフリカでの公務を終え、シハヌーク殿下に会うためにパリに向かいました。殿下と王妃は「一緒にカンボジアに帰ろう」とおっしゃいました。北京経由で帰国するという計画でした。そのとき、私は初めて殿下の言葉に逆らいました。「三ヵ月後に結婚記念日があり、妻がスイスで待っています。どうか、今回はお供できないことをお許しください」と申し上

げたのです。殿下はパリからモスクワに向かいました。運がなければ、私の家族は北京とプノンペンで離れ離れになっていたと思います。妻が救ってくれたのです。[10]

モリヴァンはシハヌークの頼みを断り、スイスにいる妻と合流した。一方、シハヌークは予定どおりモスクワ経由で北京へと向かった。これが運命の分かれ道となった。二人が別れた約一週間後の三月一八日、親米派のロン・ノル将軍がプノンペンでクーデターを決行。モスクワ滞在中に自身の失脚を知ったシハヌークは、そのまま北京に亡命し、旧敵であるクメール・ルージュと手を組んで反ロン・ノルの闘争を開始した。このクーデター以降、ベトナムとアメリカの軍事介入が激化し、いわゆるカンボジア内戦が始まった。もしシハヌークに従っていたならば、モリヴァンも亡命政府の一員となり、内戦の渦に巻き込まれていたことだろう。

スイスにいたモリヴァンはクーデターの混乱を免れたが、幼い子どもたちをプノンペンに残していたため、いずれ帰国せざるを得なかった。数ヵ月後、ロン・ノル政権下のカンボジアに戻ったモリヴァン夫妻は、パスポートを没収され、移動の自由を奪われた。モリヴァンは大臣職を解かれ、軍への協力を強いられて、防空壕の設計やトンレサップ川に架かるチローイ・チョンヴァー橋の防衛強化に関わったという[11]。しかし、その努力も虚しく、後にクメール・ルージュによって橋は破壊されてしまった。

やがてモリヴァンは亡命を考え始めた。友人のイスラエル大使は、前政権に近い者への迫害が強まっていると彼に警告を与えた。その導きもあってか、モリヴァンは一九七一年八月にイスラエルで開催される国際会議に招待された。

意外なことに、ロン・ノル政権はモリヴァンの海外渡航と国際会議出席を許可した。妻子がカンボジアに残っている限り彼は亡命しないと考えたのであろう。しかし、外務省内にはモリヴァンに同情的な職員がおり、その助力でモリヴァンの子どもたちは出国に成功した。モリヴァンの妻はひとりカンボジアに残されたが、政府は彼女が国連職員であることを見落としていた。家族全員の脱出を見届けた後、モリヴァンの妻は国連パスポートを使い、ひっそりとカンボジアを後にした。

一九七一年八月一六日から二四日にかけて、イスラエルのエルサレムとレホヴォトで「発展途上国の都市化と開発に関する会議」が開催された。後日出版された報告書にはヴァン・モリヴァンの参加が記録されている[12]。この会議後、モリヴァンがカンボジアに戻ることはなかった。

亡命後に起きたこと

ヴァン・モリヴァンが去った後のカンボジアの状況について述べたい。ロン・ノル将軍はシハヌークの居城だった「元首官邸」を大統領官邸に改め、軍事独裁体制を確立した。しかし、一九七三年一月にベトナム和平協定が締結されてアメリカ軍がベトナムから撤退すると、ロン・ノル政権は後ろ盾を失い急速に弱体化した。一方、クメール・ルージュ軍は中国からの支援を受けて勢力を拡大し、首都を包囲した。

このような状況のなか、プノンペンには戦禍から逃れようとする人々が殺到し、公園や市の外れに難民があふれ、首都の人口は一時的に三〇〇万人を超えた。近代建築に目を向けると、ル・バン・ハップが設計した「カンボジアナ・ホテル」は難民キャンプとなり、二万人以上の人々がひしめき合った。「ナショナル・スポーツ・コンプレックス」の体育館には戦死者の家族が集まり、軍の配給を受けて暮らしたという[13]。

そして、運命の日が訪れる。一九七五年四月一七日、プノンペン陥落。市内に押し寄せたクメール・ルージュ軍は、老若男女問わず全市民に都市からの退去を命じ、わずか二日間で首都は空っぽになった。ロン・ノル派の役人と軍人は処刑され、このとき「ナショナル・スポーツ・コンプレックス」の屋外競技場は処刑場のひとつとなった[14]。

翌一九七六年、クメール・ルージュはクメール共和国を廃して「民主カンプチア」を樹立し、ポル・ポト派による支配が始まった。シハヌークは名目上の国家元首となったが、権力を剥奪され、王宮に幽閉されてしまった。ジャーナリストのフレデリック・ビュルナンが行ったインタビューによると、モリヴァンはクメール・ルージュの幹部たちから繰り返し帰国を要請されたが、その一切を拒否したという[15]。パリ留学時代からの旧知である彼らに対して、複雑な感情を抱いていたに違いない。

都市殺し

ポル・ポト政権は当時のカンボジアの人口の約四分の一に当たる一七〇万人から一八〇万人を虐殺したとされる。この悲劇の時代について、近現代建築史の観点から考察を加えたいと思う。

過激な共産主義者を首魁とし、貧しい農民を主な構成員とするクメール・ルージュは、かつてなく凶暴な反都市主義者だった。彼らは都市を憎み、悪と見なし、農業以外の活動を否定して原始共産制を目指した。都市住民は農村に強制移住させられ、過酷な集団労働を強いられた。都市文化の担い手である知識人や芸術家は異端分子と見なされ、虐殺の対象となった。

この時期に、モリヴァンの友人や協働者の多くも悲劇的な運命をたどっている。ハン・トゥンハック、ウン・クラプムプカー、ウム・サモット、ホウル・フン、チュム・スンフォンらは一九七五年を境として消息を絶った。プノンペン市都市住宅計画局に務め、王立芸術大学で教鞭を執っていたティ・ヤオは「五〇人以上いた都市住宅計画局の職員は、内戦直後のプノンペンには三人しか残っていなかった」と証言している[16]。同様に、公共事業省や王立芸術大学の関係者の大半も同時期に亡命したか、命を落としたと考えられる。都市美を目指したシハヌークの時代から、都市を否定する時代へ。カンボジアは一八〇度方向転回してしまったのである。

宗教と資本主義を根本から否定したクメール・ルージュは、プノンペン陥落直後に両者の象徴である「大聖堂」と「国立銀行本店」を爆破し、各地の教会やモスク、仏教寺院、銀行でも破壊工作を行った。モリヴァンが設計したシハヌークヴィルの「国立銀行支店」にも魔の手が及んだが、構造が堅牢だったために――スイスの銀行を参考にしてコンクリートの床が分厚く設計されていた――クメール・ルージュの兵士たちは破壊を諦めたという[17]。

今日、こうしたクメール・ルージュによる一連の行為は「都市殺し《アービサイド》」と呼ばれている。しかし、意外なことに「悪しき都市文化」の象徴であるはずのモリヴァンの建築は物理的な破壊を免れた。近年の都市社会学の研究によると、クメール・ルージュが都市を徹底的に破壊したという通説には誇張があり、当時のプノンペンは都市施設の一部を温存し、民主カンプチアの政治的中心として限定的に機能していたようである[18]。クメール・ルージュは大聖堂と国立銀行を破壊することによって自らのイデオロギーを表明する一方で、使えそうな建物は何でも使おうとする実利主義的な側面をもっていたのである。

ただし、建築の用途は抜本的に変更された。宗教と資本主義のみならず、クメール・ルージュは私有財産、教育、家族といった旧来の社会システムを全否定したため、ほとんどのビルディング・タイプは意味を失ってしまったからである。そうして生まれた空白を、彼らは農業と殺戮に関するプログラムで埋めた。教会、寺院、学校、病院、図書館、銀行といった機能の違いは無視され、多くの建物は畜舎や穀倉、武器庫や強制収容所に転用された。近代建築に関して言えば、ル・バン・ハップが設計した「チャウ・ポンニャーヤート高校」（竣工＝一九六二）はS21という暗号名で呼ばれた政治犯収容所となり、一万人を超える人々が収監されて命を失った。モリヴァンによる「ナショナル・スポーツ・コンプレックス」も軍事施設として、また、ときに処刑場として使用されたようである[19]。「閣僚評議会」は収奪品を保管する倉庫になり、使い道が思い当たらない建築は――「バサック川沿岸計画」の劇場や集合住宅はその例だった――放棄され、荒れ放題となった。

　クメール・ルージュの時代には「形態は機能に従う」という近代

fig.2 「ナショナル・スポーツ・コンプレックス」で軍事訓練するクメール・ルージュの兵士

fig.3 クメール・ルージュに破壊された「国立銀行本店」

建築の教義は無効化されたと言えるだろう。それどころか、王宮を兵舎に、モスクを豚小屋に、学校を刑務所にするといった具合に、本来の建築が帯びていた記号性を冒涜的に利用する例も多々見られた。クメール・ルージュは、図らずも、ポストモダンの建築理論を最も残酷なかたちで実行したわけである。

クメール・ルージュによる都市殺し《アービサイド》の本質は、都市と建築の物理的な破壊ではなくプログラムの破壊であり、さらに踏み込んで言えば人間の破壊だった。医者と看護師がいなければ、病院は存在しない。教師と学生がいなければ、学校は存在しない。俳優とダンサーがいなければ、劇場は存在しない。技師や建築家、そして施工者がいなければ、新たな建築は生まれない。クメール・ルージュは人間を殺すことによって、建築と都市の心音を止めたのである fig. 2,3。

2 内戦期の活動

スイスにて

一九七一年八月、イスラエルでの国際会議を終えたヴァン・モリヴァンは休暇を装ってスイスのムルテンに向かい、亡命生活を開始した。中世の面影を色濃く残した、ドイツ語圏とフランス語圏の境界に位置する小さな街である。モリヴァンが身を寄せた妻の実家の屋根裏部屋からは古城の石壁が見えた。その静謐な雰囲気は、熱帯の大都市プノンペンの喧騒とは対照的である fig. 4。

当時のモリヴァンについて、彼の息子は次のように述べている。

スイスでの数年間は父にとって困難な時代でした。家族を養うために、彼自身がデザインをするのではなく、設計事務所のいちスタッフとして働かなくてはなりません。カンボジアの状況も悪かった。当時、父は寡黙でした。[20]

それまでに築いた地位も名誉も、国籍すらも失い、祖国にいる親族や友人の安否もわからない。それでも家族を養うためにモリヴァンは働かなくてはならなかった。

亡命生活の最初の半年間は、ムルテンから州都フリブールに電車で通い、パージュ・エ・シャリエールという設計事務所に勤めた[21]。当時、同事務所では中学校の設計を行っており、モリヴァンもこれに参加していた可能性がある[22]。

一九七二年、モリヴァンはさらなる仕事を求めてフランス語圏の中心都市であるローザンヌに引っ越し、郊外に建てられたばかりの団地に移り住んだ。窓が大きな、彼好みのモダンな集合住宅である。子どもが四人いたため広い住まいが必要で、設計の仕事で得た給料の大半は家賃に消えてしまった。ローザンヌでは、モリヴァンはいくつかの建築設計事務所で掛け持ちで働いた。そのひとつ、セヴェイという事務所では、レマン湖からアルプスに向かうロードサイドのレストランや、ティヨン

fig.4 ムルテンにあるモリヴァンの妻の実家

というスキー場近くの別荘地の設計に携わったようである。

スイスの戦後モダニズムを代表する建築家、ヤコブ・ツヴァイフェルの下でも働いた[23]。当時、ツヴァイフェルは「スイス連邦工科大学ローザンヌ校」（竣工＝一九七八－八二）の設計コンペに勝利し、ローザンヌに事務所を構えたばかりだった。広大な敷地全体を巨大なグリッドで覆い、ネットワーク的な校舎をつくるというキャンパス計画は、ジョルジュ・キャンディリスらが手がけた「ベルリン自由大学」（竣工＝一九六七－一九七三）に似ており、プノンペンの「高等師範学校」にも通じるところがある。

モリヴァンはこのプロジェクトにおいて大学図書館と多目的ホールの設計を担当した[24]。前者は二〇一三年に大規模改修され原形をとどめていないが、後者は現在でもほぼ竣工当時のまま活用されている。鉄骨の立体トラス屋根と木製の可動壁に囲われたフレキシブルな空間が特徴で、スイス建築らしい精巧なディテールが際立っており、設計担当者としてのモリヴァンの力量を存分に示している。しかし、そこから――平面が正方形であるという一点を除けば――カンボジアにおける彼の作品との連続性を見出すことは難しい。モリヴァンは年長のヤコブ・ツヴァイフェルに敬意を示し、良好な関係を築いていたという[25]。しかし、彼との協働を含めて、スイス時代の自らの仕事について積極的に語ることはなかった。

アフリカで国連職員として働く

ローザンヌ時代のモリヴァンは、ベルギーのNGO「国際地域開発協会」にも関わっていた。アフリカとアジアの農村部で居住環境と衛生状況の改善に取り組んでいた組織であり、代表のノエル・プラトーは一九六〇年代初頭にユネスコの専門家としてカンボジアに赴いた経歴をもつ。さらに、同協会ではワルター・ド・セリ・ロンシャンが幹部として働いていた[26]。一九六五年、モリヴァンが国連に転職したいと考えたときに協力を仰いだ相手である。

国際地域開発協会におけるモリヴァンの具体的な活動内容は不明だが、そこでの仕事を通じて「国連で働く」というかつての希望が蘇った可能性は高い。そして、プラトーとセリ・ロンシャンの二人は彼の願いを叶える機会をつくることに成功した。一九七六年五月、モリヴァンは同協会の代表者としてカナダのバンクーバーで開かれた第一回国際連合人間居住会議に参加[27]。この場で、国連職員への道が開かれたのである。

バンクーバーで、モリヴァンはかつての仲間であるクオン・クンニアイと再会した。彼はプノンペン陥落直前にバンコク経由でバンクーバーに亡命していた。「スイスに住むカンボジア人建築家がベルギーの組織の仕事でカナダに来てくれた」[28]と、クンニアイはユーモアを交えながら再会の喜びを振り返っている。

そして、もうひとつ運命的なめぐり会いが待っていた。国際会議の席上で、モリヴァンは「ナショナル・スポーツ・コンプレックス」や「グレー・ビルディング」の協働者である国連専門家のギー・ルマルシャンと鉢合わせしたのである。ルマルシャンはニューヨークの国連住居建築計画センターに勤務しており、モリヴァンに「一緒に働かないか」と声をかけた[29]。

ただし、モリヴァンが国連職員になるにはひとつ障壁があった。採用条件として国連加盟国の国籍が必要だが、当時の彼は無国籍状態だったのである。そこで、モリヴァンはスイスの市民権獲得を目指し、一九七七年に必要な居住年数を満たしたうえで言語試験に合格。スイス国籍を得た彼は、晴れて国連で働き始めた。

ここで、モリヴァンがルマルシャンに出会った第一回国連人間居住会議、通称「ハビタットI」について触れておきたい。世界各地での都市化がもたらす問題に対応すべく開催された画期的な国際会議であり、バックミンスター・フラーやマーガレット・ミードらが参加したことでも知られている。会議の成果として、一九七七年に人間居住センター、通称「ハビタット」と呼ばれる組織がケニアの首都ナイロビに設立された。これは都市スラム改善や災害復興などに取り組む国連機関であり、現在世界中で活動を展開する「国連ハビタット」の前身に当たる。

ギー・ルマルシャンが所属していた組織はこのハビタットに統合され、彼は技師と建築家からなる技術支援セクションのチーフとなった。一九七七年末に、モリヴァンはその一員として働くことになり、一九七九年には家族を連れてナイロビに移住した。

国連における彼の初仕事は、ギニアの首都コナクリにおけるスラム改善だったと考えられる[30]。一九七七年一二月、モリヴァンはコロンビア人の経済専門家モラ・ルビオとオーストリア人の社会学者リヒャルド・ラングタラーとともにコナクリで社会調査を実施。その後、一九七九年から一九八一年にかけて、世界銀行が推進していた「サイト・アンド・サービス」という開発手法を用いて二〇戸のパイロット住宅を建設した。地場材料を活用し、多孔壁を用いて高温多湿な気候に配慮したパイロット住宅の設計には、カンボジアでのモリヴァンの経験が活かされているようにも思われる[31]。

このプロジェクトの実現可能性調査（フィージビリティ・スタディ）を行うために、モリヴァンはローザンヌの都市計画事務所ユルバプランとも協働を行った。両者は「スイス連邦工科大学」の設計を通じて知り合っていたと考えられる。モリヴァンは設計事務所のいちスタッフという立場に甘んじていたスイス時代の経験すらも糧に変え、国連の仕事に取り組んでいたのである。

同僚のラングタラーは、彼がかつてカンボジアの国家的建築家として活躍したことをまったく知らなかったと証言している[32]。このエピソードは、モリヴァンが自らの輝かしい過去を語ることなく、前を向いて、手元の仕事に全力を注いでいたことを示している。

フランス語が流暢だったからであろう。モリヴァンはその後もアフリカのフランス語圏で多くのプロジェクトに携わった。一九七九年には世界保健機関と世界銀行との協働による「オンコセルカ症(河川盲目症)制御プログラム」の調査団に参加。オートボルタ共和国(現ブルキナファソ)、コートジボワール、トーゴといった西アフリカ諸国を周り、風土病対策と農村開発の関係について調査を行った[33]。これを機に、後にモリヴァンはコートジボワールにおける村落移転のプロジェクトにも関わったようである。一九八九年から九一年にかけての三年間は世界最貧国のひとつであるブルンジの最大都市ブジュンブラに駐在し、スラム改善などに取り組んだ[34]。

一九九一年、モリヴァンは六五歳で国連ハビタットを定年退職し、スイスアルプスの閑静な村、フィノーに移住した。人口わずか三〇〇人ほどの小さな山村で、妻の実家が所有する古い山小屋があった。そこで暮らし始めたモリヴァンは、仕事を失った喪失感に襲われた。「父はワーカホリックな人間で、何もしていないときを見たことがない」[35]。これは彼の息子の言である。

しかし、モリヴァンの隠遁生活は長くは続かなかった。同年、モリヴァンは国連に再雇用されて、カンボジアの隣国であるラオスに赴任することになった。都市計画の専門家としてヴィエンチャンの公共事業省に駐在し、スラム改善や水利施設改修を支援するミッションを与えられたのである。

二〇一二年に都市研究者ブライアン・マグラスが行ったインタビューにおいて、モリヴァンは亡命時代を次のように振り返っている。

パリのエコール・デ・ボザールで受けた教育は、新生カンボジアの首都で都市建築家としての役割を果たすための準備でした。一方、亡命中には、スイスやラオス、ケニアで環境リスク管理と社会開発について多くのことを学びました。山岳国のスイスでは、小さな家でさえ雪崩のリスクを管理していることを学び、ナイロビの国連ハビタットで働いていたときには、急速に発展する国での地震災害防止について学びました。ラオスのヴィエンチャンでの主任技術顧問としての経験は、スラム改善に関する知識を深めました。インドネシアとケニアでは、世界銀行が導入していたスラム改善やサイト・アンド・サービスのプロジェクトを通じて、社会問題の解決に寄与したと信じています。――36

ここでモリヴァンが留学時代と亡命時代を対比している点は注目に値する。彼にとって、両者はともに準備期間だったのである。パリの一〇年間において、モリヴァンは都市美を推進する近代建築家としての素養を身に付けた。一方、亡命中の二〇年間では途上国における開発手法を実地で学び、国連のシステムと国際協力の作法に馴致した。これらのすべてが、内戦後、カンボジアの再建に役立つことになった。

内戦の終わり

少し時間を遡る。モリヴァンが国連で働き始めた一九七七年の終わり頃、カンボジアとベトナムの間では国境紛争が激化していた。同じ共産主義でも中国が支援するクメール・ルージュとソ連が支援するベトナム共産党の間には深い溝があり、カンボジアは中ソ対立の最前線の様相を呈していた。一九七八年一二月、ベトナムはクメール・ルージュ軍の元幹部ヘン・サムリンを擁立してカンボジアへの侵攻を本格化。わずか半月でプノンペンを占領し、クメール・ルージュをカンボジアから追放。一九七九年一月にクメール・ルージュによる民主カンプチアは崩壊し、「カンプチア人民共和国」が新たに誕生した。同年七月には特別法廷が開かれ――その場所は「チャトモック国際会議場」だった――、ポル・ポトは欠席裁判で死刑宣告された。

しかし、カンボジア内戦はこれで終わりではなかった。カンボジアはクメール・ルージュの恐怖政治から解放されたが、新政府はベトナムの傀儡となった。ポル・ポトはタイ国境に逃れて反抗を続け、そこにシハヌーク派とロン・ノル政権の流れを汲むソン・サン派が加わり、内戦は泥沼化した。

一九八〇年代中頃になって、ようやく状況に変化が訪れる。カンボジア内戦が長期化した背景には、ソ連と中国と西側諸国による三つ巴の代理戦争という一面があった。しかし、冷戦が終わりに向かうにつれ、この国際的な対立構造が崩れ始めたのである。まずはソ連が、そしてベトナムも経済と外交の方針を転換し、一九八八年にはベトナム軍がカンボジアからの撤収を開始。これをきっかけにヘン・サムリン派とシハヌーク派の間で和平協議が始まった。一九八九年、カンプチア人民共和国は「カンボジア国」へと国名を変え、国際社会との関係回復に努め始めた。

一九九一年六月、ヘン・サムリン派、シハヌーク派、ポル・ポト派、ソン・サン派の四派の代表者が最高国民評議会という組織を結成し、ノロドム・シハヌークはその議長に返り咲いた。そして、同年一〇月に四派が和平協定に調印。翌年、カンボジアは国連カンボジア暫定統治機構(UNTAC)の管理下に置かれ、二〇年以上続いた内戦がついに終わった。

一九九〇年の暮れ、内戦終結の直前のことである。フィノーの山小屋で静養中のヴァン・モリヴァンの下にロス・ボラットが訪れた。王立芸術大学の第一期生で、一九七一年に渡仏して戦火を逃れ、パリで働いていたカンボジア人の建築家である。ボラットはカンボジア国の政治家コン・ソムオルから、モリヴァンに帰国を促すよう依頼されていた。この面会の数日後、モリヴァンは帰国を決意した[37]。

一九九一年、モリヴァンは最高国民評議会の上級顧問に指名され、カンボジアに一時帰国を果たした。二〇年ぶりの祖国である。

まるで別の国に帰ってきたような気分でした。家族のうちで生き残ったのはわずか一四人だけでした。兄弟のひとりはクメール・ルージュに殺されました。他の兄弟が仕事を見つけ、その子どもたちを学校に通わせるために、助け合う必要がありました。家族を再建する時期だったのです。[38]

モリヴァンはかつて暮らした「自邸」を訪れた。建物は残っていたが、家族と生活した痕跡は跡形もなく、窓ガラスは割れ、家具は消え失せ、室内のあらゆるものが剥ぎ取られていた。最上階に上がり街を見渡すと、目に入るのは瓦礫の山ばかり。内戦の爪痕が生々しく残る、荒れ果てた都市が広がっていた。

ここから、モリヴァンはカンボジア再建のための活動を開始した。

3 カンボジア再建

初動

一九九一年のモリヴァンの一時帰国には二つの目的があった。ひとつ目は、驚くべきことに、国会議事堂の設計である。最高国民評議会の結成直後、カンボジア国政府は彼に議事堂の検討を要請した。その背後には評議会議長に就任したノロドム・シハヌークの意向があったと推測される。

モリヴァンはフランスの設計事務所アルテ・シャルパンティエと協働してこの仕事に着手した[39]。同事務所の代表であるジャン＝マリー・シャルパンティエは学生時代に文民役務としてカンボジアに赴任し、王立芸術大学建築都市計画学部で助手を務めた人物だった。そして、彼の事務所ではロス・ボラットとトンリー・チェン、アオ・クム・ソンという三人のカンボジア人建築家が働いていた。彼らは王立芸術大学の卒業生で、パリに亡命し、シャルパンティエの事務所に身を寄せていた。モリヴァンはかつての王立芸術大学のネットワークを復活させ、議事堂の提案に取り組んだのである。

議事堂の計画地は「元首官邸」に近い、バサック川沿岸部だった。現在は日本大使館が建つ場所である。敷地は異なるが、モリヴァンらが行った提案は一九五〇年代末の「国会議事堂計画」に酷似している。東西南北に四つの建物を配置し、中央に塔を配置するデザインは——

手描きではなくCADで図面が描かれた点を除けば――一九五九年案とほぼ同じだ。ただし、プログラムは以前とは異なっており、王家のエントランスだった東棟は国民に開かれるパブリックスペースに変わり、南北翼棟には上院（元老院）と下院（国民議会）が配置された。

シハヌークは――もしかしたらモリヴァンも――「内戦前の夢をもう一度」と考えたのかもしれない。しかし、戦禍で荒れ果てたプノンペンにおいて新国会議事堂の建設は現実的ではなく、計画は再び立ち消えとなった fig.5。

一時帰国のもうひとつの目的は、アンコール遺跡群の復興に着手することだった。一九八〇年代末頃、内戦で荒廃した遺跡の惨状が国際的な注目を集め、ユネスコが救済に名乗りを挙げた。こうしたなか、カンボジア政府は遺跡保護のための緊急計画の立案をヴァン・モリヴァンに要請。その成果として、一九九一年八月に「アンコール遺跡公園」という報告書が起草された 40。カンボジア国がユネスコの世界遺産条約に批准したのはその三ヵ月

fig.5 「国会議事堂計画」、CG透視図（一九九一）

後のことである|fig.6。

一九九二年一月には、遺跡保護に関係する国際機関と諸外国を集め、王宮で会議が行われた。その席上で、シハヌークは世界遺産登録申請の責任者としてヴァン・モリヴァンを各国代表者に紹介した|41。同年一二月、アンコールは世界遺産に暫定登録されたが、同時に危機遺産リストにも加えられ、「保護法の制定」「保護機関の確立」「保護地域の境界策定」という三つの条件を三年以内に満たすことが求められた。モリヴァンはラオスでの国連ミッションに携わりながら、これらの難題に取り組むこととなった。

fig.6 報告書「アンコール遺跡公園」で示された遺跡保護のゾーニング（一九九一）。三つの古代遺跡群を中心として、土地利用規制地域（実線）と考古学的保護地域（点線）の範囲を定めている。また、河川に沿って線状に連続する歴史的景観保存地域を指定している

文化芸術、国土整備、都市計画および建設担当国務大臣

一九九三年五月、国連カンボジア暫定統治機構の監視下で総選挙が行われ、シハヌーク派とヘン・サムリン派が勢力を二分し、二人首相制の連立政権が発足。同年九月に新憲法が公布され、シハヌークが国王に就任した。一九七〇年のクーデター以来五度目となる名称変更が行われ、国名は「カンボジア王国」に戻った。

同年、ラオスでの国連ミッションを終えたモリヴァンはカンボジアに本帰国した。彼は直ちに新政府の国務大臣に指名され、猛烈に働き始めた。帰国の際、政府から地位や待遇の希望を尋ねられた際には、ただ一言「仕事をくれ」と答えたという[42]。家族によれば、大臣時代の月給はわずか三〇ドル。「家は貧乏だったが、賄賂は一切受け取らなかった」[43]。彼の高潔さは健在だった。

当時のモリヴァンの正式な肩書は「文化芸術、国土整備、都市計画および建設担当国務大臣」である。現代日本で言えば、文部科学大臣と国土交通大臣を兼任するようなもので、ひとりの人間が担うには信じ難いほど広範な責務と言える。この肩書には、内戦直後の深刻な人材不足と、彼に寄せられた高い期待の双方が表れている。国土情報の整理、インフラの再構築、スラム改善、洪水対策、都市遺産調査、流出文化財の返還から博物館改修に至るまで、モリヴァンがやるべき仕事は山ほどあった。もちろん、アンコール遺跡救済の仕事も続けられた。一九九五年、モリヴァンは遺跡と周辺地区を包括的に管理するアプサラ機構（アンコール地域遺跡保護管理機構）を設立し、自らその初代総裁に就任した。

一九九六年六月には、イスタンブールで開かれた第二回国連人間居住会議（ハビタットII）に

カンボジア政府代表として出席した。二〇年前の第一回会議には亡命者として参加したことを考えると、感慨深いものがあっただろう。モリヴァンはハビタットⅡの閣僚級会合において以下の発言を行っている。

カンボジアは今や復興期に入り、開発の中心的な局面である人間居住の問題に取り組んでいます。我が国は三六万人の帰還難民によって、都市貧困層が激増した問題に対処しなければなりません。都市人口の二〇パーセントは不安定な住宅に住んでおり、八〇パーセントは過密な状況で暮らしています。プノンペンの最貧地域の問題に取り組むため、住民参加型のパイロット・プロジェクトがまもなく開始されます。—44

再建の熱量とスピード感を感じさせるスピーチである。ここで言及されている「パイロット・プロジェクト」は、国連ハビタットが一九九六年に着手した「プノンペン都市貧困緩和プロジェクト」を指すと思われる。モリヴァンは国連職員としてアフリカで培った経験を通じて、こうした住民参加型のプロジェクトに精通していた。

アフリカの経験だけではない。モリヴァンがそれまでに築き上げてきた経験と人脈のすべてが戦後復興のために活きたはずである。彼はフランス連合時代にパリに留学し、そこでフランス極東学院やユネスコと結びついていた。一九五〇年代から六〇年代には公共事業省の高官として国連開発計画やアメリカ、フランス、日本の援助機関と協働し、亡命後にはハビタットの職員として世界銀行やユネスコなどの国際機関と仕事をした。カンボジアの戦後復興ではこれらの国際機関、援助機関、学術機関がきわめて重要な役割を果たした。国際協力のシステムを熟知していたモリヴァンは、諸外国からの支援を取りまとめる最適任者だったと言えるだろう。

また、内戦以前にモリヴァンが築いた国内のネットワークも、一部ではあるが蘇った。公共事業省時代の上司だったイン・キエットは、内戦後には公共事業運輸大臣を務めた。王立芸術大学元教員ティ・ヤオはプノンペン市都市課題局の局長となった。モリヴァンが彼らと連携する機会は多かったと推測される。ジャン＝マリー・シャルパンティエとロス・ボラットは、国会議事堂計画が頓挫した後もモリヴァンとのつながりを保ち、シェムリアップとプノンペンの遺産保護に関して彼と協働した。また、アプサラ機構の初期メンバーであり、機構創設の立役者のひとりである人類学者アン・チュリアンは、かつて王立芸術大学で考古学を学んだ人物だった。一九六〇年代の王立芸術大学の教育は、細い線で戦後復興につながったのである。

遺跡救済

内戦後のヴァン・モリヴァンの最大の仕事であるアンコール遺跡保護に関して考察したい。アンコール遺跡救済は、国家的という以上に国際的なプロジェクトだった。ユネスコを中心に欧州委員会、アジア開発銀行、国連開発計画といった国際機関が参加し、フランス、日本、アメリカ、中国、スイスら世界各国の援助機関が遺跡救済に尽力した。一九九三年、これら諸外国からの協力を調整するために、ユネスコを事務局、フランスと日本を共同議長とするアンコール遺跡救済国際調整委員会（ＩＣＣアンコール）が発足。東京で第一回会議が開かれた。カンボジア政府代表としてこの会議に参加したモリヴァンは、「管理機構」「研究プログラム」「遺跡修復」「人材育成」「地域住民教育」「観光開発」「地域総合計画」の七項目からなる行動計画を示し、国際社会からの協力を求めた。同席した建築史家の中川武は「会議の半分くらいはモリヴァンが話していた」と回想している[45]。モリヴァンは国際的な場で存在感を示し、強いリーダーシップを発揮して保護法・保護機関・保護地域の確立という三つの課題に立ち向かったのである。

一九九四年、まずは保護地域を確定する「アンコール地域ゾーニング環境管理計画」(ＺＥＭＰ)が制定された[46]。アンコール・ワットやバイヨンなどの遺跡群があるエリアをコアゾーンと定め、周囲に緩衝ゾーンを設け、そこに文化的景観保護ゾーンを重ねるという計画であり、その対象地はシェムリアップ市の全域に及んだ。モリヴァン自身は政治的判断を行う立場にあり、計画策定のプロジェクトチームには入っていなかったが、ＺＥＭＰのゾーニングは彼が一九九一年に起草した報告書「アンコール遺跡公園」と多くの点で似通っている。遺跡保護の総責任者であるモリヴァンの考えがＺＥＭＰに反映された可能性は高い。

一九九五年には遺跡保護機関であるアプサラ機構が設立され、モリヴァンは自らその総裁に就任した。単に遺跡の保護や修復、調査研究を行うだけではなく、東京二三区に匹敵する広大な地域の歴史環境・自然環境・構築環境を管理する組織であり、その役割は都市計画や農村開発、観光管理にまで及んだ。

そして、一九九六年初頭に文化遺産保護法が制定され、遺跡保護の制度的枠組みが完成。アンコールはユネスコ世界遺産に正式登録された。その後、二大政党間の対立によって情勢が混乱した時期もあったが、一九九九年にはアプサラ機構に関する法整備が完了し、同機構には地域内の建築許可を管理するなどの強い権限が与えられた。

このようにして、わずか一〇年足らずの間にアンコール救済の目処が立った。ヴァン・モリヴァンは充実しており、残された仕事として首都の復興、すなわちプノンペンの地域管理計画を立てることにも意欲を示していた[47]。

しかし、二〇〇一年六月に、モリヴァンは突然アプサラ機構総裁の座を追われた。この更迭の原因については様々な憶測がある。地域内での観光開発を抑制したために政府与党に疎まれたという説もあれば[48]、アンコール遺跡の入場料に関する利権を公然と批判したために人事的な報復を受けたという説もある[49]。いずれにせよ、彼は政治的な理由からアプサラ機構を去ることになった。

モリヴァンの身近にいた者たちは「彼は政治家ではなかった」と口を揃えて言う。終戦後モリヴァンは政府の重職を歴任し続けたが、選挙で選ばれた政治家ではなく、首相から直接指名された民間人閣僚だった。彼はあくまで建築と都市の専門家として政府に仕えており、自らの信念を妥協なく貫き通そうとした。その純粋さと理想主義は、高度に政治的な立場には向かなかったのである。

アンコールの理想

それでは、ヴァン・モリヴァンが貫こうとした遺跡保護の理想とは何だったのか。アプサラ機構を去った二年後の二〇〇三年、モリヴァンは『モダン・クメール・シティ』という本を出版した。このなかで遺跡修復の方針について次のように述べている。

アンコール遺跡保護の国際キャンペーンが始まって以来、修復の選択肢について考え続けてきた。アンコールを元の状態に、つまり九世紀から一三世紀にかけて建設された当時の姿に修復すべきか。それとも「再発見」された時点、つまり一九世紀の寺院の状態をとどめるよう修復すべきか。第三の選択肢は、現状維持のための単純な保守作業にまで修復の仕事を限定することである。私は第一の選択肢を選んだが、寺院を建設当初の姿に修復することは、長期間にわたり、部分的にしか実現し得ない課題であることを認識している。[50]

建築物の保存を行う際には、歴史上のどの時点にまで遡るのかという根本的な問いが生じる。モリヴァンは建設当初の姿に復原するという最も困難な道を選んだが、ここには彼のアンコール建築への強い思いが反映されているように思われる。

第Ⅱ章で述べたとおり、一九五〇年代から六〇年代のモリヴァンにとって、アンコール建築は最も重要な創造の源だった。彼はアンコールの構成・空間・彫刻を研究し、独自の解釈を加えることで新生国家のアイデンティティを表現した。そして、その建築作品は国民統合の象徴として一定の成功を収めた。しかし、長きにわたる内戦によって、カンボジア国民の間には分断が生まれてしまった。この状況を打開するために、モリヴァンは再びアンコール建築の力を借りて、人々を団結させようと考えたのではないだろうか。

近代カンボジアでは国家のイデオロギーや歴史観が幾度も変転したが、人々がアンコール建築に抱く誇りは不変だった。国名が「カンボジア王国」「クメール共和国」「民主カンプチア」「カンプチア人民共和国」「カンボジア国」と次々と変わるなかでも、アンコール・ワットが常に国旗のモチーフとしてとどまったことはその証左である。モリヴァンは、アンコール遺跡救済を単なる文化的事業ではなく、国民再統合のプロジェクトと考えていたに違いない。ゆえに、困難を伴うものであっても、遺跡修復は妥協なく行われる必要があった。モリヴァンはこうも述べている。

これらの寺院は、完全に修復された後に再び宗教的機能を獲得し、アンコールはクメール人の巡礼地となるだろう。[51]

アンコールの「宗教的機能」を復活させるという考えは、若き日に書かれた「クメール文化についての試論」の主張と通底している。アンコールの宗教性はクメール・ルージュによる偶像破壊《イコノクラスム》によって深刻なダメージを受けていた。しかし、問題はクメール・ルージュだけに限らない。一九世紀にアンコールを「再発見」したフランス人たちは礼拝の場を「文化遺産」へと変容させ、その宗教性を漂白していた。ユネスコ世界遺産はそれを「人類全体の遺産」に格上げしたが、宗教性を積極的に認めたわけではなかった[52]。モリヴァンの主張は、植民地時代にまで遡る遺跡保護の歴史に一石を投じるものだったと評価できる。

人を活かす遺跡

遺跡の完全修復はきわめて長期間にわたるプロジェクトであり、モリヴァンが生きているうちに完了する見込みはなかった（二〇二五年現在、遺跡群の修復作業は継続中）。しかし、彼は修復にかかる時間の長さにむしろ価値を見出していたようにも思われる。モリヴァンは言う。

このような修復方針で進めるためには、長期修復の包括的なマスタープランを実行する必要がある。そうすることで、現地の保存修復家、歴史家、考古学者、建築家を育成する時間を確保することができるだろう。[53]

ここでモリヴァンは、長期的な修復と専門家育成を結びつけることの重要性を説いている。内戦、特にクメール・ルージュの虐殺によって、カンボジアは希少な人材をさらに失っていた。短期間で完了する修復であれば、外国人専門家による技術支援で事足りてしまう。しかし、修復に時間をかければ、その過程で現地人材を育てることができる。国連職員として途上国支援に関わってきたモリヴァンは、国際援助には終わりがあること、そして、だからこそ支援と人材育成を結びつけることが重要であることを理解していた。アプサラ機構の創設メンバーのひとりで、カンボジア文化史を研究するアシュレイ・トンプソンは、「モリヴァンは、あらゆるプロジェクトにおいて国際的パートナーの力を借りてカンボジア人を育てようとしていた」[54]と証言している。

その代表的な例として、アプサラ機構が一九九九年に開始した「タネイ・トレーニング・プログラム」が挙げられる。これは、タネイ遺跡の近くに建てられた簡素な小屋を学び舎として、大学新卒者を対象に実施された教育プログラムである。考古学や建築学、経営学、観光学などを学んだカンボジア人の若者が参加し、外国人専門家たちが講師となって遺跡保護に関する包括的な教育が行われた。中川武によれば、これは当時モリヴァンが特に力を入れていたプロジェクトのひとつであり、「学校をつくり、若い人を育て、そこからアプサラ機構の人材が生まれた」[55]。人類学者アン・チュリアンとともにプログラムの詳細を構想したアシュレイ・トンプソンは、それが分野横断型教育とアプサラ機構の職員採用を兼ねた試みだったと回想している。この教育プログラムは、モリヴァンが更迭される直前の二〇〇一年四月まで続いた（fig.7）。

第Ⅳ章で述べたように、人材育成は内戦以前からモリヴァンの重要な関心事だった。トンプソンは、アプサラ機構が王立芸術大学と似た「野心的で革新的なプロジェクトだった」と指摘している[56]。一九六〇年代半ば、モリヴァンは王立芸術大学に建築都市計画学部と考古学部を新設し、海外で学んだ専門家を集め、分野を越えた交流と実践的な活動を促した。その三〇年後に設立されたアプサラ機構では、国連機関や各国の援助機関、学術機関から多様な専門家が集まり、彼らとの連携を通じて若いカンボジア人が育てられたのである。

こうした人材育成に関連して、モリヴァンは遺跡の保護修復を通じて地域に雇用を生み出すことを目指していた。また、思うような効果は上がらなかったが、遺跡への影響の少ないエリアに観光施設を集約する「ホテル・シティ」を構想し、遺跡保護と共存する観光開発のあり方も模索した。その目的は、やはり地域に雇用を創出することであり、また、遺産救済の

fig.7 タネイ・トレーニング・プログラム一期生の集合写真。最前列右から三人目がモリヴァン

ための財源を確保することだった。モリヴァンは、人が育ち、人が働き、人が暮らす場所としてアンコールを捉え、遺跡を中心とする経済の循環を考えていたのである。

アンコール遺跡を、現在の居住レベルで管理するよう努める必要があると私は考える。住民の存在は遺跡管理にとって課題となる一方で、アンコールを死んだ遺産とすべきか、生きた遺産とすべきかという問いを私たちに突きつける。アンコールを無人の博物館都市として保存すべきだろうか。それとも、現在の村落とその住民を含む生きた歴史遺跡として維持すべきか。私なら後者を選ぶ。—57

アンコールに対するモリヴァンの眼差しは、内戦前後で変化したように思われる。内戦以前のモリヴァンはアンコールを国民文化の源泉として、また、宗教的中心として認識していたが、そこでの人々の暮らしには無関心だった。しかし、内戦後の彼は、これらに加えて、アンコールを人間居住《ハビタット》の場所として、つまり、人々の生きる場所として捉えようとした。「文化遺産を修復・活用して、都市機能を充実させることが、観光・文化国家としての再生につながる」—58。「生きた遺産」が人を活かす。モリヴァンは、遺跡救済を通じて地域の再建を、さらには国家の再建を考えたのである。

4 最後のメッセージ

国家と建築の関係

アプサラ機構を去った後、ヴァン・モリヴァンが政府の要職に就くことは二度となかった。他にも気が沈むことがあった。プノンペンにおける彼の建築作品が、ひとつまたひとつと失われていったのである。最初は「グレー・ビルディング」で、一九九四年にマレーシアの開発業者の手に渡り、原形をとどめないほどに改築された。「ナショナル・スポーツ・コンプレックス」では、台湾の開発業者がスタジアム周囲の濠と水庭を埋め立てて巨大商業施設を建設し、設計当時のコンセプトが損なわれた。「国立劇場」は、改修中に発生した火事で屋根が焼け落ちてしまい、二〇〇八年に解体された。同年には、中国政府の支援によって「閣僚評議会」も建て替えられた。「百の住宅」でも徐々に増改築と建て替えが進み、竣工当時の姿をとどめる住戸はごくわずかとなった。こうした状況に対し、モリヴァンは「私の建物には希望がない」[59]と嘆き、「プノンペンは土地投機の支配下にあり、都市計画家が状況をコントロールすることは絶対に不可能だ」[60]と憤った。内戦を生き延びた建築は、皮肉なことに、グローバリゼーションと再開発の波に呑まれて姿を消していったのである。

モリヴァンが亡命していた三〇年の間に、国家と建築の関係は決定的に変化していた。一九六〇年代までは、世界経済はケインズ主義が主流で、公共事業を通じて国家が経済を牽引していた。しかし、一九七〇年代以降には新自由主義が台頭し、国家主導の財政政策は批判され、公共事業は縮小された。冷戦後のグローバル経済の発展はこの状況に拍車をかけ、国家間競争は都市間競争へと移行した。こうしたなか、建築家たちの大型プロジェクトは公共から民間へと移り、国家的建築家に代わって巨大グローバル資本を顧客とする「スターアーキテクト」が活躍する時代が到来した。内戦中、アフリカとアジアで途上国支援に取り組んでいたモリヴァンは、こうした建築界の変化から隔絶され、取り残されていた。

一九九〇年代の初め頃、モリヴァンは個人事務所を再開したいと考え、ジャン゠マリー・シャルパンティエやロス・ボラットと協働する道を模索していたという[61]。しかし、新事務所の設立には至らなかった。国務大臣としての公務の多忙さが直接の理由だが、背後には社会の変化も影響していたように思われる。現代カンボジアでは、国家を建築で表現することは求められなくなっていた。しかし、モリヴァンの作家性は国家と分かち難く結びついていた。「国会議事堂計画」が再び頓挫した際に、彼はこのジレンマに気付いていたかもしれない。このように考えると、彼が創作ではなく遺跡修復に力を入れたのは自然な流れだったと言えそうである。アンコール救済こそが、モリヴァンが国家的建築家としての経験を活かせる唯一の舞台だったからである。

新しい建築を求めて

二一世紀に入ってから、ヴァン・モリヴァンはジャン゠マリー・シャルパンティエの設計事務所と一度だけ協働を果たした。植民地時代に建てられた中央市場を修繕し、増築するプロジェクト

「中央市場改修」（竣工＝二〇〇六）に顧問として関わったのである。シャルパンティエのパートナーとしてプロジェクトに参加した建築家ピエール・クレモンは「モリヴァンはチームの一員としてデザインに貢献した」[62]と述べている。

クレモンによれば、なだらかな弧を描く増築部のアーチ屋根はモリヴァンのアイデアだった。この造形は既存市場の大ドームと調和しており、一九六〇年代のモリヴァン作品との連続性も見て取れる。増築部の構造グリッドにはモデュロールの寸法が用いられており[63]、これは内戦以前から一貫するル・コルビュジエへの忠誠の証だ。しかし、その控えめな外観からは、かつての国家プロジェクトに見られたダイナミズムは感じられない。このプロジェクトについて、モリヴァンは次のように語っている。

これは何よりもまず修復作業である。修復とは、建物や遺跡、芸術作品を元の設計に忠実かつ正確な方法で以前の状態に戻すことである。しかし、作品の一部または全体に大規模な介入が必要となる場合もある。また、もし後年の改変が明らかである場合には、そうした「改変」を取り除き、オリジナルの姿を取り戻すことも許される。「修復」の概念を超えたこうした行為は「リハビリテーション」または「リノベーション」と呼ばれる。

リノベーションによって、遺産を効率的かつ現代的な方法で再使用することが可能になる。しかし、あらゆる修繕と改変行為に際しては、歴史的・建築的・文化的遺産として重要な価値をもつ部分と、その特徴とを保存しなければならない。リノベーションにおいては、近代的設備の導入など、新しい役割に合わせて建物の特徴を大幅に変更する必要が生じることがある。そうした場合には、可能な限りオリジナルの建材を再利用し、慎重なアプローチで改修を行うことによって、高い真正性《オーセンティシティ》が確保される[64]。
モリヴァンは、アンコール遺跡救済のときと同じく、「中央市場改修」においても「修復」を第一に考えていた。作家としてのエゴを抑え、建築保存に関する国際的なルールを遵守し、真正性の高いリノベーションを目指したのである。このデザイン手法は、実は新しい建築の潮流に沿うものだった。二一世紀初頭には、「アイコン的建築」と呼ばれる奇抜なデザインが流行する一方で、消費主義的な傾向に対する反発として「リノベーション」が注目され始めた。火力発電所を美術館に改築したロンドンの「テート・モダン」（設計＝ヘルツォーク＆ド・ムーロン、竣工＝二〇〇〇）はその好例である。モリヴァンはシャルパンティエ事務所の若手建築家たちと協働し、消費の波に抗いながら近代建築を再生する方法をプノンペンの地で示したのである[fig. 8-10]。

同じ頃、内戦以前のヴァン・モリヴァンの建築作品を再評価しようとする動きが国内外で活発化した。パリ・ベルヴィル建築大学の学生だったリサ・ロスが二〇〇〇年に行ったプノンペンの近代建築研究[65]が皮切りとなり、二〇〇六年にはフランス人建築家のヘレン・グラント・ロスとオーストラリア人美術史家のダリル・コリンズがカンボジアの近代建築に関する初の研究書を出版した[66]。さらに、二〇〇九年にはカンボジア人の若手建築家と建築学生が集まり、内戦で失われたモリヴァンの作品資料を再構築する「ヴァン・モリヴァン・プロジェクト」が開始された[67]。こうした一連の活動では、シハヌーク時代の国家建設という大きな物語に加え、モリヴァン作品に見られる気候適応や地場材料の使用にも注目が集まった。持続可能性という現代的な観点から、モリヴァンの仕事に新たな光が当てられたのである。

第Ⅲ章で述べたように、内戦以前のモリヴァン作品に見られる気候適応と地場材料の工夫は、地球環境問題への配慮からではなく、新興国の物資不足に対応するための現実主義的な実践であった。しかし、二一世紀に入ると、モリヴァン自身も水、光、風といった自然の力を利用することの重要性を強調し始めた。過去の作品の正当性を訴えるためではない。カンボジアの若い世代に、都市と建築の未来を託すためである。

リノベーションとサステナビリティへの関心は、モリヴァンが老いてなお新しい建築への好奇

fig.8 「中央市場改修」、南から見る。既存の大ドームが際立つように、増築部の高さが抑えられている

fig.9 「中央市場改修」、俯瞰

fig.10 「中央市場改修」、増築部の内観

心を失っていなかったことを示している。晩年の彼と交流のあったスイス人建築家マルティン・エルネによると、モリヴァンは脱構築主義建築《デコンストラクティビズム》にも関心を示し、「やってみたい」と語っていた[68]。また、ローザンヌに日本人建築家ユニットのSANAAが設計した「ロレックス・ラーニング・センター」(竣工＝二〇一〇)が完成した際には、すぐに訪れて「コンピュータを使った新しい時代の建築だ」と興味を示したという[69]。モリヴァンは生涯にわたって新しい建築と都市を模索し続けた。「他にやることがないので、プノンペンの都市計画をどう管理するかということばかり考えて過ごしています」[70]。これは、八七歳のときの言葉である。

最晩年の研究生活

実践の場を失ってもヴァン・モリヴァンは活動を止めなかった。二〇〇一年以降、都市研究と執筆活動に精力的に取り組み、二〇〇三年には先述した『モダン・クメール・シティ』を出版。この著作では、シェムリアップ、プノンペン、シハヌークヴィルの三都市をケーススタディとして取り上げ、都市の歴史的発展と現代的課題を整理し、復興の方策が探求された。自伝的な要素も含まれており、シェムリアップに関する記述はアプサラ機構での経験に基づき、プノンペンの歴史に関する章では彼がシハヌーク時代に手がけた都市計画の意図が説明されている。

この本のなかでモリヴァンは、プノンペンの未来像として、首都と近郊都市タクマウをバサック川に沿って結ぶ「大プノンペン計画」を提案した。この計画には、現代の無秩序な都市拡大への批判と、水との共存がクメール都市の本質であるという彼の信念が表れている。政府を去ったモリヴァンには、もはやプノンペンの都市計画に関わる可能性はなかったが、それでも彼は空想家《ヴィジョネア》となって自らのプランを世に問うたのである fig.11。

その後、モリヴァンは研究範囲を東南アジア全体に広げて都市比較論を展開した。さらに、その成果をまとめた博士論文「東南アジアの都市：過去と現在」を執筆し、二〇〇八年に八一歳でパリ・ベルヴィル建築大学から博士号を取得した71。

モリヴァンはこれらの著作を通じて「カンボジアの歴史記録の空白を埋めようとした」72と述べている。内戦によって数多くの本と資料が散逸し、知識人たちが命を落とした結果、カンボジアの若者たちは自国の過去について知る機会を失っていた。モリヴァンの著作は、彼が半世紀にわたって培った知識、経験、そして考察を次世代に伝えるメッセージだったのである。

二〇一四年末、モリヴァンはプノンペンからシエムリアップに移り、そこで最愛の妻と余生を過ごした。カンボジア、フランス、スイス、ケニア、ブルンジ、ラオスと、国境を幾度も越えた遍歴の末、最後にアンコールの地にたどり着いたのだ。植民地に生まれ、国家を代表する建築家になるも、内

Figure 29: *The proposed Greater Phnom Penh Region*

fig.11 「大プノンペン計画」、ヴァン・モリヴァンによるスケッチ

戦によって地位も名誉も失い、それでも挫けず、亡命中には途上国支援に尽力し、戦後復興にも尽くしたが、政府から更迭され、晩年には静かな研究生活を送った……。

激動のカンボジアを生きた建築家

ヴァン・モリヴァンは内戦に翻弄された悲劇の建築家なのだろうか。そうではない、と筆者は信じる。カンボジア近代史の激流に呑み込まれながらも、モリヴァンは建築への意志を片時も失うことなく、次世代の建築家たちに手渡したからである。

ヴァン・モリヴァンの遺産は、カンボジアという一国にとどまるスケールではない。内戦前には国民統合を促す国家プロジェクトを主導し、内戦後には国家の象徴であるアンコール遺跡救済に尽力したヴァン・モリヴァンは、確かに「国家的建築家」であり、誰よりも深くカンボジアという国家の建築を考え抜いた。しかし同時に、モリヴァンは常に「国際的建築家」でもあった。彼は、世界の最先端の建築・都市の潮流に敏感であり、広い視野でカンボジアの問題を捉え、諸外国の専門家と協力関係を築き、国際支援を巧みに利用してプロジェクトを遂行した。国家的であるためには、国際的でなければならない。彼の活動はこう語っている。

国家と建築の関係が希薄になった現代においても、彼の物語は色褪せない。自らのルーツを掘り下げる歴史的パースペクティブを縦軸とし、逆境をしたたかに生き抜く国際性を横軸とし、建築への純粋な思いを第三の軸として、激動の時代を誇り高く生き抜いたヴァン・モリヴァン。彼の生涯の仕事は、様々なかたちで格差と分断が残る現代の都市・建築の状況に対して厳しい問いを投げかけている。

同時に、モリヴァンはすべての建築家にとっての希望でもある。いかなる境遇においても、彼は建築を信じ続けた。彼は創作者であり、都市計画家であり、教育者だった。亡命時代には設計事務所のスタッフとして、途上国支援のスペシャリストとして、懸命に働いた。そして、彼は政治家となり、修復家となり、歴史家となり、空想家《ヴィジョネア》となった。このすべての瞬間において、ヴァン・モリヴァンは建築家であった。

二〇一七年九月二八日、ヴァン・モリヴァンは九〇歳で生涯の幕を閉じた。

Vann Molyvann: The Life of a Modern Cambodian Architect

あとがき

二〇一五年初頭、当時ベトナムの建築設計事務所で働いていた私は、休暇を利用してプノンペンを訪れ、「ナショナル・スポーツ・コンプレックス」の冷厳な美しさに心を打たれた。強い関心を抱いて設計者を調べてみたが、得られる情報は断片的なものばかり。カンボジアでは、凄惨をきわめた内戦により多くの知識人が命を落とし、資料が散逸し、学問自体が困難な時代が続いていた。ならば私が、と研究を決意したのが本書の出発点である。

ヴァン・モリヴァンに初めて会った日は、熱帯のカンボジアでもとりわけ暑い、乾季の終わり頃だった。シェムリアップの自宅で、建築家はスーツを着込み、ネクタイを締めて待っていた。どこか遠くを見るような目で静かに語り、震える手で、記憶をなぞるようにスケッチを描く彼の姿が忘れられない。そのとき聞いた「大林組と協働した」という一言がきっかけとなり、後に日本で数々の貴重な資料が発見された。再訪時にそれらを見せると、彼は図面に手を合わせ、顔をほころばせた。その様子から、図面に込められた思いを感じて胸が熱くなった。

その後、私の研究は国際的な調査へと発展した。プノンペン、シェムリアップから東京、パリ、ニース、ローザンヌ、ロカルノ、ムルテン、フィノーまで。熱帯の大都市からスイスアルプスの山小屋まで資料を探し、関係者を訪ね歩いた。手紙やメール、オンライン・ミーティングでロンドン、ウィーン、モントリオールに住む人々にもつながった。研究全体がまるでひとつの長い旅のようであり、その過程で実に多くの方々からご支援を賜った。以下に記して謝意を表したい。

ヴァン・モリヴァン氏をはじめ、以下の方々にインタビューと資料提供でご協力いただいた。カウ・チュリー氏、キン・ホック・ディ氏、クオン・クンニアイ氏、ル・バン・ハップ氏、ロス・ボラット氏、マルティン・エルネ（Martin Aerne）氏、ハンス・ウルリッヒ・アンベルク（Hans-Ulrich Amberg）氏、ヴァルター・アンベルク（Walter Amberg）氏、ピエール・クレモン（Pierre Clément）氏、シャルル・ゴールドブルム（Charles Goldblum）氏、リヒャルト・ラングタラー（Richard Langthaler）氏、マリー＝ロール・クロニエ・ルコント（Marie-Laure Crosnier Leconte）氏、ギー・ルマルシャン（Guy Lemarchands）氏、クリストフ・ポティエ（Christophe Potier）氏、アシュレイ・トンプソン（Ashley Thompson）氏、カロル・ヴァン（Carole Vann）氏、デルフィーヌ・ヴァン（Delphine Vann）氏、ジェラール・ヴァン（Gérard Vann）氏、石原真雄氏、今川幸雄氏、遠藤宣雄氏、小出陽子氏、後藤恒子氏、櫻町輝夫氏、中川武氏、山崎担氏。また、ソー・ソクンテアリー氏にはモリヴァン氏にインタビューする際にご同席いただき、大いに助けられた。

以下の方々には本書の成立過程で様々な刺激を受けた。本書の原型となった博士論文の執筆を導いてくれた村松伸氏、岡村健太郎氏、加藤耕一氏、千葉学氏、土居義岳氏、林憲吾氏、山名善之氏。建築家として示唆を与えてくれた難波和彦氏、小泉雅生氏、千種成顕氏。先行研究の成果を惜しみなく共有してくれたダリル・コリンズ（Darryl Collins）氏、ヘレン・グラント・ロス（Helen Grant Ross）氏、リサ・ロス（Lisa Ros）氏、ホック・ソコル氏。研究の要所で助言とインスピレーションをくれたチウ・エッタイ氏、パエン・セレイパンニャ氏、ポム・ミアハボンドール氏、ニコル・ガードナー（Nicole Gardner）氏、石塚充雅氏、笹川秀夫氏、嶋﨑礼氏、鈴木伸和氏、本間順子氏、松隈洋氏、松原康介氏、三島稜平氏。現地調査にご協力くださったヴィレアク・ルアン氏、エク・ブンタ氏、コン・コソル氏。本書のクメール語の表現についてご助言くださった岡田知子氏。

以下の組織からも多大なるご援助をいただいた。ヴァン・モリヴァン・プロジェクト（Vann Molyvann Project）と大林組には資料提供で、王立芸術大学、カンボジア文化芸術省、国際交流基金アジアセンター、在カンボジア日本大使館、新建築社には現地調査でお世話になった。また、一連の研究では大林財団研究助成事業（二〇一六、二〇一八）、前田工学振興財団研究助成事業（二〇一六）、日本学術振興会科学研究費助成事業（二〇一八）の支援を受けた。

本書は西山夘三記念叢書の第一巻となる光栄に浴して実現に至った。西山夘三記念すまい・まちづくり文庫の関係諸氏とmillegraphの富井雄太郎氏、デザイナーの小池俊起氏のご尽力なくして本書はあり得なかった。妻の菜穂子にもあらゆる点で支えられた。

すべての皆様にお礼を申し上げるとともに、この一〇年間で逝去された方々のご冥福を心よりお祈りする。

二〇二五年一月　岩元真明

註

第I章

1 Anonymous. "Vann Molyvann" (in Khmer). *Lok Serei*, Vol.7, No.5, 1958

2 Edwards, Penny. *Cambodge: The Cultivation of Nation, 1860–1945*. Hawaii: University of Hawaii Press, 2007, p.52

3 大田省一「仏領期ベトナムにおける建築・都市計画の研究」東京大学博士論文、二〇〇一、二二七頁

4 Muan, Ingrid. *Citing Angkor: the "Cambodian arts" in the age of restoration 1918–2000*. Columbia University, Ph.D. thesis, 2001, pp.60–61

5 Anonymous. "Le Etudiants Khmers en France". *Khemara Nisset*, No.9–10, 1950, p.13

6 赤木完爾「仏印武力処理をめぐる外交と軍事――「自存自衛」と「大東亜解放」の間」『法學研究：法律・政治・社会』五七巻九号、慶應義塾大学法学研究会、一九八四、二八–六二頁

7 Vater, Tom. "Modern Master Piece". *Wall Street Journal*, 28 Mar. 2010

8 Vann, Molyvann and Greaves, Bill. "Vann Molyvann The Agency Interview: The Litany of Power, the Legacy of Modernism". *Perspecta*, No.45, Aug. 2012, p.89

9 Ross, Helen Grant and Collins, Darryl Leon. *Building Cambodia: 'New Khmer Architecture' 1953–1970*.

Bangkok: The Key Publisher, 2006, p.202
10 Ly, Daravuth and Muan, Ingrid, eds. *Culture of Independence: An Introduction to Cambodian Arts and Culture in the 1950's and 1960's*. Phnom Penh: Reyum Publishing, 2001, p.16
11 Vann, Molyvann and Greaves, Bill, op.cit.
12 Martin, Marie Alexandrine. *Cambodia: A Shattered Society*. California: University of California Press, 1994, p.97
13 Anonymous. "« Soiree du Cambodge » à Paris". *Khemara Nisset*, No.9–10, 1950, p.8
14 Martin, Marie Alexandrine, op.cit., p.98
15 藤原貞朗『オリエンタリストの憂鬱：植民地主義時代のフランス東洋学者とアンコール遺跡の考古学』めこん、二〇〇八、一九五頁
16 Vann, Molyvann. "Témoignage". In *Henri Marchal, un architecte à Angkor : photographies et souvenirs, 1905–1970*, Poujol, Isabelle and Wiltz, Marc, eds. Paris: École française d'Extrême-Orient and Magellan & Cie, 2020, p.9
17 Vann, Molyvann. "Essai sur la culture Khmère – Enquête sur les rélations entre les cultures", 1949, PHS/CE/7, UNESCO Archives
18 ヴァン・モリヴァン、牧尾晴喜訳「クメール文化についての試論」『a＋u 建築と都市』五六七号、エー・アンド・ユー、二〇一七、九頁
19 前掲書
20 前掲書、九–一一頁
21 前掲書、一一頁
22 笹川秀夫『アンコールの近代——植民地カンボジアにおける文化と政治』中央公論新社、二〇〇六、二〇五–二〇六頁
23 ヴァン・モリヴァン、前掲書、一三頁
24 前掲書
25 前掲書

26 前掲書、一三一一五頁

27 前掲書、一五頁

28 Ly, Daravuth and Muan, Ingrid. “A Conversation with Vann Molyvann: Phnom Penh, August 24, 2001”. In *Culture of Independence: An Introduction to Cambodian Arts and Culture in the 1950’s and 1960’s*, Ly, Daravuth and Muan, Ingrid, eds. Phnom Penh: Reyum Publishing, 2001, p.19

29 Ibid., p.23

30 Ibid.

31 河上眞理、清水重敦『辰野金吾：美術は建築に応用されざるべからず』ミネルヴァ書房、二〇一五、二九頁

32 Tostões, Ana, ed. *Modern Architecture in Africa: Angola and Mozambique*. Lisbon: FCT, 2013, pp.92–93

第Ⅱ章

1 Vann, Molyvann. “At the school of those architects who laid out and built Angkor”. *Nokor Khmer*, No.1, Oct.–Nov. 1969, p.36

2 ベネディクト・アンダーソン、白石隆・白石さや訳『定本 想像の共同体――ナショナリズムの起源と流行』書籍工房早山、二〇〇七、二四頁

3 ヴァン・モリヴァン、筆者によるインタビュー、二〇一五年五月一五日、シェムリアップ

4 Marston, John. “El Buda Jayanti en Camboya”. *Estudios de Asia y África*, Vol.44, No.1, Jan–April, 2009, p.18

5 Marston, John. “Dharmawara Mahathera, Sihanouk, and the Cultural Interface of Cambodia”. *Southeast Asian Studies*, Vol.11, No.2, Aug. 2022

6 Sihanouk, Norodom. “Discours de Monseigneur Chef de l’Etat prononcé à l’occasion de l’Inauguration de Monument de l’Indépendance le 9-11-62” (in Khmer). *Kambuja Suriya*, Vol.34, No.12, 1962, pp.1423–1435

7 Collins, Darryl, and Ross, Helen Grant. *Meeting 28. 1. 2000: His Excellency Vann Molyvann*, 2000, Helen Grant

Ross private collection

8 Ibid.

9 Srei, U. “House Building”. In *Culture of Independence: An Introduction to Cambodian Arts and Culture in the 1950’s and 1960’s*, Ly, Daravuth and Muan, Ingrid, eds. Phnom Penh: Reyum Publishing, 2001, pp.33–46

10 ヴァン・モリヴァン、筆者によるインタビュー、二〇一六年二月二二日、シェムリアップ

11 Vann, Molyvann and Greaves, Bill. “Vann Molyvann The Agency Interview: The Litany of Power, the Legacy of Modernism”. *Perspecta*, No.45, Aug. 2012, p.90

12 Collins, Darryl. *Meeting with HE Vann Molyvann, Trudy Vann, Darryl Collins and Hok Sokol at their home, Phnom Penh, 27 June 2002: 09:00–11:30*, 2002, Helen Grant Ross private collection

13 Ibid.

14 Ibid.

15 ヴァン・モリヴァン、筆者によるインタビュー、二〇一六年二月二二日、シェムリアップ

16 Ibid.

17 Vachon, Michelle. “Reminiscing Past Achievements: The Sangkum Reastr Niyum Building Designs”. In *Norodom Sihanouk’s 85th Birthday: A special supplement to The Cambodia Daily*. Phnom Penh: The Cambodia Daily, 2007, p.3

18 Ross, Helen Grant and Collins, Darryl Leon. *Building Cambodia: ‘New Khmer Architecture’ 1953–1970*. Bangkok: The Key Publisher, 2006, p.207

19 Vann, Molyvann and Hanning, Gérald. “Complexe olympique de Phnom Penh”. *L’achitecture aujourd’hui*, No.116, Sep. 1964, p.33

20 Ministère de l’information. *Dans la grande tradition angkorienne – le complexe sportif national*. Phnom Penh: Ministère de l’information, 1964, p.7

21 Ibid., p.8

22 笹川秀夫『アンコールの近代——植民地カンボジアにおける文化と政治』中央公論新社、二〇〇六、二〇五－二〇六頁

23 Vann, Molyvann and Hanning, Gérald., op.cit., p.30

24 Vann, Molyvann. "At the school of those architects who laid out and built Angkor". *Nokor Khmer*, No.1, Oct.–Dec. 1969, p.36

25 「チャトモック国際会議場」を含むモリヴァン主要作品の実測は、カンボジアの若手建築家と建築学生による研究グループ「ヴァン・モリヴァン・プロジェクト」によって二〇〇九年から一五年にかけて行われた。成果は以下ウェブサイトで公開されている。Vann Molyvann Project, http://www.vannmolyvannproject.org/. Accessed 15 Jan. 2025

26 Dumont, René. "La Géométrie dans l'architecture khmère", *Asie du sud-est continental: Actes du XXIXe Congres international des orientalistes*, Vol.1, 1976, pp.20–29

27 Vann, Molyvann, op.cit., p.38

28 Vann, Molyvann, op.cit., p.36

29 Ibid.

30 ヴァン・モリヴァン、牧尾晴喜訳「クメール文化についての試論」『a＋u 建築と都市』五六七号、エー・アンド・ユー、二〇一七、一五頁

31 Vann, Molyvann, op.cit., p.37

32 Ibid.

33 Ibid.

34 宇高雄志『マレーシアにおける多民族混住の構図：生活空間にみる民族共存のダイナミズム』明石書店、二〇〇九、九五－一〇一頁

35 ジラルデッリ青木美由紀『明治の建築家 伊東忠太 オスマン帝国をゆく』ウェッジ、二〇一五、五三頁

36 Vann, Molyvann, op.cit.

37 「駒沢体育館」と「ナショナル・スポーツ・コンプレックス」は仏『今日の建築』誌の同じ号に掲載されている。また、同誌九八号（一九六一）には「スカイハウス」が掲載されている。

38 岡倉天心『日本美術史』平凡社、二〇〇一、二〇－二一頁

39 磯崎新『建築における「日本的なもの」』新潮社、二〇〇三、一九四－一九六頁

40 磯崎新ほか（監修）『批評と理論：日本－建築－歴史を問い直す、7つのセッション』INAX出版、二〇〇五、三二一頁

41 Tostões, Ana, ed. *Modern Architecture in Africa: Angola and Mozambique*. Lisbon: FCT, 2013, pp.70–73

42 笹川秀夫「20世紀カンボジアにおける言語政策：正書法と新造語をめぐる議論を中心として」『アジア太平洋討究』一八号、二〇一二、一四二－一六六頁

第Ⅲ章

1 Ly, Daravuth and Muan, Ingrid. “A Conversation with Vann Molyvann: Phnom Penh, August 24, 2001”. In *Culture of Independence: An Introduction to Cambodian Arts and Culture in the 1950’s and 1960’s*, Ly, Daravuth and Muan, Ingrid, eds. Phnom Penh: Reyum Publishing, 2001, p.11

2 熱帯建築という用語は一九五〇年代に英語圏で一般化していた。以下を参照。Chang, Jiat-Hwee. *A Genealogy of Tropical Architecture: Colonial networks, nature and technoscience*. New York: Routledge, 2016, p.3

3 Ly, Daravuth and Muan, Ingrid, op.cit., p.11

4 Vann, Molyvann and Greaves, Bill. “Vann Molyvann The Agency Interview: The Litany of Power, the Legacy of Modernism”. *Perspecta*, No.45, Aug. 2012, p.94

5 Ly, Daravuth and Muan, Ingrid, op.cit.

6 Ibid.

7 Ibid., p.12

8 Ros, Lisa. “Logements du «front Bassac» ou cité Sihanouk”. In *Phnom Penh à l’aube du XXIe siècle*, Atelier Parisien d’Urbanisme, ed. Paris: Atelier Parisien d’Urbanisme, 2003, pp.66–69

9 大田省一「南方主義建築の系譜――南のモダニズム・フランス植民地での実践」『10＋1』二三号、二〇〇一、INAX出版、一九八頁

10 Ly, Daravuth and Muan, Ingrid, op.cit., p.15

11 Vann, Molyvann. “At the school of those architects who laid out and built Angkor”. *Nokor Khmer*, No.1, Oct.–Dec. 1969, p.37

12 Vann, Molyvann and Greaves, Bill, op.cit., p.94

13 Groslier, Bernard Philippe. “La cité hydraulique angkorienne: exploitation ou surexploitation du sol?”. *Bulletin de l'École française d'Extrême-Orient*, No.66, 1979, pp.161–202

14 モリヴァンはベルナール＝フィリップ・グロリエを「彼は天才でした」と評した。ヴァン・モリヴァン、筆者によるインタビュー、二〇一六年二月二三日、シェムリアップ

15 カンボジアの伝統的な住形式に関して以下を参照した。Népote, Jacques. “Understanding the Cambodian Dwelling: Space and Gender in Traditional Homes”. In *Wooden Architecture of Cambodia*, Tainturier, François, ed. Siem Reap: Center for Khmer Studies, 2006, pp.108–123

16 Vann, Molyvann and Greaves, Bill, op.cit., p.90

17 ケーニヒスベルガーの熱帯建築学科に関して以下を参照した。Chang, Jiat-Hwee. *A Genealogy of Tropical Architecture: Colonial networks, nature and technoscience*. New York: Routledge, 2016

18 Ly, Daravuth and Muan, Ingrid, op.cit., p.11

19 Boesiger, Willy and Le Corbusier. *Œuvre complete 1946–1952*. Zurich: Éditions Girsberger Zurich, 1953, p.129

20 モリヴァンがボディアンスキーに宛てた手紙（一九六四年一一月三日）、Fonds Vladimir Bodiansky, Bibliothèque Kandinsky

21 モリヴァンの妻がボディアンスキーに宛てた電信（一九六五年三月一〇日）、Fonds Vladimir Bodiansky, Bibliothèque Kandinsky

22 岩本弘光『解読　ジェフリー・バワの建築：スリランカの「アニミズム・モダン」』彰国社、二〇一六、六九–七〇頁

23 Vann, Molyvann and Greaves, Bill, op.cit., p.89

24 Ibid.

25 Vachon, Michelle. “Reminiscing Past Achievements: The Sangkum Reastr Niyum Building Designs”. In

Norodom Sihanouk's 85th Birthday: A special supplement to The Cambodia Daily. Phnom Penh: The Cambodia Daily, 2007, pp.2–3

26 一九四〇年代、東南アジアには製鉄を行う国は存在しなかった。フィリピン、タイ、インドネシアでは一九五〇年代に、マレーシア、シンガポール、ベトナムでは一九六〇年代に本格的な製鉄が開始された。主に以下を参照した。戸田弘元「東南アジア鉄鋼業の概況とその特色」『鉄と鋼』七三巻、一五号、一九八七。佐藤創編「アジアにおける鉄鋼業の発展と変容」IDE-JETRO調査研究報告書、二〇〇七

27 ケネス・フランプトン「批判的地域主義に向けて：抵抗の建築に関する六つの考察」『反美学：ポストモダンの諸相』（ハル・フォスター編、室井尚・吉岡洋訳）、勁草書房、一九八七

28 Teston, Eugène and Percheron, Maurice. *L'Indochine moderne : encyclopédie administrative touristique, artistique et économique*. Paris : Librairie de France, 1931

29 Keat, Chhon. "Le Developpment de l'industrie (1968)". *In Photos-Souvenirs du Cambodge, Sangkum Reastr Niyum: Industrie*. Phnom Penh : Rama Printing International, undated, ca.1994

30 石原真雄、筆者によるインタビュー、二〇一六年三月二三日、東京

31 前掲

32 山崎担、筆者によるインタビュー、二〇一六年三月二五日、東京

33 ヴァン・モリヴァン、松原康介と筆者によるインタビュー、二〇一五年五月一五日、シェムリアップ

34 Dullin, Micheline. *Une vie de photographie: Cambodge 1958–1964*. Paris: Trans Photographic Press, 2012, p.180

35 Vann, Molyvann and Greaves, Bill, op.cit., p.91

36 この解説文は作者不明だが、設計者の立場から書かれており、モリヴァン自身の手によるものと考えられる。Anonymous. "Modern Khmer Architecture". *Nokor Khmer*, No.1, Oct.–Dec. 1969, p.45

37 二〇一七年にドイツ建築博物館で開催された「SOS BRUTALISM Save the Concrete Monsters!」展では「ナショナル・スポーツ・コンプレックス」が取り上げられた。

38 Vann, Molyvann and Greaves, Bill, op.cit., p.90

39 Polites, Nicholas. *The architecture of Leandro V. Locsin*. New York: Weatherhill, 1977, p.9

1 Vann, Molyvann and Greaves, Bill. "Vann Molyvann The Agency Interview: The Litany of Power, the Legacy of Modernism". *Perspecta*, No.45, Aug. 2012, p.93

2 カンボジア国立アーカイブが所蔵する「独立記念塔」の構造図にドゥ・ゴック・アンの署名が認められる。

3 Anonymous. "Report on field trip to Southeast Asia (Burma, Thailand, Indochina, Malaya, Singapore and Indonesia)". CIA-RDP63-00314R000200260042-8, CIA Archives

4 L'Association des anciens élèves et diplômés de l'École polytechnique. "André Delacour". *La Rouge et la jaune. Cahier de liaison de l'Association des anciens élèves de l'Ecole polytechnique AX*, No.711, Jan. 2016, pp.30–31

5 Collins, Darryl, Ross, Helen Grant, and Hok Sokol. *Meeting 31. 1. 2001: His Excellency Vann Molyvann and Mrs Gertrude Vann*, 2001, Helen Grant Ross private collection

6 Vann, Molyvann and Greaves, Bill., op.cit., p.93

7 Ross, Helen Grant and Collins, Darryl Leon. *Building Cambodia: 'New Khmer Architecture' 1953–1970*. Bangkok: The Key Publisher, 2006, p.151

8 Vann, Molyvann and Hanning, Gérald. "Complexe olympique de Phnom Penh". *L'achitecture aujourd'hui*, No.116, Sep. 1964, p.30

9 ピエール・クレモン、筆者によるインタビュー、二〇一六年九月二八日、パリ。ピエール・クレモンは当時エコール・デ・ボザールの学生で、後に彼の妻となるソフィー・シャルパンティエはグロモールとアレシュのアトリエに所属していた。

10 Ross, Helen Grant and Collins, Darryl Leon, op.cit., pp.7, 16–23, 185

11 ル・バン・ハップ、筆者によるインタビュー、二〇一六年一〇月一日、シャトネ=マラブリー

12 松原康介「1960年代カンボジアにおける日本人専門家の都市計画国際協力」『都市計画論文集』五〇巻三号、二〇一五

13 Ross, Helen Grant and Collins, Darryl Leon, op.cit., p.204

14 Ibid.

15 Vann, Molyvann and Hanning, Gérald., op.cit., p.30

16 Ros, Lisa. *Architecture Moderne à Phnom Penh 1954–1970*. Ecole d'Architecture de Paris-Belleville, Graduation thesis, 2000

17 Matsubara, Kosuke., op.cit.

18 Vann, Molyvann and Greaves, Bill, op.cit., p.96

19 Ross, Helen Grant and Collins, Darryl Leon, op.cit., p.207

20 櫻町輝夫、筆者によるメール・インタビュー、二〇一五年七月二二日

21 石原真雄、筆者によるインタビュー、二〇一五年九月二日、東京

22 前掲

23 クオン・クンニアイ、筆者によるインタビュー、二〇一五年五月一四日、シェムリアップ

24 当時の官報によると、ウム・サモットのように特別に資格を与えられた「建築家」は他にも存在したようである。サモットと同じく高等装飾美術学校で学んだセン・スンテンもカンボジア国内で建築家として働く権利を勅令によって認められていた。

25 ヴァルター・アンベルク、筆者によるインタビュー、二〇一九年九月一九日、ロカルノ

26 クオン・クンニアイ、筆者によるインタビュー、二〇一五年五月一四日、シェムリアップ

27 前掲

28 クオン・クンニアイ、筆者によるメール・インタビュー、二〇一六年六月一一日

29 クオン・クンニアイ、筆者によるメール・インタビュー、二〇一六年六月九日

30 Collins, Darryl, Ross, Helen Grant, and Hok Sokol, op.cit.

31 クオン・クンニアイ、筆者によるメール・インタビュー、二〇一六年六月一一日

32 クオン・クンニアイ、筆者によるインタビュー、二〇一五年五月一四日、シェムリアップ

33 前掲

34 ヴァルター・アンベルク、筆者によるインタビュー、二〇一九年九月一九日、ロカルノ

35 ミルトン・オズボーン、石澤良昭監訳、小倉貞男訳『シハヌーク：悲劇のカンボジア現代史』岩波書店、一九九六、一七六頁

36 クオン・クンニアイ、筆者によるメール・インタビュー、二〇一六年六月一一日

37 前掲

38 Knox, Claire. “Vann Molyvann: my legacy will disappear”. *Phnom Penh Post*, 25 Jan. 2013

39 Rany, Sam et al. “Cambodia’s higher education development in historical perspectives (1863–2012)”. *International Journal of Learning and Development*, Vol.2, No.2, 2012, pp.227–228

40 Vann, Molyvann. “New Life Infused into the Arts in Cambodia”. *Kambuja monthly illustrated review*, No.2, May 1965, p.68

41 Ibid.

42 Ibid.

43 Anonymous. “The Royal Fine Arts University”. *Kambuja monthly illustrated review*, No.17, Aug. 1966, pp.112–113

44 Ly, Daravuth and Muan, Ingrid. “A Conversation with Vann Molyvann (October 13, 2001)”. In *Culture of Independence*, Ly, Daravuth and Muan, Ingrid, eds. Phnom Penh: Reyum Publishing, 2001, pp.320–321

45 クオン・クンニアイ、筆者によるメール・インタビュー、二〇一六年六月九日

46 前掲

47 クオン・クンニアイ、筆者によるメール・インタビュー、二〇一六年七月二七日

48 Universite des Beaux Arts, Faculte d’Architecture & d’Urbanisme. *Universite des Beaux Arts, Faculte d’Architecture & d’Urbanisme*. Phnom Penh: Vithei Damdech Ouk, 1971, pp.3–8

49 クオン・クンニアイ、筆者によるメール・インタビュー、二〇一六年七月二七日

50 Universite des Beaux Arts, Faculte d’Architecture & d’Urbanisme, op.cit., pp.16–32

51 シャルル・ゴールドブルム、筆者によるメール・インタビュー、二〇一六年五月二九日

52 前掲

53 前掲

54 Pring, Key. "L'Université des Beaux-Arts". *Cambodge Nouveau*, No.15, 1971, pp.34-53
55 ロス・ボラット、筆者によるメール・インタビュー、二〇二四年一一月一四日
56 クオン・クンニアイ、筆者によるメール・インタビュー、二〇一六年七月二七日
57 ヴァン・モリヴァン、牧尾晴喜訳「クメール文化についての試論」『a＋u 建築と都市』五六七号、エー・アンド・ユー、二〇一七、一三頁

第V章

1 シャルル・ゴールドブルム、筆者によるメール・インタビュー、二〇一六年五月二九日
2 ミルトン・オズボーン、石澤良昭監訳、小倉貞男訳『シハヌーク：悲劇のカンボジア現代史』岩波書店、一九九六、二〇三頁
3 以下を参照した。Anonymous. *Photos-Souvenirs du Cambodge, Sangkum Reastr Niyum: Le Prestige au Plan International du Cambodge*. Phnom Penh: Rama Printing International, undated, ca.1994
4 Falser, Michael. "Epilogue: Clearing the Path towards Civilization - 150 Years of 'Saving Angkor'". In *Cultural Heritage as Civilizing Mission: From Decay to Recovery*, Falser, Michael, ed. Berlin: Springer, 2015, p.316
5 ミルトン・オズボーン、前掲書、一四四-一四五頁
6 シャルル・ゴールドブルム、筆者によるメール・インタビュー、二〇一六年五月二九日
7 モリヴァンがボディアンスキーに宛てた手紙(日付なし)、Fonds Vladimir Bodiansky, Bibliothèque Kandinsky
8 ボディアンスキーがセリ・ロンシャンに宛てた手紙(一九六五年三月二八日)、Fonds Vladimir Bodiansky, Bibliothèque Kandinsky
9 ミルトン・オズボーン、前掲書、二二五-二二六頁
10 ヴァン・モリヴァン、筆者によるインタビュー、二〇一五年七月三〇日、シェムリアップ

11 亡命直前の活動および亡命の経緯については以下を参照した。Ross, Helen Grant. “The House That Vann Molyvann Built”. *mAAN the 6th International Conference*, Nov 2006, pp.142–152

12 Weitz, Raanan. *Urbanization and the developing countries: report on the sixth Rehovot Conference*. New York: Praeger, 1973, p.302

13 Chen, Doreen. “Phnom Penh: ‘An Isolated City under Military Siege’ Prior to Its Fall”. *Cambodia Tribunal Monitor*, 29 Jan. 2013, https://cambodiatribunal.org/2013/01/29/phnom-penh-an-isolated-city-under-military-siege-prior-to-its-fall/. Accessed 20 Nov. 2024

14 Chase, Jefferey. *Space for Place? An exploration of Phnom Penh’s Olympic Stadium*. Newcastle University, Ph.D. thesis, 2013, p.76

15 Burnand, Frédéric. “Reminders of a golden age”. *swissinfo.ch*, 31 Jan. 2013, https://www.swissinfo.ch/eng/culture/reminders-of-a-golden-age/34859034. Accessed 15 Jan. 2025

16 Ty, Yao. “1979–1990, le retour et la réorganisation de la vie urbaine”. In *Phnom Penh, Développement urbain et patrimoine*, Atelier Parisien d’Urbanisme, ed. Paris: Atelier Parisien d’Urbanisme. 1997, p.54

17 Ross, Helen Grant and Collins, Darryl Leon. *Building Cambodia: ‘New Khmer Architecture’ 1953–1970*. Bangkok: The Key Publisher, 2006, p.183

18 Tyner, James, Henkin, Samuel, Sirik, Savina and Kimsroy, Sokvisal. “Phnom Penh during the Cambodian Genocide: A Case of Selective Urbicide”. *Environment and Planning A*, Vol.46, No.8, 2014, pp.1873–1891

19 Chase, Jefferey, op.cit.

20 ジェラール・ヴァン、筆者によるインタビュー、二〇一九年九月二二日、フィノー

21 ハンス・ウルリッヒ・アンベルク、筆者によるインタビュー、二〇一九年九月二〇日、ムルテン

22 Anonymous. “École Secondaire: La Veveyse a choisi... sauf modification”. *Feuille d’Avis de Neuchatel*, No.169, 25 July 1971, p.6

23 Joedicke, Jürgen and Schlappner, Martin. *Jakob Zweifel, Architekt: Schweizer Moderne der zweiten Generation*. Zurich: Verlag Lars Müller, 1999, p.167

24 ジェラール・ヴァン、筆者によるインタビュー、二〇一九年九月二三日、ローザンヌ

25 ジェラール・ヴァン、筆者によるインタビュー、二〇一九年九月二三日、ファノー

26 Water and Sanitation for Health Project (WASH). *Directory of organisations involved in community education and participation in water supply and sanitation*. Rijswijk: IRC, 1983, p.30

27 Anonymous. *List of Participants. Habitat: United Nations Conference on Human Settlements, Vancouver, Canada, 31 May – 11 June 1976*. A/CONF.70/Misc.1/Rev.2, UN Archives

28 クオン・クンニアイ、筆者によるインタビュー、二〇一五年五月一四日、シェムリアップ

29 ギー・ルマルシャン、筆者によるインタビュー、二〇一九年二月二〇日、ニース

30 Anonymous. *Guinea, Republic of Guinea — annual requests for technical assistance*. S-1906-0017-0006-00001, UN Archives

31 Wolak, Zbigniew. M. “Habitat in Conakry, Guinea”. *Habitat News*, Vol.4, No.3, Nov.–Dec. 1982, pp.11–13

32 リヒャルド・ラングタラー、筆者によるメール・インタビュー、二〇二四年八月一〇日

33 Anonymous. *Onchocerciasis: Socio Economic Development (1974–1978)*. WB IBRD/IDA AFR, The World Bank Group Archives

34 デルフィーヌ・ヴァン、筆者によるインタビュー、二〇一六年一一月二五日、プノンペン

35 ジェラール・ヴァン、筆者によるインタビュー、二〇一九年九月二三日、ファノー

36 McGrath, Brian. “What I have learned and what I would like to be transferred: Interview with His Excellency Vann Molyvann, Phd.”. *Nakhara*, No.8, 2012, p.156

37 ロス・ボラット、筆者によるメール・インタビュー、二〇二四年一〇月三〇日

38 Eimer, David. “Vann Molyvann: the unsung hero of Phnom Penh architecture”. *Post Magazine*, Feb. 2014, https://www.scmp.com/magazines/post-magazine/article/1421349/vann-molyvann-unsung-hero-phnom-penh-architecture. Accessed 15 Jan. 2025

39 『a＋u 建築と都市』五六七号、エー・アンド・ユー、二〇一七、一六二頁

40 Falser, Michael, op.cit., p.335

41 遠藤宣雄「遺跡エンジニアリングの誕生」『アンコール遺跡と社会文化発展（アンコール・ワットの解明４）』（坪井善明編）連合出版、二〇〇一、三三頁

42 クオン・クンニアイ、筆者によるインタビュー、二〇一五年五月一四日、シェムリアップ

43 ジェラール・ヴァン、筆者によるインタビュー、二〇一九年九月二二日、フィノー

44 “Poverty Eradication and Rural Development Highlighted, as ‘City Summit’ High-level Segment Continues, 14 June 1996”. HAB/136, UN Meetings Coverage and Press Releases, 1996

45 中川武、筆者によるインタビュー、二〇二四年八月二六日、東京

46 Falser, Michael, op.cit., p.336

47 ヴァン・モリヴァン「第1回大林賞受賞記念講演録」、二〇〇〇

48 Olszewski, Peter. “Building on the shoulders of a giant”. *Phnom Penh Post*, 16 July 2009

49 Roasa , Dustin. “Vann Molyvann: Cambodia’s forgotten architect”. *Los Angels Times*, 14 Nov. 2010

50 Vann, Molyvann. *Modern Khmer Cities*. Phnom Penh: Reyum Publishing, 2003, p.71

51 Ibid., p.72

52 Falser, Michael, op.cit.

53 Vann, Molyvann, op.cit.

54 アシュレイ・トンプソン、筆者によるオンライン・インタビュー、二〇二四年九月一〇日

55 中川武、筆者によるインタビュー、二〇二四年八月二六日、東京

56 Thompson, Ashley. “Preface”. *In Modern Khmer Cities*, pp.iii–viii

57 Vann, Molyvann, op.cit., p.72

58 『第9回大林賞 The Obayashi Prize 2016』大林財団、二〇一六

59 Knox, Claire. “Vann Molyvann: my legacy will disappear”. *Phnom Penh Post*, 25 Jan. 2013

60 Vachon, Michelle. “Reminiscing Past Achievements: The Sangkum Reastr Niyum Building Designs”. In *Norodom Sihanouk’s 85th Birthday: A special supplement to The Cambodia Daily*. Phnom Penh: The Cambodia Daily, 2007, p.4

61 ピエール・クレモン、筆者によるインタビュー、二〇一六年九月二八日、パリ

62 前掲

63 Vann, Molyvann. “Past and Prospective”. In *Marché Central, histoire d’une rénovation: Central Market, story of*

a renovation, Callebaut, Corinne et al, eds. Phnom Penh: Melon Rouge, 2011, p.150

64 Ibid., p.149

65 Ros, Lisa. *Architecture Moderne à Phnom Penh 1954–1970*. Ecole d'Architecture de Paris-Belleville, Graduation thesis, 2000

66 Ross, Helen Grant and Collins, Darryl Leon. *Building Cambodia: 'New Khmer Architecture' 1953–1970*. Bangkok: The Key Publisher, 2006

67 「ヴァン・モリヴァン・プロジェクト」(Vann Molyvann Project)は、ヴァン・モリヴァンの建築作品の調査とアーカイブを目的としてカナダ人建築家ビル・グリーヴスによって設立された。若手建築家と建築学生が参加するスタジオ形式のワークショップを通じて、現存するモリヴァン作品の実測や模型製作、展示活動などを行っている。

68 マルティン・エルネ、筆者によるインタビュー、二〇一五年八月三日、プノンペン

69 ハンス・ウルリッヒ・アンベルク、筆者によるインタビュー、二〇一九年九月二〇日、ムルテン

70 Eimer, David., op.cit.

71 Vann, Molyvann. *Cites du Sud-Est Asiatique le passé & le present*. Phnom Penh, Monument Books, 2012

72 Kaliyann, Thik. "I will spend the last of my days living on the soil of Siem Reap". *Cambodia-ASEAN Media*, 15 Feb. 2015, https://khmerization.blogspot.com/2015/02/i-will-spend-last-of-my-days-living-on.html. Accessed 15 Jan. 2025

- リヒャルド・ラングタラー(Richard Langthaler)
  2024年8月3－29日、メール・インタビュー
- ル・バン・ハップ(Lu Ban Hap)
  2016年10月1日、シャトネ＝マラブリー
- ロス・ボラット(Ros Borath)
  2024年8月7日－11月18日、メール・インタビュー

本書に関連して行ったインタビュー

- アシュレイ・トンプソン(Ashley Thompson)
 2024年9月10日、オンライン・インタビュー
- 石原真雄
 2015年9月2日、東京
 2015年11月16日、東京
 2016年3月23日、東京
- 今川幸雄
 2015年6月25日、東京
- ヴァルター・アンベルク(Walter Amberg)
 2019年9月19日、ロカルノ
- ヴァン・モリヴァン(Vann Molyvann)
 2015年5月15日、シェムリアップ
 2015年7月30日、シェムリアップ
 2016年2月22日、シェムリアップ
- 遠藤宣雄
 2015年6月25日、東京
- カウ・チュリー(Khau Chuly)
 2015年8月4日、プノンペン
 2016年2月27日、プノンペン
- ギー・ルマルシャン(Guy Lemarchands)
 2019年2月21日 、ニース
- キン・ホック・ディ(Khing Hoc Dy)
 2016年10月30日、トルシー
- キャロル・ヴァン(Carole Vann)
 2024年8月14–17日、メール・インタビュー
- クオン・クンニアイ(Khuon Khun-Neay)
 2015年5月14日、シェムリアップ
 2016年6月7日–11月26日、メール・インタビュー
- 櫻町輝夫
 2015年7月22–25日、メール・インタビュー
- ジェラール・ヴァン(Gérard Vann)
 2019年9月22日、フィノー
 2019年9月23日、ローザンヌ
- シャルル・ゴールドブルム(Charles Goldblum)
 2017年5月23–29日、メール・インタビュー
 2019年2月19日、パリ
- ダリル・コリンズ(Darryl Collins)
 2015年5月16日、シェムリアップ
 2015年7月29日、シェムリアップ
 2016年2月23日、シェムリアップ
- デルフィーヌ・ヴァン(Delphine Vann)
 2016年11月25日、プノンペン
- 中川武
 2024年8月26日、東京
- ハンス・ウルリッヒ・アンベルク
 (Hans-Ulrich Amberg)
 2019年9月20日、ムルテン
- ピエール・クレモン(Pierre Clément)
 2016年10月28日、パリ
 2019年2月20日、パリ
- マルティン・エルネ(Martin Aerne)
 2015年5月12日、プノンペン
 2015年8月2日、プノンペン
 2016年2月25日、プノンペン
- 山崎担
 2015年8月17日、東京
 2016年1月16日、東京
 2016年1月28日、東京
 2016年3月25日、東京

- UNESCO Archives
| Vann, Molyvann. “Essai sur la culture Khmère – Enquête sur les rélations entre les cultures”, 1949. PHS/CE/7
| ZEMP Expert Team. “Zoning and Environmental Management Plan for Angkor”, discussion draft, 1993
- UN Meetings Coverage and Press Releases
| “Poverty Eradication and Rural Development Highlighted, as ‘City Summit’ High-level Segment Continues, 14 June 1996”, press release, 1996. HAB/136
- ヴァン・モリヴァン個人資料
|「カンボジアの道場」図面（複写）、ca.1955
- 大林組（マイクロフィッシュ資料）
|「チャトモック国際会議場」意匠図、構造図、1957–59
|「国立劇場」意匠図、構造図、入札資料、構造計算書、担当者ノート、1957–60
|「カンボジア国会議事堂（案）」構造図、構造計算書、1959
|「農牧医センター」竣工図、1964
- 大林財団
| Vann, Molyvann. “Curriculum Vitae: January 2000”, 2000
| ヴァン・モリヴァン「第一回大林賞受賞記念講演録」、2000
- 外交史料館（日本国外交資料マイクロ資料）
|「本邦対カンボジア経済技術協力関係」、E’-230
|「カンボディア関係」、I’-0016
- 後藤宣夫個人資料
|「ナショナル・スポーツ・コンプレックス（案）」図面
|「シハヌークヴィル都市計画」図面
|「バサック川沿岸開発計画」図面

未刊行資料

- Archives Nationales de France (Pierrefitte)
| École Nationale Supérieure des beaux-arts. “Élèves Architecture XXV, présences du 1 janvier 1951 au 31 décembre 1960”. AJ/52/1353
- Bibliothèque Kandinsky
| Correspondence between Vann Molyvann and Vladimir Bodiansky, 1964–65. Fonds Vladimir Bodiansky
- CIA Archives
| “Report on field trip to Southeast Asia (Burma, Thailand, Indochina, Malaya, Singapore and Indonesia)”, report, 1954. CIA-RDP63-00314R000200260042-8
- École du Louvre
| “15552. M Molyvann Vann”, student record, undated
- Helen Grant Ross private collection
| Collins, Darryl and Ross, Helen Grant. “Meeting 28. 1. 2000: His Excellency Vann Molyvann”, meeting record, 2000
| Collins, Darryl, Ross, Helen Grant and Hok, Sokol. “Meeting 31. 1. 2001: His Excellency Vann Molyvann and Mrs Gertrude Vann”, meeting record, 2001
| Collins, Darryl. “Meeting with HE Vann Molyvann, Trudy Vann, Darryl Collins and Hok Sokol at their home, Phnom Penh, 27 June 2002: 09:00–11:30”, meeting record, 2002
- Lu Ban Hap private collection
| Service Municipal de l’urbanisme et de l’habitat. “Esquisse directrice pour Phnom-Penh 1969”, report, 1969
| Service Municipal de l’urbanisme et de l’habitat. “Esquisse directrice pour Phnom-Penh 1970”, report, 1970
- Martin Aerne private collection
| Vann, Molyvann et al. “Etat du Cambodge, Parlement, Phnom Penh”, report, 1991
- National Archives of Cambodia
| Drawings of Independence Monument, 1957. Map & Plan Collection
- The World Bank Group Archives
| “Onchocerciasis: Socio Economic Development (1974–1978)”, documents, 1974–78. WB IBRD/IDA AFR
- UN Archives
| “List of Participants. Habitat: United Nations Conference on Human Settlements, Vancouver, Canada, 31 May–11 June 1976”, 1976. A/CONF.70/Misc.1/Rev.2
| “Guinea, Republic of Guinea – annual requests for technical assistance”, documents, 1973-1978. S-1906-0017-0006-00001
| “Report of the United Nations Conference on Human Settlements (HABITAT II) (Istanbul, 3-14 June 1996)”, report, 1996. A/CONF.165/14

ウェブサイト

- Burnand, Frédéric. “Reminders of a golden age”. *swissinfo.ch*, 31 Jan. 2013, https://www.swissinfo.ch/eng/culture/reminders-of-a-golden-age/34859034. Accessed 15 Jan. 2025
- Chen, Doreen. “Phnom Penh: ‘An Isolated City under Military Siege’ Prior to Its Fall”. *Cambodia Tribunal Monitor*, 29 Jan. 2013, https://cambodiatribunal.org/2013/01/29/phnom-penh-an-isolated-city-under-military-siege-prior-to-its-fall/. Accessed 20 Nov. 2024
- Eimer, David. “Vann Molyvann: the unsung hero of Phnom Penh architecture”. *Post Magazine*, Feb. 2014, https://www.scmp.com/magazines/post-magazine/article/1421349/vann-molyvann-unsung-hero-phnom-penh-architecture. Accessed 15 Jan. 2025
- Kaliyann, Thik. “I will spend the last of my days living on the soil of Siem Reap” *Cambodia-ASEAN Media*, 15 Feb. 2015, https://khmerization.blogspot.com/2015/02/i-will-spend-last-of-my-days-living-on.html. Accessed 15 Jan. 2025
- Leconte, Marie-Laure Crosnier, ed. “Dictionnaire des élèves architectes de l’Ecole des beaux-arts (1800–1968)”. *INHA website*, https://agorha.inha.fr/database/7. Accessed 9 Nov. 2024
- Vann Molyvann Project. *Vann Molyvann Project*, http://www.vannmolyvannproject.org/. Accessed 15 Jan. 2025

ア』東京外国語大学出版会、2014
- ジャン・デルヴェール、石澤良昭・中島節子訳『カンボジア』白水社、1996
- 豊川斎赫『群像としての丹下研究室 戦後日本建築・都市史のメインストリーム』オーム社、2012
- 永田逸三郎編『カンボジア・ラオスの経済社会開発』アジア経済研究所、1962
- 日綿實業株式会社社史編纂委員会編『日綿70年史』日綿實業、1962
- ウィルフレッド・バーチェット、土生長穂・小倉貞男・文京洙訳『カンボジア現代史』連合出版、1983
- 林要次「近代日本におけるフランス建築理論と教育手法の受容：中村順平の理論と教育を中心として」横浜国立大学博士論文、2015
- H. R. ヒッチコック、P. ジョンソン、武澤秀一訳『インターナショナル・スタイル（SD選書 139）』鹿島出版会、1978
- シュテファン・ヒューブナー、高嶋航・冨田幸祐訳『スポーツがつくったアジア：筋肉的キリスト教の世界的拡張と創造される近代アジア』一色出版、2017
- ピン・ヤータイ、宮崎一郎訳『息子よ、生き延びよ カンボジア・悲劇の証人』連合出版、2009
- ケネス・フランプトン「批判的地域主義に向けて：抵抗の建築に関する六つの考察」『反美学：ポストモダンの諸相』（ハル・フォスター編、室井尚・吉岡洋訳）、勁草書房、1987
- 藤原貞朗『オリエンタリストの憂鬱：植民地主義時代のフランス東洋学者とアンコール遺跡の考古学』めこん、2008
- 細川伸二「フランス柔道発展史とポール・ボネモリ氏の存在」『天理大学学報』No.179、1995、pp.43–49
- エリック・ホブズボウム、テレンス・レンジャー編著、前川啓治・梶原景昭ほか訳『創られた伝統』紀伊國屋書店、1992
- 松原康介「1960年代カンボジアにおける日本人専門家の都市計画国際協力」『都市計画論文集』Vol.30, No.3、日本都市計画学会、2015、pp.808–815
- 三宅理一「エコール・デ・ボザール――その歴史と思想」『SD』No.170、鹿島出版会、1978
- ル・コルビュジエ、坂倉準三訳『輝く都市（SD選書33）』鹿島出版会、1968
- ル・コルビュジエ、吉阪隆正編訳『アテネ憲章（SD選書102）』鹿島出版会、1976
- 『a+u 建築と都市』No.450「特集：ロヘリオ・サルモナ」、エー・アンド・ユー、2008
- 『a+u 建築と都市』No.567「特集：ヴァン・モリヴァン 1926〜2017年」、エー・アンド・ユー、2017

日本語文献

- 赤木完爾「仏印武力処理をめぐる外交と軍事——「自存自衛」と「大東亜解放」の間」『法學研究：法律・政治・社会』Vol.57、No.9、慶應義塾大学法学研究会、1984、pp. 28–62
- ベネディクト・アンダーソン、白石隆・白石さや訳『定本 想像の共同体——ナショナリズムの起源と流行』書籍工房早山、2007
- 磯崎新『建築における「日本的なもの」』新潮社、2003
- 磯崎新ほか監修『批評と理論：日本−建築−歴史を問い直す、7つのセッション』INAX出版、2005
- 岩本弘光『解読 ジェフリー・バワの建築 スリランカの「アニミズム・モダン」』彰国社、2016
- ヴァン・モリヴァン「アンコール水利都市論と遺跡整備問題」『アンコール遺跡と社会文化発展（アンコール・ワットの解明4）』（坪井善明編）、連合出版、2001
- 宇高雄志『マレーシアにおける多民族混住の構図：生活空間にみる民族共存のダイナミズム』明石書店、2009
- 遠藤宣雄「遺跡エンジニアリングの誕生」『アンコール遺跡と社会文化発展（アンコール・ワットの解明4）』（坪井善明編）、連合出版、2001
- 大田省一「南方主義建築の系譜——南のモダニズム・フランス植民地での実践」『10＋1』No.23、INAX出版、2001
- 大田省一「仏領期ベトナムにおける建築・都市計画の研究」東京大学博士論文、2001
- 大田省一『建築のハノイ』白揚社、2006
- 大林財団編『第9回大林賞 The Obayashi Prize 2016』大林財団、2016
- 岡倉天心『日本美術史』平凡社、2001
- ミルトン・オズボーン、石澤良昭監訳、小倉貞男訳『シハヌーク：悲劇のカンボジア現代史』岩波書店、1996
- 河上眞理、清水重敦『辰野金吾：美術は建築に応用されざるべからず』ミネルヴァ書房、2015
- 北川香子『カンボジア史再考』連合出版、2006
- 後藤俐奈監修『後藤宣夫 WORKS』日渉企画、2001
- 笹川秀夫『アンコールの近代——植民地カンボジアにおける文化と政治』中央公論新社、2006
- 笹川秀夫「二〇世紀カンボジアにおける言語政策：正書法と新造語をめぐる議論を中心として」『アジア太平洋討究』No. 18、2012、pp.143–166
- ジラルデッリ青木美由紀『明治の建築家 伊東忠太 オスマン帝国をゆく』ウェッジ、2015
- ジラルデッリ青木美由紀「セダット・ハック・エルデム（1908–1988、トルコ）——伝統のなかに見いだされた〈モダン〉」『建築雑誌』Vol.132、No.1694、日本建築学会、2017、pp.18–19
- ジョルジュ・セデス、三宅一郎訳『アンコール遺跡：壮大な構想の意味を探る』連合出版、1993
- 全佛通信「第六回世界仏教徒会議の概要」『全佛通信』No.68、1962、pp.1–3
- カイ・チュット、岡田知子訳『追憶のカンボジ

Vithei Damdech Ouk, 1971
- Vachon, Michelle. "Reminiscing Past Achievements: The Sangkum Reastr Niyum Building Designs". In *Norodom Sihanouk's 85th Birthday: A special supplement to The Cambodia Daily*. Phnom Penh: The Cambodia Daily, 2007
- Vann, Molyvann. "New Life Infused into the Arts in Cambodia". *Kambuja monthly illustrated review*, No.2, May 1965, pp.68–73
- Vann, Molyvann. "A l'école des maîtres angkoriens". *Nokor Khmer*, No.1, Oct.–Dec. 1969, pp.34–47
- Vann, Molyvann. "At the school of those architects who laid out and built Angkor". *Nokor Khmer, No.1*, Oct.–Dec. 1969, pp.34–47
- Vann, Molyvann. "Management of the Angkor Site: National Emblem and World Heritage Site". *Museum International*, Vol.54, No.1–2, May 2002, pp.110–116
- Vann, Molyvann. *Modern Khmer Cities*. Phnom Penh: Reyum Publishing, 2003
- Vann, Molyvann. *Cites du Sud-Est Asiatique le passé & le present*. Phnom Penh: Monument Books, 2012
- Vann, Molyvann, Bodiansky, Vladimir and Hanning, Gérald. "Cambodge complexe olympique et forum de Phnom Penh". *Techniques et Architecture*, No.25, 1965, pp.9–15
- Vann, Molyvann and Greaves, Bill. "Vann Molyvann The Agency Interview: The Litany of Power, the Legacy of Modernism". *Perspecta*, No.45, Aug. 2012, pp.89–98
- Vann, Molyvann and Hanning, Gérald. "Complexe olympique de Phnom Penh". *L'achitecture aujourd'hui*, No.116, Sep. 1964, pp.30–33
- Vater, Tom. "Modern Master Piece". *Wall Street Journal*, 28 Mar. 2010
- Water and Sanitation for Health Project (WASH). *Directory of organisations involved in community education and participation in water supply and sanitation*. Rijswijk: IRC, 1983
- Weitz, Raanan. *Urbanization and the developing countries: report on the sixth Rehovot Conference.* New York: Praeger, 1973
- Wolak, Zbigniew. M. "Habitat in Conakry, Guinea". *Habitat News*, Vol.4, No.3, Nov.–Dec. 1982, pp.11–13

- Poujol, Isabelle and Wiltz, Marc, eds. *Henri Marchal, un architecte à Angkor: photographies et souvenirs, 1905–1970*. Paris: École française d'Extrême-Orient and Magellan & Cie, 2020
- Pring, Key. "L'Université des Beaux-Arts". *Cambodge Nouveau*, No.15, 1971, pp.34–53
- Rany, Sam et al. "Cambodia's higher education development in historical perspectives (1863–2012)". *International Journal of Learning and Development*, Vol.2, No.2, 2012, pp.224–241
- Roasa , Dustin. "Vann Molyvann: Cambodia's forgotten architect". *Los Angels Times*,14 Nov. 2010
- Ros, Lisa. *Architecture Moderne à Phnom Penh 1954–1970*. Ecole d'Architecture de Paris-Belleville, Graduation thesis, 2000
- Ross, Helen Grant. "The House That Vann Molyvann Built". *mAAN the 6th International Conference*, Nov 2006, pp.142–152
- Ross, Helen Grant and Collins, Darryl Leon. *Building Cambodia: 'New Khmer Architecture' 1953–1970*. Bangkok: The Key Publisher, 2006
- Sakou, Samoth, ed. *Hommes et Histoire du Cambodge*. Phnom Penh: Editions Angkor, 2012
- Sihanouk, Norodom. "Discours de Monseigneur Chef de l'Etat prononcé à l'occasion de l'Inauguration de Monument de l'Indépendance le 9-11-62" (in Khmer). *Kambuja Suriya*, Vol.34, No.12, 1962, pp.1423–1435
- Sopandi, Setiadi. *Friedrich Silaban: An Indonesian Architect 1912–1984*. Jakarta: Pusat Dokumetasi Arsitektur, 2017
- Tainturier, François, ed. *Wooden Architecture of Cambodia*. Siem Reap: Center for Khmer Studies, 2006
- Teston, Eugène and Percheron, Maurice. *L'Indochine moderne : encyclopédie administrative touristique, artistique et économique*. Paris : Librairie de France, 1931
- Tostões, Ana, ed. *Modern Architecture in Africa: Angola and Mozambique*. Lisbon: FCT, 2013
- Tyner, James, Henkin, Samuel, Sirik, Savina and Kimsroy, Sokvisal. "Phnom Penh during the Cambodian Genocide: A Case of Selective Urbicide". *Environment and Planning A*, Vol.46, No.8, 2014, pp.1873–1891
- Universite des Beaux Arts, Faculte d'Architecture & d'Urbanisme. *Universite des Beaux Arts, Faculte d'Architecture & d'Urbanisme*. Phnom Penh: Vithei Damdech Ouk, 1971
- Universite des Beaux Arts, Faculte d'Architecture & d'Urbanisme. *Faculty of Architecture & Town Planning, Phnom Penh, Khmer Republic*. Phnom Penh:

- Joedicke, Jürgen and Schlappner, Martin. *Jakob Zweifel, Architekt: Schweizer Moderne der zweiten Generation*. Zurich: Verlag Lars Müller, 1999
- Knox, Claire. "Vann Molyvann: my legacy will disappear". *Phnom Penh Post*, 25 Jan. 2013
- L'Association des anciens élèves et diplômés de l'École polytechnique. "André Delacour". *La Rouge et la jaune. Cahier de liaison de l'Association des anciens élèves de l'Ecole polytechnique AX*, No.711, Jan. 2016, pp.30–31
- Ly, Daravuth and Muan, Ingrid, eds. *Culture of Independence: An Introduction to Cambodian Arts and Culture in the 1950's and 1960's*. Phnom Penh: Reyum Publishing, 2001
- Macklin, Sarah. "Living legend drafts out busy year". *Phnom Penh Post*, 3 Feb. 2011
- Marston, John. "El Buda Jayanti en Camboya". *Estudios de Asia y África*, Vol.44, No.1, Jan–April, 2009, pp.9–30
- Marston, John. "Dharmawara Mahathera, Sihanouk, and the Cultural Interface of Cambodia". *Southeast Asian Studies*, Vol.11, No.2, Aug. 2022, pp.219–247
- Martin, Marie Alexandrine. *Cambodia: A Shattered Society*. California: University of California Press, 1994
- Matsubara, Kosuke. "Japanese Collaborators in the Golden Age of Modern Khmer City and Architecture in Cambodia". *15th SCA Conference*, May 2015, pp.13–18
- McGrath, Brian. "What I have learned and what I would like to be transferred: Interview with His Excellency Vann Molyvann, Phd.". *Nakhara*, No.8, 2012, pp.155–160
- Ministère de l'information. *Dans la grande tradition angkorienne - le complexe sportif national*. Phnom Penh: Ministère de l'information, 1964
- Moholy-Nagy, Sibyl. *Carlos Raúl Villanueva y la arquitectura de Venezuela*. Caracas: Instituto del Patrimonio Cultural, 1999
- Moore, Elizabeth. "Bernard Philippe Groslier 1926–1986". *Asian Perspectives*, Vol.27, No.2, 1986–1987, pp.173–180
- Muan, Ingrid. *Citing Angkor: the "Cambodian arts" in the age of restoration 1918–2000*. Columbia University, Ph.D. thesis, 2001
- Nelson, Roger. "Locating the Domestic in Vann Molyvann's National Sports Complex". *ABE Journal*, No.11, 2017
- Olszewski, Peter. "Building on the shoulders of a giant", *Phnom Penh Post*, 16 July 2009
- Polites, Nicholas. *The architecture of Leandro V. Locsin*. New York: Weatherhill, 1977

- Authority for the Protection and Management of Angkor and the Region of Siem Reap/Angkor; UNDP; Swedish International Development Cooperation Agency. *Angkor: a manual for the past, present and future*. Phnom Penh: APSARA, 1998
- Banham, Reyner. *The New Brutalism: Ethic or Aesthetic?*. London: Architectural Press, 1966
- Boesiger, Willy and Le Corbusier. *Œuvre complete 1946–1952*. Zurich: Éditions Girsberger Zurich, 1953
- Callebaut, Corinne et al. *Marché Central, Histoire d'une rénovation: Central Market, story of a renovation*. Phnom Penh: Melon Rouge, 2011
- Canizaro, Vincent B, ed. *Architectural Regionalism: Collected Writings on Place, Identity, Modernity, and Tradition*. San Francisco: Chronicle Books, 2012
- Chan, Chee Yoong, ed. *Post-Merdeka Architecture: Malaysia 1957–1987.* Kuala Lumpur: Pertubuhan Akitek Malaysia, 1987
- Chang, Jiat-Hwee. *A Genealogy of Tropical Architecture: Colonial networks, nature and technoscience*. New York: Routledge, 2016
- Chase, Jefferey. *Space for Place? An exploration of Phnom Penh's Olympic Stadium*. Newcastle University, Ph.D. thesis, 2013
- Clément, Pierre. *Arte Charpentier and Partners*. Dalian: Dalian University of Technology Press, 2005
- Corfield, Justin and Summers, Laura. *Historical Dictionary of Cambodia*. Maryland: The Scarecrow Press, 2003
- Dullin, Micheline. *Une vie de photographie: Cambodge 1958–1964*. Paris: Trans Photographic Press, 2012
- Dumont, René. "La Géométrie dans l'architecture khmère", *Asie du sud-est continental: Actes du XXIXe Congres international des orientalistes*, Vol.1, 1976, pp.20–29
- Edwards, Penny. *Cambodge: The Cultivation of Nation, 1860–1945*. Hawaii: University of Hawaii Press, 2007
- Falser, Michael, ed. *Cultural Heritage as Civilizing Mission: From Decay to Recovery*. Berlin: Springer, 2015
- Giteau, Madeleine. "Les peintures khmères de l'École de l'Oknha Tep Nimit Mak". *Udaya*, No.3, 2002, pp.39–44
- Glaize, Maurice. *Les monuments du groupe d'Angkor, Guide*. Saigon: Albert Portail Éditeur, 1948
- Groslier, Bernard Philippe. "La cité hydraulique angkorienne: exploitation ou surexploitation du sol?". *Bulletin de l'École française d'Extrême-Orient*, No.66, 1979, pp.161–202
- Harris, Ian C. *Cambodian Buddhism: History and practice*. Hawaii: University of Hawaii Press, 2008

参考文献

外国語文献

- Amouroux, Dominique. *Louis Arretche*. Paris: Infolio, 2010
- Anonymous. "Liste des Etudiants Khmers". *Khemara Nisset*, No.3, 1949, p.29
- Anonymous. "Succès Scolaires". *Khemara Nisset*, No.7, 1949, p.25
- Anonymous. "« Soiree du Cambodge » à Paris". *Khemara Nisset*, No.9–10, 1950, pp.7–9
- Anonymous. "Le Etudiants Khmers en France". *Khemara Nisset*, No.9–10, 1950, p.13
- Anonymous. "Vann Molyvann" (in Khmer). *Lok Serei*, Vol.7, No.5, 1958
- Anonymous. "Le Cambodge dans le monde: Le Cambodge a la foire d'Osaka". *Cambodge d'au jourd'hui*, Apr.–May 1958, p.9
- Anonymous. "The Royal Fine Arts University". *Kambuja monthly illustrated review*, No.17, Aug. 1966, pp.102–113
- Anonymous. "École Secondaire: La Veveyse a choisi... sauf modification". *Feuille d'Avis de Neuchatel*, No.169, 25 July 1971, p.6
- Anonymous. *Cambodge : la cinématographie de Norodom Sihanouk : années 1965–1969, et années 1988–1991*. Phnom Penh: Private publication, 1991
- Anonymous. *Photos-Souvenirs du Cambodge, Sangkum Reastr Niyum: Agriculture*. Phnom Penh : Rama Printing International, undated, ca.1994
- Anonymous. *Photos-Souvenirs du Cambodge, Sangkum Reastr Niyum: Industrie*. Phnom Penh : Rama Printing International, undated, ca.1994
- Anonymous. *Photos-Souvenirs du Cambodge, Sangkum Reastr Niyum: Le Prestige au Plan International du Cambodge*. Phnom Penh: Rama Printing International, undated, ca.1994
- Anonymous. *Photos-Souvenirs du Cambodge, Sangkum Reastr Niyum: Travaux Publics*. Phnom Penh : Rama Printing International, undated, ca.1994
- Atelier Parisien d'Urbanisme, ed. *Phnom Penh, Développement urbain et patrimoine*. Paris: Atelier Parisien d'Urbanisme. 1997
- Atelier Parisien d'Urbanisme, ed. *Phnom Penh à l'aube du XXIe siècle*. Paris: Atelier Parisien d'Urbanisme, 2003.

fig.30 ヴァルター・アンベルク蔵
fig.31 筆者撮影、二〇一七
fig.32 筆者撮影、二〇一五
fig.33 新建築写真部
fig.34 筆者撮影、二〇一五
fig.35 筆者撮影、二〇一五
fig.36 石原真雄蔵
fig.37 石原真雄蔵
fig.38 大林組蔵
fig.39 山崎担蔵
fig.40 山崎担蔵
fig.41 山崎担蔵
fig.42 後藤宣夫蔵 ●
fig.43 ミシュラン・デュラン（Micheline Dullin）撮影、ヴァン・モリヴァン蔵 ●
fig.44 Micheline Dullin 撮影、ヴァン・モリヴァン蔵 ●
fig.45 *Nokor Khmer*, No.1, Oct.–Dec. 1969, p.45

第Ⅳ章

fig.1 Charles Meyer Collection, CM1994, National Archives of Cambodia
fig.2 大林組蔵
fig.3 大林組蔵
fig.4 Dullin, Micheline. *Une vie de photographie: Cambodge 1958–1964*, p.36
fig.5 *Cambodge d'au jourd'hui*, May–Aug 1961, p.19
fig.6 山崎担蔵
fig.7 ヴァルター・アンベルク蔵
fig.8 ヴァルター・アンベルク蔵
fig.9 *Kambuja monthly illustrated review*, No.17, Aug. 1966, p.113
fig.10 Universite des Beaux Arts, Faculte d'Architecture & d'Urbanisme. *Faculty of Architecture & Town Planning, Phnom Penh, Khmer Republic*, p.15
fig.11 Universite des Beaux Arts, Faculte d'Architecture & d'Urbanisme. *Faculty of Architecture & Town Planning, Phnom Penh, Khmer Republic*, p.17
fig.12 Universite des Beaux Arts, Faculte d'Architecture & d'Urbanisme. *Faculty of Architecture & Town Planning, Phnom Penh, Khmer Republic*, p.20
fig.13 Universite des Beaux Arts, Faculte d'Architecture & d'Urbanisme. *Faculty of Architecture & Town Planning, Phnom Penh, Khmer Republic*, p.27
fig.14 *Cambodge Nouveau*, No.15, 1971, p.36
fig.15 *Cambodge Nouveau*, No.15, 1971, p.38
fig.16 *Cambodge Nouveau*, No.15, 1971, p.42
fig.17 *Cambodge Nouveau*, No.15, 1971, p.34

第Ⅴ章

fig.1 *Le Sangkum*, No.22, May 1967, p.25
fig.2 *Cambodia Tribunal Monitor*, https://www.cambodiatribunal.org/sites/default/files/styles/homepage_blog/public/blog-photos/. Accessed 16 Jan. 2025.
fig.3 ベン・キールナン（Ben Kiernan）撮影、一九八〇
fig.4 筆者撮影、二〇一九
fig.5 マルティン・エルネ蔵
fig.6 ヴァン・モリヴァン蔵 ●
fig.7 イム・ソクリティ蔵
fig.8 筆者撮影、二〇一五
fig.9 筆者撮影、二〇一七
fig.10 筆者撮影、二〇一七
fig.11 Vann, Molyvann. *Modern Khmer Cities*, p.122

図版出典

●=物故者が所有あるいは作成した資料で、ご遺族から提供いただいた

第Ⅰ章

fig.1 ヴァン・モリヴァン蔵●
fig.2 ヴァン・モリヴァン蔵●
fig.3 ヴァン・モリヴァン蔵●
fig.4 ヴァン・モリヴァン蔵●
fig.5 ヴァン・モリヴァン蔵●
fig.6 ヴァン・モリヴァン蔵●

第Ⅱ章

fig.1 ヴァン・モリヴァン蔵●
fig.2 ヴァン・モリヴァン蔵●
fig.3 Charles Meyer Collection, CM1224, National Archives of Cambodia
fig.4 筆者撮影、二〇一七
fig.5 Charles Meyer Collection, CM1110, National Archives of Cambodia
fig.6 上右=ヴァン・モリヴァン蔵●
上左=ホック・ソコル撮影
中右=筆者撮影
中左=山崎担蔵
下右=ヴァン・モリヴァン蔵●
下左=富井雄太郎撮影
fig.7 ヴァン・モリヴァン蔵●
fig.8 筆者撮影、二〇一七
fig.9 大林組蔵
fig.10 *Cambodge d'au jourd'hui,* April–May 1958, p.9
fig.11 ヴァン・モリヴァン蔵●
fig.12 ヴァン・モリヴァン蔵●
fig.13 リサ・ロス(Lisa Ros)撮影
fig.14 大林組蔵
fig.15 大林組蔵
fig.16 大林組蔵
fig.17 No.1004, National Archives of Cambodia
fig.18 筆者撮影、二〇一五
fig.19 筆者撮影、二〇一五
fig.20 No.0974, National Archives of Cambodia
fig.21 筆者撮影、二〇一七
fig.22 筆者撮影、二〇一七
fig.23 筆者撮影、二〇一六
fig.24 筆者撮影、二〇一七
fig.25 筆者撮影、二〇一七
fig.26 筆者撮影、二〇一七
fig.27 筆者撮影、二〇一七
fig.28 ヴァン・モリヴァン蔵●
fig.29 *Nokor Khmer*, No.1, Oct.–Dec. 1969, p.39
fig.30 大林組蔵
fig.31 大林組蔵
fig.32 大林組蔵
fig.33 ヴァン・モリヴァン蔵●
fig.34 大林組蔵
fig.35 Glaize, Maurice. *Les monuments du groupe d'Angkor, Guide.* Saigon: Albert Portail Éditeur, 1948, Pl.V
fig.36 *Nokor Khmer*, No.1, Oct.–Dec. 1969, pp.38–39
fig.37 筆者作成

第Ⅲ章

fig.1 Charles Meyer Collection, CM5266, National Archives of Cambodia
fig.2 Vann Molyvann Project 作成、筆者による加筆
fig.3 ヴァン・モリヴァン蔵●
fig.4 Vann Molyvann Project 作成、筆者による加筆
fig.5 Vann Molyvann Project 作成
fig.6 新建築写真部
fig.7 筆者撮影、二〇一七
fig.8 Vann Molyvann Project 作成、筆者による加筆
fig.9 新建築写真部
fig.10 筆者撮影、二〇一七
fig.11 筆者撮影、二〇一七
fig.12 新建築写真部
fig.13 Vann Molyvann Project 作成、筆者による加筆
fig.14 筆者撮影、二〇一六
fig.15 筆者撮影、二〇一七
fig.16 新建築写真部
fig.17 筆者撮影、二〇一七
fig.18 筆者撮影、二〇一五
fig.19 筆者撮影、二〇一五
fig.20 筆者撮影、二〇一七
fig.21 筆者撮影、二〇一五
fig.22 筆者撮影、二〇一五
fig.23 筆者撮影、二〇一七
fig.24 筆者撮影、二〇一七
fig.25 筆者撮影、二〇一五
fig.26 新建築写真部
fig.27 Fonds Vladimir Bodiansky, Bibliothèque Kandinsky
fig.28 ヴァルター・アンベルク蔵
fig.29 ヴァルター・アンベルク蔵

岩元真明｜いわもと・まさあき

建築家、九州大学大学院芸術工学研究院准教授、博士（工学）

1982　東京都生まれ
2005　東京大学工学部建築学科卒業
2006–07　シュトゥットガルト大学軽量構造デザイン研究所（ILEK）学術研究員
2008　東京大学大学院修士課程修了
2008–11　難波和彦・界工作舎 スタッフ
2011–15　ヴォ・チョン・ギア・アーキテクツ パートナー
2015–16　首都大学東京特任助教
2015–　ICADA 共同主宰
2025–　合同会社岩元設計室主宰

ヴァン・モリヴァン——激動のカンボジアを生きた建築家

西山夘三記念叢書1

2025年3月25日　初版第1刷

著者　岩元真明

発行　富井雄太郎
発行所　millegraph
tel & fax　03-5848-9183
mail　info@millegraph.com
https://www.millegraph.com/

デザイン　小池俊起
印刷・製本　サンエムカラー

ISBN 978-4-910032-11-5 C0352
Printed in Japan

西山夘三記念叢書

本叢書は、NPO法人
西山夘三記念すまい・まちづくり文庫による
出版助成を受け、刊行するものです。
原稿の公募、有識者で構成する選考委員会、
研究会での議論を経て、一般的には
出版しにくいテーマであっても
「人と環境にやさしい生活空間の創造と
持続可能な地域発展」に資する優れた
研究・活動に光を当て、その成果をより広く
社会に還元することを目的としています。